Società Filologica Romana

Biblioteca di Studj Romanzi

4

Biblioteca di Studj Romanzi

Società Filologica Romana - Viella

Società Filologica Romana

Marcella Lacanale

S'en est de branche en branche alez

Il *Roman de Renart* tra raccolta e ciclo

viella

Prima edizione italiana: gennaio 2020
ISBN 978-88-3313-328-7

Questo volume è stato pubblicato con il contributo del Dipartimento di Lettere, Arti e Scienze sociali dell'Università degli Studi "G. D'Annunzio" di Chieti-Pescara.

viella
libreria editrice
via delle Alpi 32
I-00198 ROMA
tel. 06 84 17 75 8
fax 06 85 35 39 60
www.viella.it

Indice

Massimo Bonafin, Maria Careri

Presentazione

Il presente volume si propone di «svelare i meccanismi di una struttura eterogenea e tuttavia coerente» quale quella dell'epopea animalistica antico francese, sviluppando in modo originale alcuni spunti della letteratura critica più recente sul *Roman de Renart*, ma facendo tesoro anche della più importante bibliografia pregressa e di alcuni studi fondamentali sul rapporto fra oralità e scrittura nel Medioevo, segnatamente i lavori seminali di Paul Zumthor.

L'innesco dell'indagine è venuto dalla «ricorrenza di motivi e formule comuni a molti degli autori delle *branches*» e dalla «fitta rete di allusioni e citazioni intertestuali» che costituisce l'ordito delle differenti collezioni di storie che compongono il *Roman de Renart* e ci sono state trasmesse dai quattordici manoscritti principali. Anziché servirsi, come la critica del passato, di questa ragnatela di allusioni, rinarrazioni, riuso di espedienti del racconto, vuoi propri della testualità renardiana vuoi riscontrabili nei repertori internazionali del folklore, per dipanare le singole relazioni fra le *branches* o la loro disposizione cronologica, l'autrice ha puntato a mettere in evidenza la diversa distribuzione interna di questi accorgimenti, che non sono presenti in egual misura in tutti i testi delle avventure di Renart, formulando l'ipotesi di lavoro che «i testi con maggiore concentrazione di motivi e formule comuni e allusioni intertestuali *siano* gli stessi in cui si avverte maggiormente la "presenza della voce"».

Il metodo seguito ha quindi portato prima l'attenzione su un campionario di motivi, formule e allusioni rinvenuti e analizzati come elementi della produzione del testo, quindi ha indagato nell'esecuzione e nella ricezione del testo le possibili tracce di interferenze vocali; infine il riscontro sulla tradizione manoscritta è stato utilizzato per confermare "in ultima istanza" le risultanze dell'analisi precedente.

Le differenze fra una *branche* e l'altra e soprattutto quelle fra gruppi e sequenze di *branches* nell'utilizzazione di questi dispositivi stilistici, comunque legati alla *performance* orale dell'epopea animalistica, hanno permesso di confermare l'ipotesi che ci sia una cesura sostanziale fra i testi della prima raccolta, il cosiddetto archetipo della collezione, e i testi aggiunti successivamente, in un tempo in cui la componente scritta e libraria prendeva più piede anche nella testualità del *Roman de Renart*.

I motivi scelti per la campionatura sono tutti riconducibili alle circostanze grazie alle quali il protagonista eponimo scampa alla morte e, sopravvivendo ai suoi nemici, si trova pronto per una nuova avventura: i sette motivi analizzati si distribuiscono anche in misura quasi paritaria fra i tipi di sequenze caratteristici della narrativa renardiana, cioè le "ricerche di giustizia" e le "ricerche di cibo". Inoltre, la maggioranza di essi trova riscontro nell'indice dei motivi e nei repertori internazionali del folklore (la finta morte, la falsa reliquia, l'*escamotage* della confessione o della penitenza, la connivenza del re con il suo vassallo migliore).

Anche nella scelta delle formule ricorrenti da esaminare è data la preferenza a quelle che si segnalano «per la presenza di indizi che rimandano a certi accorgimenti tipici dell'oralità». L'interesse portato alla loro funzione intertestuale, s'intenda nel senso di richiami all'interno del *Roman de Renart*, fa sì che esse vadano «ad aggiungersi a quegli elementi strutturali che accomunano alcune *branches* nella loro fase di produzione».

L'esame dei motivi e delle formule porta quindi a individuare due atteggiamenti abbastanza distinti negli autori dei testi, alcuni evidentemente più legati a un patrimonio comune di mezzi stilistici riconducibili alla *performance* orale, altri tendenzialmente più liberi da un codice espressivo condiviso.

L'autrice considera poi, sempre col metodo a campione, la rete delle allusioni interne che non possono non far pensare a un tesoro di racconti perduti sulle avventure di Renart, perché affidati alla trasmissione orale se non addirittura all'improvvisazione dei cantastorie sulla base di un canovaccio narrativo, di cui le testimonianze rimaste nei manoscritti sono solo alcune delle possibili realizzazioni.

È interessante che il regesto di questo tipo di indagini mirate confermi l'idea, già di Lucien Foulet, del poema unitario di Pierre de Saint-Cloud, come prima o più fortunata messa in forma del *Roman de Renart*, alla cui sorgente narrativa avrebbero attinto molti degli autori successivi.

La ricerca giunge quindi a formulare l'ipotesi che la modalità esecutiva abbia condizionato anche la produzione del testo, perlomeno fino a un certo grado della fioritura del genere zooepico (coincidente grosso modo con la "collezione primitiva" o il cosiddetto archetipo, dalla *branche* I alla XVII), e che in sostanza «tutte le caratteristiche riscontrabili nel *Roman de Renart* (e in molti altri testi medievali) come l'assenza di unità, l'autonomia delle singole parti, i contorni sfumati delle frontiere testuali o anche le "sviste" e gli "annunci senza oggetto" acquistano un loro senso nella *performance*». L'apparente incoerenza narrativa dell'archetipo delle antologie renardiane si spiegherebbe allora con la sua natura di *manuscrit de jongleur* o di «raccolta di carte assemblate in codice o in rotoli che un giullare si portava dietro come supporto alla memoria durante le *performances* pubbliche». Parimenti, le caratteristiche delle *branches* composte successivamente e non presenti in questo repertorio primitivo, cioè il decremento dei motivi ricorrenti e delle allusioni intratestuali, sembrano avvalorare quella cesura nella produzione, diffusione e conservazione del testo che era stata formulata come ipotesi di lavoro di questa ricerca.

Il risultato forse più notevole sta proprio nell'aver mostrato l'inestricabilità di produzione, esecuzione, diffusione e conservazione del testo nella letteratura romanza medievale, sull'esempio del *Roman de Renart*. Oralità e scrittura, composizione e recitazione, trascrizione e raccolta, appaiono indissolubilmente legate, l'una condizionando o determinando l'altra, l'una confermando o rispecchiando l'altra. Nel corpo della testualità renardiana, ma si potrebbe dire, senza tema di troppo sbagliare, della letteratura medievale in volgare, si può verificare quanto sia artificioso e di dubbio rendimento euristico separare i diversi momenti di esistenza ed esperienza dell'opera d'arte verbale, che, in misura maggiore rispetto all'età moderna, ma in misura comparabile rispetto all'età contemporanea, trova il suo *Sitz im Leben* proprio al crocevia di produzione, circolazione e ricezione del testo.

Un risultato secondario, ma non per questo trascurabile, della ricerca dell'autice è che avvalora quanto ormai i settori più avvertiti della critica sostengono da tempo, vale a dire il riconoscimento che le avventure della volpe in francese antico costituiscono un genere letterario a sé stante: «Il *Roman de Renart*, sotto l'aspetto della coesione interna, è quindi più di una raccolta, ma meno di un ciclo: si situa in una posizione intermedia tra le due forme e costituisce una terza opzione, un genere preciso, la zooepica appunto», di cui l'oralità, come mostra anche la ricerca che qui si pubblica, costituisce un elemento fondante e non più omissibile.

Infine, non pare privo di importanza segnalare come il presente volume sia il frutto di una doppia competenza e rappresenti un buon esempio di come la mobilità, di luoghi e di scuole, non possa che favorire la qualità della ricerca. L'autrice, infatti, dopo essersi formata all'Università di Chieti-Pescara, ha ottenuto una borsa di dottorato nell'Università di Macerata: questo spostamento di sede ha determinato per lei importanti cambiamenti sia sul metodo che sul contenuto della sua ricerca che prendendo le mosse da una filologia attenta specialmente agli aspetti materiali della tradizione manoscritta delle opere (ricezione e diffusione) è passata poi a occuparsi di una filologia più concentrata sui testi e sui loro diversi aspetti non solo formali e letterari, ma anche antropologici; sul piano del contenuto, infine, i testi epici ed agiografici hanno lasciato il posto al romanzo ed in particolare al *Roman de Renart*.

A distanza di cinque anni dalla sua presentazione per il conseguimento del titolo di dottore di ricerca, siamo contenti che veda qui la luce, in una forma opportunamente rielaborata, arricchita degli spunti forniti dalla discussione con la commissione d'esame e, di fatto, migliorata scientificamente, la ricerca che Marcella Lacanale realizzò per la sua dissertazione di dottorato, diretta da Massimo Bonafin.

A Marco e Giacomo

Introduzione

Sono trascorsi oltre centotrent'anni dalle parole che Gaston Paris pronunciò a proposito del libro di suo padre Paulin:[1]

> Le cycle de Renard, il faut le reconnaître, appelle encore bien de recherches; à côté des fables ésopiques, dont l'origine elle-même est loin d'être éclaircie, il contient un certain nombre de *contes d'animaux* d'une autre caractère, qui se retrouvent dans la littérature populaire des nations les plus diverses.[2]

Queste poche righe rappresentano il bilancio dei primi studi compiuti in ambiente tedesco da Jacob Grimm sul *Reinhart Fuchs*[3] e sulle sue relazioni con il *Renart* francese; al contempo inaugurano una nuova ondata di ricerche sulle storie della volpe, le quali, pur mostrando affinità con la favolistica classica, si presentano talvolta come qualcosa di diverso, talmente diverso che l'espressione «contes d'animaux» fu coniata da Gaston Paris proprio in occasione di questo suo scritto. Come definire, infatti, le storie in cui protagonisti zoomorfi assumono atteggiamenti umani, parlano, cavalcano, sguainano spade, si confrontano di fronte a tribunali giudiziari? Non sono certo *contes féeriques*, ma neanche pienamente *fables* come quelle che dalla tradizione esopica giungono al Medioevo francese negli *Ysopets*. Paris aveva intuito di trovarsi di fronte a una diversa forma di narrazione, inesprimibile con parole usuali e collegata al patrimonio folklorico universale del racconto zoomorfico.

1. P. Paris, *Les Aventures de maître Renart*.

2. Il discorso fu pronunciato da Gaston Paris nel dicembre del 1881 al Collège de France in occasione dell'apertura del corso di Lingua e letteratura francese del Medioevo e pubblicato l'anno dopo in G. Paris, *Paulin Paris et la littérature française*, p. 23.

3. Il *Reinhart Fuchs* di Heinrich de Glîchesære è un poema tedesco di oltre duemila versi in distici rimati, datato attorno al 1190. Jacob Grimm ne realizzò un'edizione nel 1834 (Grimm, *Reinhart Fuchs*) dopo aver studiato i rapporti che legavano il poema tedesco con le *branches* renardiane: la sua teoria dell'origine germanica del *Roman de Renart* fu subito osteggiata da Paulin Paris, ma l'idea che i testi francesi conservati fossero rimaneggiamenti tardi di un *Ur-Roman de Renart* sopravvisse fino al 1914, quando Foulet dimostrò l'insostenibilità della teoria di Grimm e l'originalità dei *récits* francesi (Foulet, *Le Roman de Renard*, cap. 6). Oggi si è concordi nell'ammettere che il *Reinhart Fuchs* rappresenti una rielaborazione, seppure dotata di una sua originalità, del poema di Pierre de Saint-Cloud (vedi oltre). Cfr. Heinrich de Glîchesære, *La volpe Reinhart*, pp. 10-11.

A raccogliere l'invito ad approfondire le ricerche sull'apporto dei *contes d'animaux* fu l'allievo di Gaston Paris, Léopold Sudre, che nel 1893 pubblicò una delle opere miliari nella storia critica renardiana: *Les sources du Roman de Renart*;[4] a Sudre si deve, oltre che l'erudito spoglio delle fonti sia dirette sia indirette delle *branches* francesi, la dimostrazione dei rapporti genetici di queste con il patrimonio folklorico internazionale. Lo studio sulle fonti suscitò le reazioni di quanti vedevano nel *Roman de Renart* non solo la momentanea attualizzazione di storie note e diffuse dalla notte dei tempi, ma anche e soprattutto l'espressione di quell'*esprit français* che Sudre aveva relegato in una posizione marginale. Lucien Foulet si fece rappresentante di questa corrente "reazionaria" e, dopo aver discusso le teorie dei suoi illustri predecessori, nella monografia *Le Roman de Renard* del 1914,[5] concluse che le *branches* conservate non erano i rimaneggiamenti di poemi più antichi, ma gli originali composti da una ventina di chierici attivi nella Francia settentrionale tra il 1175 e i primi decenni del XIII secolo. Proprio su questo punto Foulet riuscì a ribaltare l'opinione diffusa (di matrice tedesca), cambiando per sempre la concezione che si aveva del *Roman de Renart*: «Le Roman de Renart est l'oeuvre, non du peuple, mais d'une vingtaine de clercs du XIIe et du XIIIe siècle».[6] Non solo: Foulet delineò la cronologia relativa delle *branches* le cui fonti furono rintracciate per larga parte nel patrimonio della letteratura scritta mediolatina e dimostrò l'unità testuale delle br. II e Va (dell'ed. Martin)[7] che, in base alla sua ricostruzione, dovettero formare il primo poema francese sulla volpe Renart e il lupo Ysengrin composto da Pierre de Saint-Cloud[8] attorno al 1170-1175. A partire da questa data, altri quindici autori hanno composto altrettante *branches* che sono confluite nella prima collezione assemblata attorno al 1205-1210.[9] Il *terminus post quem* proposto da Foulet è stato messo

4. Sudre, *Les sources*.

5. Foulet, *Le Roman de Renard*.

6. Ivi, p. 564. Da questo momento iniziò una nuova era per gli studi renardiani poiché, avendo dimostrato che le *branches* conservate sono testi originali e non rimaneggiamenti, Foulet restituì ai testi e ai loro autori un ruolo di primaria importanza.

7. *Le roman de Renart* (ed. Martin). Il testo ricostruito da Martin (voll. I e II) conta ventisette *branches* ed è basato sul testimone duecentesco A (Paris, BnF, fr. 20043) ritenuto il più antico e il più vicino all'archetipo di tutte le raccolte. Per le *branches* assenti in A, Martin utilizza il testimone D (Oxford, Bodleian Library, ms. Douce 360). Nel terzo volume si danno le varianti. In questo libro, la numerazione delle *branches* e il testo del *Roman de Renart* seguono l'edizione di Ernest Martin.

8. Sull'argomento si veda, oltre a Foulet, *Le Roman de Renard* (in particolare il cap. XI), il più recente articolo di Zufferey, *Pierre de Saint-Cloud trouvère normand*, in cui si restituisce un ruolo centrale a questo poeta originario della Normandia (e non dell'Île-de-France, come voleva Gaston Paris), che, oltre a essere l'autore del primo poema su Renart, avrebbe collaborato anche al *Roman d'Alexandre*. Per avallare la tesi del poema unico originario (br. II-Va) composto da Pierre de Saint-Cloud, Zufferey avanza tre argomenti: la tana di Renart chiamata Malcrues e non Malpertuis, Ysengrin designato come conestabile del re e alcuni parallelismi stilistici nei ritratti degli animali all'interno delle br. II-Va (ivi, pp. 31-38).

9. Gli estremi cronologici 1170-1175 e 1205-1210 sono proposti da Foulet sulla base di indizi interni ed esterni; in particolare il *terminus post quem* è stabilito a partire dalla menzione del *Roman*

in discussione in due articoli di François Zufferey nei quali si propone di posticipare la composizione del poema di Pierre de Saint-Cloud (br. II-Va) al 1186 e di restringere la forbice temporale della formazione della prima raccolta di una quindicina d'anni.[10]

Dopo oltre un secolo, sappiamo molto sul *Roman de Renart*: sappiamo che non è un *roman*, ma una serie di *récits* che hanno per protagonista una volpe di nome Renart. Nell'edizione di Ernest Martin le *branches* sono ventisette, di estensione molto variabile (da 300 versi a più di 2000) e si articolano secondo una successione tutt'altro che lineare.[11] Sappiamo che le varie storie sono state composte da una ventina di chierici[12] e che sono state raccolte per la prima volta attorno al 1205-1210. In seguito altri collezionisti hanno ampliato la raccolta aggiungendo via via nuovi *récits* e riorganizzando la materia in antologie "personali". Le fonti sono da ricercare tanto nella letteratura scritta mediolatina quanto nello sconfinato patrimonio folklorico internazionale da cui i poeti renardiani hanno derivato gli intrecci, i motivi e le loro reciproche combinazioni. A lato delle perentorie osservazioni di Foulet sulle fonti scritte del *Roman de Renart*,[13] infatti, un filone di ricerca parallelo ha proseguito l'intuizione di Gaston Paris sui «contes d'animaux» e le indagini sulle fonti avviate da Léopold Sudre. Le ricerche in ambito etnoantropologico hanno evidenziato la continuità di temi, motivi, intrecci e struttura tra il *Roman de Renart* e il racconto zoomorfico, genere di radici antichissime e di vastissima diffusione geografica da cui derivano tutti i tipi di narrazione aventi per protagonisti personaggi zoomorfi, dalle favole di Esopo e Fedro fino ai poemetti mediolatini e alle raccolte di *fables* francesi. La comune derivazione di tutte queste realizzazioni di argomento zoomorfico spiega

de Troie e del *Tristan* di Robert La Chèvre (datati tra il 1165-1170) nel prologo della br. II, mentre il *terminus ante quem* è dato da un riferimento di Eudes de Cheriton (1212) a un'immagine che ritrae la processione degli animali per la morte di Renart, episodio narrato nella br. XVII che doveva far parte della prima collezione (cfr. Foulet, *Le Roman de Renard*, pp. 40 e 103).

10. Zufferey, *L'histoire littéraire dans les prologues* e Id., *Genèse et tradition*. Lo slittamento del *terminus post quem* al 1186 si deve a una nuova lettura e interpretazione del v. 8 del prologo della br. II in cui Zufferey vede un riferimento al *Bel Inconnu*, datato al 1185-90 (cfr. Id., *L'histore littéraire dans les prologues de "Renart"*, pp. 303-311). La data del 1205-1210 invece non è messa in discussione, anzi se ne fornisce una ulteriore argomentazione a sostegno (cfr. Id., *Genèse et tradition*, p. 158).

11. Sull'assenza di un ordine logico nella successione delle *branches* nelle diverse edizioni del *Roman de Renart* si tornerà più volte nel corso del volume; basterà qui ricordare le parole di Foulet a proposito della discontinuità e delle contraddizioni del testo dell'edizione Martin: «Le vrai coupable, ce n'était pas M. Martin mais bien le copiste du manuscrit dont dérivent tous ceux que nous avons conservés» (Foulet, *Le Roman de Renard*, p. 30).

12. La cronologia relativa della composizione delle *branches* che confluirono nella prima raccolta è affrontata da Foulet nel cap. 6 del suo volume e messa parzialmente in discussione da Zufferey in *Genèse et tradition*. La questione sarà trattata più da vicino nel cap. 4 del presente volume.

13. Tra questi, un ruolo centrale è da attribuire all'*Ysengrimus* del Magister Nivardus, poemetto mediolatino di oltre 6500 versi, composto nel 1150 ca. e incentrato sulle avventure del lupo Ysengrimus. Secondo Foulet, Pierre de Saint-Cloud si ispirò a questo poema per comporre le br. II-Va, ovvero il primo poema su Renart e Ysengrin. Cfr. Foulet, *Le Roman de Renard*, cap. 6.

le somiglianze tra le favole di Esopo, l'*Ysengrimus* mediolatino e il *Roman de Renart*, somiglianze che però non vanno interpretate in chiave di rapporti genetici diretti. L'opera renardiana, infatti, pur avendo in comune con la tradizione favolistica classica e mediolatina gli intrecci e la presenza di animali parlanti, si differenzia da questi tipi di realizzazione per molti altri aspetti che sono invece caratteristici di un genere, la zooepica,[14] che trae l'origine ugualmente dal racconto zoomorfico. L'abitudine di attribuire ai personaggi animali nomi propri (assente per esempio nella favolistica greco-latina e nelle sue prosecuzioni medievali), la mancanza di una morale esplicita e dell'intento didattico (tipici invece delle favole di tradizione classica), la struttura episodica, il tono comico-satirico, la ripetizione all'infinito del contrasto tra la figura dello sciocco e la figura del *trickster*, fanno del *Roman de Renart* uno dei più importanti rappresentanti del racconto zoomorfico medievale.[15]

Molti degli episodi ruotano intorno alle avventure della volpe Renart e del suo nemico Ysengrin, un lupo un po' sciocco che si ritrova a essere costantemente vittima dei brutti tiri della volpe.

La vicenda da cui scaturisce l'intera epopea è riconosciuta da tutti gli autori nella relazione adultera tra la volpe Renart e Hersent, moglie del lupo Ysengrin: l'episodio è narrato nella *branche* Va, quella che insieme alla *branche* II doveva essere il primo poema su Renart attribuito a Pierre de Saint-Cloud. Da qui una serie potenzialmente infinita di avventure che vedono scontrarsi non solo i diretti interessati, il lupo e la volpe, ma tutta una fauna nutrita di giudici, ambasciatori, gonfalonieri, reali, baroni e arcipreti pienamente inseriti nella società feudale.

Le vicende sono ambientate nel regno del leone Noble, fatto di castelli, corti, chiese, tribunali ma anche di foreste nelle quali si snodano molte avventure: è lì che in genere gli animali s'incontrano mentre sono a caccia ed è lì che normalmente ritornano alla fine delle avventure. Il continuo andirivieni dalla foresta, luogo della ferinità, alla corte, luogo predisposto alle diatribe umane, è la cifra dell'intero *Roman de Renart*: l'oscillazione continua tra la condizione animalesca e quella umana produce uno straniamento dagli effetti assolutamente comici. E così il gatto Tibert cavalca un destriero, mastica il latino e canta la messa in una

14. Una sintesi e un bilancio critico delle teorie di tipo antropologico che hanno interpretato il *Roman de Renart* come espressione medievale del genere zooepico si trova in Bonafin, *Le malizie della volpe*, cap. 8 *Animali culturali*, pp. 207-254. A Jauss, *Untersuchungen zur mittelalterlichen Tierdichtung*, si deve un contributo decisivo per la definizione del *Roman de Renart* come un genere distinto dalle coeve realizzazioni di argomento zoomorfico: a differenza delle *fables* di Maria di Francia, per esempio, i personaggi non sono il riflesso della società feudale, ma piuttosto la metafora del continuo conflitto tra la figura dello sciocco e dell'astuto. Rispetto all'*Ysengrimus*, le differenze sono ancor più evidenti: la centralità della figura del lupo nel poemetto latino si perde nel *Renart* dove il protagonista è la volpe; inoltre alla struttura costruita e compiuta dell'*Ysengrimus*, ma anche del *Reinhart Fuchs*, Jauss oppone il carattere episodico e "aperto" delle *branches* renardiane.

15. Il rapporto tra il *Roman de Renart* e il genere zooepico è uno dei due filoni d'indagine di questo volume, strettamente collegato al secondo, quello sull'oralità e le modalità di diffusione delle diverse *branches*.

chiesa, ma non vuole essere disturbato mentre prende il sole accovacciato su un ramo. Il lupo Ysengrin è in grado di guidare una barca, di fare lunghe requisitorie di fronte al tribunale dei baroni, ma non può resistere al profumo delle anguille arrostite da Renart. La lumaca Tardif riveste il ruolo di gonfaloniere del re e combatte tenendo in mano una spada, ma è troppo lenta...

Il *Roman de Renart* ci è giunto tramite quattordici raccolte antologiche e diciannove testimonianze parziali, tutte datate tra XIII e XV secolo, e risalenti a un archetipo comune. Lo studio della tradizione manoscritta ha fatto emergere la suddivisione dei testimoni in tre raggruppamenti (α, β e γ) da cui discendono le nostre raccolte antologiche.[16]

Le *branches* confluite nelle raccolte manoscritte stentano a trovare una sistemazione di tipo cronologico o consequenziale e la struttura interna del *Roman de Renart* è stata da sempre al centro degli interessi della critica. Personaggi morti in una *branche*, tornano talvolta in altre storie; scene cruciali della biografia della volpe, come per esempio il processo giudiziario, sono narrate più di una volta, con dettagli e conseguenze sempre diversi; inganni perpetrati ai danni di un personaggio sono rinarrati in altri *récits* in cui le vittime sono altre. *Branches* in cui si allude a qualche episodio raccontato altrove risultano scritte prima della *branche* a cui alludono. Tutte queste incongruenze, che impediscono di rintracciare un disegno lineare e ciclico dietro il *Roman de Renart*, rappresentano al contempo i tratti che permettono di definirlo un ciclo. Siamo di fronte al testo dell'assenza di un'opera come scrisse Scheidegger,[17] coniando la definizione per un ciclo in cui *tout se tient*, ma non si capisce come. Nell'introduzione al suo volume, scrive:

> la non-unicité du texte n'est pas due uniquement aux aléas de la tradition manuscrite et de la chronologie, mais à l'affleurement d'un type particulier d'écriture, une écriture plurielle, à pleusieurs mains, plusieurs auteurs, qui s'étend sur des décennies si ce n'est des siècles, sur des langues diverses aussi.[18]

Questo tipo particolare di scrittura plurale è descritto attraverso il ricorso a un termine nuovo, quello di poligrafia, in grado di concettualizzare una struttura che racchiude in sé «la concrétion en un seul texte des prérogatives de l'auteur, du copiste, du remanieur, voire du lecteur».[19] Una simile concrezione rende difficoltoso, nonostante gli sforzi,[20] delineare precisamente i contorni delle fasi reda-

16. Martin, prima di editare il *Roman de Renart*, pubblicò uno studio sui manoscritti renardiani: *Examen critique des manuscrits*. In concomitanza con l'uscita dell'ultimo volume dell'edizione, pubblicò anche un supplemento: *Observations*. Il suo allievo Hermann Büttner continuò il lavoro di Martin e approfondì i rapporti tra i vari testimoni in *Studien zu den "Roman de Renart"*. Per ciò che concerne la tradizione manoscritta del *Roman de Renart* rimando *infra*, cap. 4.

17. Scheidegger, *Le "Roman de Renart" où le texte de la dérision*, p. 116: «Une oeuvre? plutôt un Texte, le texte d'une absence d'oeuvre».

18. Ivi, p. 18.

19. *Ibidem*.

20. Come per esempio quello compiuto da Zufferey, *Genèse et tradition*.

zionali e ricostruire cosa fosse ciò che poi è diventato il *Roman de Renart* nelle raccolte antologiche.

A chiunque si confronti con il *Roman de Renart* s'impone una scelta preliminare: l'edizione del testo. Le edizioni disponibili[21] presentano ognuna il proprio *Roman de Renart*, articolato in modi diversi, più lungo, più breve, con episodi concatenati o soltanto giustapposti. Per chi le scorresse tutte, sarebbe difficile preferire un'edizione a un'altra e questo perché, in fondo, non importa; il *Roman de Renart* si scompone e si ricompone nelle varie forme, plasmandosi di volta in volta secondo i gusti degli editori antichi e moderni in un tutto che non è mai definitivamente un intero, dove c'è sempre spazio per un'avventura in più e dove, sottraendone qualcuna, comunque resta il tutto. È sufficiente leggere per intero una versione del *Roman de Renart* per intravedere l'impalcatura di questo edificio un po' sghembo che sta in piedi e non si sa perché.

La mia indagine è partita da qui, avviata dall'auspicio di poter svelare i meccanismi di una struttura eterogenea e tuttavia coerente. Trattandosi di un aspetto fondamentale del *Renart*, naturalmente la critica si è interrogata di frequente sull'argomento dandosi risposte tutte pienamente condivisibili: il *Roman de Renart* è tenuto insieme dalla costante presenza del protagonista; le storie appartengono a uno sfondo comune perché i personaggi sono sempre gli stessi e sono individuati attraverso gli stessi nomi propri; le loro relazioni 'interpersonali' si rivelano costanti in tutta la tradizione; i collegamenti tra una *branche* e le altre sono evidenti ed espressi tramite allusioni che fanno sospettare che ciascun autore conoscesse i propri predecessori; il tono dell'opera è comunemente improntato a un'intenzione comico-satirica; l'ambientazione delle avventure è la stessa e, infine, la tradizione manoscritta ha confermato la coerenza dell'opera tramandandola in raccolte antologiche. Eppure il *Roman de Renart* sfugge a una definizione univoca, la sua struttura non è pienamente assimilabile a quella di un ciclo vero e proprio, ma neanche a quella di una raccolta di testi indipendenti. A cosa – nel testo e fuori dal testo – dobbiamo questa struttura i cui effetti sono evidenti a ogni lettore? Il presente studio si occupa di questo.

21. La prima edizione del *Roman de Renart* si deve a Méon, *Le roman du Renart publié d'après les manuscrits de la Bibliothèque du Roi*, cui seguì il supplemento di Chabaille, *Le roman du Renard. Supplément, variantes et corrections*. A una cinquantina di anni dopo risale la seconda edizione, quella di Martin. Tra il 1948 e il 1963 furono pubblicati i sei volumi dell'edizione di Mario Roques basati sul testo del manoscritto di Cangé (testimone B, principale rappresentante della famiglia β), ristampati nel 1969 e seguiti dall'ed. di Lecoy, *Le roman de Renart, branche XX et dernière*. L'edizione del testo basata sui testimoni della famiglia γ si deve a Fukomoto, Harano, Suzuki, *Le roman de Renart d'après les manuscrits C et M*. Altri editori si sono occupati del testo di un singolo manoscritto: *Le roman de Renart*, a cura di Strubel, basato sul testimone H (Paris, Bibliothèque de l'Arsenal, 3334), *Le roman de Renart, édité d'après le manuscrit O*, a cura di Barre e *Le roman de Renart* (ms. di Cangé), a cura di Dufournet, Harf-Lancner, de Medeiros, Subrenat. Non mancano edizioni parziali di *branches* singole. Per un quadro più completo si rimanda alla bibliografia.

Come operazione preliminare ho raccolto alcuni elementi che emergono dalla lettura del testo: innanzitutto la ricorrenza di motivi e formule comuni a molti degli autori delle *branches* e poi la fitta rete di allusioni e citazioni intertestuali[22] che collegano tra loro le avventure della volpe e degli altri animali realizzando uno sfondo comune in cui ogni autore s'innesta. La classificazione di questi elementi ha subito fatto emergere un dato: non in tutte le *branches* sono presenti nella stessa misura. Mi è parso che si trattasse di uno spunto interessante per proseguire l'indagine e carpire, nella diversa concentrazione degli elementi suddetti, differenze di ordine più generale tra le *branches*. La constatazione che non tutti gli autori del *Roman de Renart* avevano seguito nello stesso modo quelle regole non scritte che presiedono all'opera, poteva voler dire che essi si sono sentiti più o meno vincolati ad alcuni procedimenti compositivi comuni.

La produzione è la prima fase dell'esistenza di un testo poetico, ma è naturale che sia influenzata dalle fasi successive, prima fra tutte la sua destinazione.[23] Che le *branches* renardiane fossero divulgate oralmente dai giullari appare quanto mai verosimile e molti indizi nel testo paiono confermarlo. Eppure anche gli indizi evidenti riconducibili alla modalità di diffusione giullaresca si concentrano in alcune *branches* più che in altre. Forse non è un caso: i testi con maggiore concentrazione di motivi e formule comuni e allusioni intertestuali sono gli stessi in cui si avverte maggiormente la "presenza della voce". L'espressione è di Paul Zumthor ed è a lui che si devono molte delle riflessioni esposte e discusse in questo lavoro, nonché l'articolazione delle sue parti. I vari capitoli seguono l'andamento delle operazioni elencate da Zumthor, di cui si privilegiano le prime quattro: il momento della produzione indagato attraverso la catalogazione di temi e formule ricorrenti e di allusioni intertestuali; quello dell'esecuzione e della ricezione in cui si scandagliano gli indizi delle interferenze vocali nel testo e infine quello della conservazione incentrato sullo studio della tradizione manoscritta del *Roman de Renart*. Man mano che si passa da una fase all'altra ci si accorge di come queste, seppure cronologicamente ordinate, siano in realtà compresenti sin dall'inizio nella vita del testo e la loro convergenza ideale è responsabile della struttura dell'opera. Le parole di Zumthor esprimono meglio il concetto:

> Ces descriptions escamotent le seul problème: celui de la réciprocité des rapports qui, en performance, s'établissent entre l'interprète, le texte et l'auditeur, et provo-

22. La difficoltà preliminare di definire cosa sia il testo del *Roman de Renart* (la singola *branche*? In quale delle diverse forme tramandate dalla tradizione manoscritta? O in quale delle diverse edizioni moderne? O piuttosto per testo si deve intendere una delle realizzazioni antologiche dell'opera? E quale?) impone un'accezione molto ampia del termine "intertestuale" (che sarà chiarito *infra*, cap. 3) con il quale si intende qualsiasi rapporto intercorrente tra una *branche* e un'altra, ma anche tra una *branche* e una tradizione orale soggiacente di cui spesso si intravedono le tracce.

23. Zumthor, *Introduction à la poésie orale*, p. 32.

quent, en un jeu commun, l'interaction de chacun de ces trois éléments avec les deux autres.[24]

A partire da questo presupposto metodologico, ci si interroga principalmente sulle differenze e sulle incongruenze di ogni tipo: è lì, negli scarti tra una *branche* e l'altra (o tra gruppi di *branches*) che trapela la realtà di un'opera, nelle scelte dei poeti e in quelle dei compilatori.

Nell'ultimo capitolo, dedicato alla conservazione del testo, ho cercato nei manoscritti riscontri alle riflessioni abbozzate nelle indagini sulla produzione e l'esecuzione del testo.

Nelle prossime pagine si delineeranno due percorsi distinti, ma destinati a incrociarsi in più punti: il primo concerne lo studio e l'interpretazione di una dicotomia strutturale che emerge sin dalla catalogazione dei motivi e delle formule ricorrenti e che sembra suddividere il *Roman de Renart* in due gruppi distinti di *branches*; parallelamente si indaga l'articolazione di tipo episodico che imprime all'opera renardiana una forma intermedia tra la raccolta di testi indipendenti e il ciclo strutturato. Entrambi i filoni di ricerca sottostanno a una componente interpretativa fondamentale: la presenza della voce.

La volpe Renart mi ha fatto compagnia negli ultimi anni di studio, a partire dalla tesi di Dottorato discussa all'Università di Macerata nel 2014 sotto la supervisione del prof. Massimo Bonafin. A lui va la mia riconoscenza per l'entusiasmo e la passione che è riuscito a trasmettermi nelle nostre discussioni sulla volpe, per la cura e l'attenzione del suo sguardo che mi seguiva mentre percorrevo i tortuosi sentieri sulle tracce di Renart.

Alla prof.ssa Maria Careri che ho avuto la fortuna di conoscere nel 2002 all'Università di Chieti in occasione di quella che per me era la prima lezione di Filologia Romanza, un incontro da cui ho ricevuto l'insegnamento più importante, la gioia febbrile della ricerca e quell'attitudine ossequiosa verso tutto ciò che ancora non conosciamo. Di questo e di tutto il resto le sono riconoscente.

Un sentito ringraziamento va a Ilaria Zamuner, che con il suo sguardo sempre critico mi ha insegnato la fatica di fare ogni giorno meglio; nella sua fermezza ho imparato la sua generosità e amicizia.

Molti amici e colleghi hanno letto la tesi e mi hanno aiutata a trasformarla nel volume che presento qui. A loro, Paolo, Antonella, Caterina, Marco, Maria Teresa, questo libro deve molto e gliene sono particolarmente grata.

Ringrazio il comitato della collana Studj Romanzi, il prof. Corrado Bologna e il prof. Roberto Antonelli per la fiducia e per i loro consigli, la casa editrice Viella, in cui ho l'onore di pubblicare e Sara, occhio vigile e amico di queste pagine.

24. Ivi, p. 231.

1. La produzione del testo

È ormai assodato che a comporre le *branches* del *Roman de Renart* furono una ventina di chierici attivi nella Francia settentrionale tra il XII e il XIII secolo. Conosciamo anche alcuni nomi: Pierre de Saint-Cloud (autore delle br. II e Va), Richard de Lison (autore della br. XII) e il Prete della Croix-en-Brie (autore della br. IX). I testi non ci dicono molto altro se non che Pierre fu presumibilmente l'iniziatore dell'epopea renardiana francese. Non ci sono riferimenti a eventuali committenti, né indicazioni cronologiche precise, né accenni alle condizioni di composizione dei testi. In qualche caso, seguendo un *topos* letterario, gli autori ci informano che il loro poema racconterà una storia nuova e meravigliosa sulla volpe Renart, una storia mai sentita prima, e che «la matere est large et ample».[1]

Oltre a queste scarne informazioni contenute nelle *branches*, è però possibile rintracciare nella scrittura dei testi alcuni meccanismi condivisi da molti autori del *Renart* che, se non ci svelano molto sulle personalità autoriali, ci dicono almeno qualcosa sul testo e sul modo di costruire i *récits* attraverso la combinazione di quelle che Alberto Varvaro, per esempio, chiama «situations narratives».[2]

Il capitolo si suddivide in due sezioni principali, organizzate in maniera parallela: la prima è dedicata allo spoglio di sette motivi ricorrenti, con descrizione, commento dei brani e una tavola riassuntiva; nella seconda sezione l'indagine verterà su alcune formule stereotipate presenti all'interno di due o più *branches*.

1. *I motivi ricorrenti*

Gli studi sui temi e i motivi letterari[3] e sulla loro migrazione da un'opera all'altra attraverso tempo e spazio ebbero molta fortuna nel corso del XIX secolo,

1. Così scrive l'autore della *br.* XXV al v. 13.

2. Varvaro, *Élaboration des textes et modalités du récit*. Il discorso sulle situazioni narrative riutilizzate dagli autori medievali e comparabili all'uso delle formule stereotipate nell'epica (pp. 39-44) rientra in una concezione generale di cultura tipica del Medioevo, dove ciò che conta è rinarrare (meglio) qualcosa che il pubblico è in grado di riconoscere. La combinazione di situazioni narrative note è uno dei modi attraverso cui i poeti si inseriscono in un macrotesto generale che può comprendere dal singolo testo, alla raccolta, al ciclo fino all'intera tradizione leggendaria.

3. Il termine "thématologie" è stato introdotto da Van Tieghem nel 1931 (*La littérature comparée*) a indicare la branca di studi comparatistici che si occupa dei temi e dei miti letterari. Sulla

ma ben presto l'interesse si spense sotto i duri colpi di una critica che rimetteva al centro l'atto creativo ed estetico dell'individuo in contrapposizione all'approccio erudito e compilatorio dei pionieri della *Stoffgeschichte*. Ciononostante, i contributi bibliografici del primo periodo[4] furono fondamentali per la rifioritura degli studi di tematologia cui si assiste a partire dagli anni Sessanta del Novecento. Le riscoperte potenzialità ermeneutiche dell'approccio tematico si devono a un'impostazione di tipo storico-critico che si interroga sulle modalità e sulle cause della «continua palingenesi»[5] che investe i temi letterari.

La critica renardiana ha attraversato l'intera parabola della fortuna e del rifiuto degli studi tematici traendo da ogni contributo critico un beneficio per la comprensione dell'opera. A partire dall'edizione del *Reinhart Fuchs* di Jacob Grimm, per arrivare all'indagine sulle fonti intrapresa da Léopold Sudre e alla netta reazione di Lucien Foulet, fino ai più recenti studi di Richard E. Smith, Jean Subrenat e Micheline de Combarieu du Grès, il *Roman de Renart* ha costituito un oggetto di ricerca privilegiato per la sua natura polivalente e per gli innegabili legami con il patrimonio etno-folkloristico universale.

Ai primi anni del Novecento, risale la pubblicazione del repertorio di Annti Aarne, strumento fondamentale per le ricerche sui tipi e i motivi presenti nel patrimonio favolistico popolare. A questa impresa bibliografica, *Verzeichnis der Märchentypen*,[6] in cui Aarne elaborò il metodo di classificazione delle fiabe popolari e compilò il primo repertorio, seguì una nuova edizione tradotta in inglese ed estesa anche alle testimonianze provenienti dall'Europa e dall'India dall'etnologo statunitense Stith Thompson, già autore di un importante repertorio, il Motiv- Index of Folk Literature (d'ora in poi indicato con la sigla MI).[7] Nel 2004 Hans Jörg Uther ha pubblicato una nuova edizione[8] in cui tenta di correggere le lacune del repertorio AT e lo arricchisce con l'aggiunta di altri 250 tipi o schemi narrativi. La numerazione dei tipi e dei motivi in Uther segue in genere quella del repertorio AT, ma la ricca appendice bibliografica rende il lavoro più completo e aggiornato includendo gli studi di molti folkloristi europei e asiatici.

Numerosi motivi repertoriati nell'indice di Thompson si ritrovano anche nel *Roman de Renart*; ciò ha portato R.E. Smith[9] a stilare una lista dei motivi di

storia dell'alterna fortuna critica della *Stoffgeschichte* dalle sue origini, riconosciute nelle ricerche dei fratelli Grimm nei primi decenni del XIX secolo, fino a tempi recenti si veda, per esempio, Trocchi, *Temi e miti letterari*, pp. 63-82.

4. Tra questi non vanno dimenticati i preziosi contributi critici di Praz, *La carne, la morte e il diavolo*; Auerbach, *Mimesis*; Curtius, *Letteratura europea e Medio Evo latino*, e altri per i quali rimando all'*excursus* di Trocchi, *Temi e miti letterari*, p. 65.

5. Cfr. Trousson, *Plaidoyer pour la Stoffgeschichte*, n. 1, p. 104. Trousson fu uno dei primi, insieme a Levin, a "riabilitare" la tematologia fornendo un approccio critico-metodologico più complesso rispetto agli studi ritenuti quasi esclusivamente compilatori delle generazioni precedenti.

6. Aarne, *Verzeichnis der Märchentypen*.

7. Aarne - Thompson, *The types of the folktale*. L'opera in questione è generalmente indicata con la sigla AT.

8. Uther, *The types of international folktales*. La sigla del volume è ATU.

9. Smith, *Type-Index and Motif-Index of the Roman de Renard*.

Aarne-Thompson rinvenuti nell'opera francese. A questo si aggiunse, qualche anno dopo, l'*Index*[10] compilato da Jean Subrenat e Micheline de Combarieu du Grès nel quale sono catalogati, oltre ai motivi, i personaggi, i temi e i proverbi presenti nel *Roman de Renart*. Questi strumenti rappresentano il punto di partenza dell'indagine affrontata nelle prossime pagine, con le dovute modifiche dettate da un criterio di scelta che privilegia non tanto l'omogeneità tematica dei motivi e degli episodi ricorrenti, quanto piuttosto l'incidenza che essi hanno nella strutturazione degli intrecci narrativi.

La selezione, infatti, è circoscritta ai «motivi dinamici»,[11] vale a dire quelli che influiscono sullo sviluppo della *fabula*; sono invece trascurati i «motivi liberi» come le descrizioni delle battaglie, dei cortei e delle processioni, dei comportamenti del basso clero, ecc. che, pur avendo un ruolo importante nell'insieme dell'opera, non influiscono direttamente sullo sviluppo delle vicende. Si tratta quindi, più che di motivi letterari, di episodi o scene ricorrenti che decretano l'impianto diegetico delle singole *branches* facendole apparire simili e allo stesso tempo uniche, in virtù della diversa combinazione degli schemi fissi. È un aspetto che Vladimir Propp, parlando proprio dell'epos animale, sintetizza magistralmente con queste parole:

> La maggior parte delle fiabe (di animali) non presenta intrecci autonomi, ma solo motivi combinabili insieme, oppure intrecci che tendono a contaminarsi con altri; e benché in certi casi possano essere narrati anche autonomamente, di fatto questo non accade quasi mai. Si può affermare che una parte dell'epos degli animali rappresenta un tutto unico che nel popolo non giunge mai all'unificazione completa, ma, tutt'al più, si unifica parzialmente. [...] Di qui deriva la possibilità di costruire romanzi e epopee che hanno avuto una eccezionale fioritura nel Medioevo in Europa occidentale.[12]

Ciò che potrebbe apparire come un sintomo di scarsa originalità dell'opera e, quindi, di alcuni dei suoi autori, può invece rivelarsi uno strumento utile alla comprensione del testo, dei suoi meccanismi di produzione e di fruizione.

I sette motivi scelti sono i seguenti:

1) Parzialità del re Noble: l'indulgenza del re permette a Renart di evitare la morte anche dopo la condanna unanime della corte e del Consiglio dei baroni. Nel repertorio MI, troviamo questo atteggiamento suddiviso in due motivi: «K510- Death order evaded» e, più nello specifico, «K512: Compassionate executioner». Nel repertorio ATU, troviamo invece il tipo 920A: «King pronounces absurd judgment in favor of accused person».

10. De Combarieu du Grès, Subrenat, *Le "Roman de Renart", index des thèmes et des personnages*.

11. Mutuo la terminologia da Tomaševskij in *I formalisti russi*, pp. 307-350. Sulla distinzione tra tema e motivo si veda, per esempio, Id., *Teoria della letteratura*, p. 178. L'analisi è condotta senza dimenticare gli apporti teorici degli ormai canonici Todorov, *Le categorie del racconto letterario*, pp. 227-270, soprattutto per quanto riguarda la nozione di "infrazione all'ordine", ovvero la necessità di analizzare le ricorrenze tematiche nei testi tenendo conto non solo delle affinità ma soprattutto degli scarti rispetto alla struttura di base, e Barthes, *L'attività strutturalista*, per quanto riguarda la presenza dei diversi codici e sottocodici testuali.

12. Propp, *La fiaba russa*, p. 159.

2) Promessa di penitenza: nonostante la condanna a morte, la volpe si salva proponendo di espiare le sue colpe con una penitenza alternativa come il ritiro a vita monastica o la partenza per la Crociata. Questo motivo è repertoriato nell'indice di Thompson sotto il numero «K500- Escape from death or danger by deception», «K550. Escape by false plea» e «K580. Captor persuaded into illusory punishment». Si tratta, in effetti, sempre di un inganno basato su una falsa dichiarazione, poiché la promessa di espiare la colpa non è mai mantenuta dalla volpe, anche se, puntualmente, il leone accorda la grazia.

3) Richiesta di confessione: la volpe riesce a rimandare la propria morte chiedendo di ricevere la confessione. In questo modo ha il tempo di elaborare una strategia e fuggire. È il motivo MI «K551.1.1- Respite from death granted until confession is made».

4) Colpo mancato: la volpe sfugge alla morte perché chi la sta colpendo per ammazzarla sbaglia mira. Nel *Roman de Renart*, il motivo ricorre spesso ed è caratterizzato dalla ripetizione di formule simili. Non ho trovato riscontri nel repertorio MI.

5) Cani: l'arrivo inaspettato di una muta di cani interrompe bruscamente tutte le azioni sulla scena. Il caos generato dall'intervento esterno dei cani può porre fine al racconto o farlo ricominciare con una nuova avventura indipendente. Si tratta di un motivo esclusivamente narrativo, tipico del *Roman de Renart* e spesso utilizzato dagli autori per dare un epilogo a un'avventura che stenta a chiudersi. Non è presente nel repertorio MI.

6) Falsa reliquia: la volpe convince il suo rivale a pregare su una falsa reliquia sotto cui si nasconde una trappola. La vittima rimane incastrata nella reliquia-trappola e la volpe si salva liberandosi del proprio antagonista. Corrisponde al motivo MI «K730.1.1- Claim that a trap is a prayer house».

7) Finta morte: la volpe si finge morta per difendersi da un attacco o per catturare una preda; è uno degli *escamotages* preferiti da Renart e talvolta anche altri animali imitano l'atteggiamento della volpe, non sempre con esiti felici. Si tratta del tipo ATU 33:«The fox plays dead and is thrown out of the pit and escapes» e comprende i motivi MI «K1860- Deception by feigned death» e «K1867- Trickster shams death to get food» a seconda che lo stratagemma serva per la difesa o per la caccia.

I sette motivi sopraelencati riflettono altrettanti modi attraverso i quali la volpe scampa alla morte e può così tornare a essere protagonista di un'altra *branche*.

Ma non si tratta solo di questo: i motivi forniscono agli autori i materiali con cui plasmare la narrazione consentendo loro di ripetere all'infinito lo stesso schema con minime variazioni. Gli studi sulle strutture narrative del *Roman de Renart* compiuti da Elina Suomela-Härmä[13] hanno anzi dimostrato che tutte le storie sulla volpe si basano su soli due schemi o macrosequenze: la ricerca di cibo e la ricerca di giustizia. All'interno di questi due percorsi, la variabilità dipende esclusivamente dal modo in cui i motivi sono combinati tra loro. Una conclusione tanto perentoria potrebbe indurre a considerare l'opera come la monotona ripro-

13. Suomela-Härmä, *Les structures narratives*.

posizione di un unico intreccio. Chi ha letto il *Roman* sa, però, che non è così. Al di là degli elementi condivisi, le storie paiono dotate ciascuna di una propria indipendenza e personalità derivanti dall'apporto individuale dei tanti autori. Il contributo di ognuno di loro è evidente nelle scelte stilistico-retoriche o nelle tecniche, più o meno raffinate, di legare i motivi e le scene in un disegno armonico, nell'intelligenza di selezionare dal patrimonio comune della favolistica quei materiali che più si addicono allo spirito beffardo del *Roman de Renart* e che il pubblico mostra di apprezzare maggiormente.

È evidente che ciascun autore, pur lavorando autonomamente, s'innesta in un progetto implicitamente condiviso nel quale le *branches* sono slegate tra loro, ma condizionate dalla presenza di un unico "tronco" virtuale. La ripetizione degli intrecci è uno dei mezzi usati dai poeti per inserisi nella tradizione senza tradire l'intento comune e le aspettative del pubblico.

Uno studio preliminare sulla presenza (e assenza) di motivi tipici e sulla loro riattualizzazione nei testi renardiani servirà a delineare i contorni di quel gruppo di *branches* che condivide, oltre a questo aspetto, altre caratteristiche analizzate nei capitoli successivi.

1.1. *La parzialità del re, ovvero Noble, il re volubile*

Jean Subrenat ha definito Noble una «figure idéalisée d'un roi tel qu'on le voit ou qu'on voudrait le voir à l'époque de Philippe-Auguste».[14] L'indulgenza eccessiva nei suoi esercizi di giustizia rende Noble un sovrano dedito al mantenimento della pace nel proprio regno, restio alle condanne e all'uso della forza, prodigo nel minimizzare i fatti e riconciliare le parti. Qualcosa, però, turba questa visione idealizzante del sovrano proposta da Subrenat: gli eccessi d'indulgenza sono sempre a favore della volpe, le sue decisioni eludono sistematicamente la condanna definitiva del colpevole; la negoziazione per il leone saggio è sempre possibile, sostiene Subrenat; più che possibile, la negoziazione è necessaria: la condanna a morte di Renart metterebbe fine alla sua epopea.

Non si tratta di una carenza nell'attuazione della giustizia a corte, quanto piuttosto dell'applicazione delle leggi della letteratura.[15] Per usare le categorie derivate dall'analisi attanziale di Suomela-Härmä: «Le rôle de l'actant arbitre a des contours flous: en principe, c'est un actant-influenceur, mais son autorité est souvent neutralisée par l'activité de certains autres actants de sorte qu'il est réduit au rôle d'influencé».[16]

14. Subrenat, *Un point de vue sur la fonction royale,* p. 176.

15. Ciò non toglie che alcuni tentativi di intravedere nel *Roman de Renart* un riflesso critico della società hanno condotto a riflessioni interessanti e inaspettate. Per esempio, nei due saggi di Dévard, *Le Roman de Renart. Le reflet critique de la société féodale* e *"Qui bon i vont, mal en revenent"*, troviamo un quadro più o meno dettagliato dei procedimenti giuridici, costumi e tradizioni feudali in cui le informazioni di stampo storico-archivistico si incrociano con le documentazioni letterarie fornite dal *Roman de Renart.*

16. Suomela-Härmä, *Les structures narratives*, p. 75.

La parzialità o iniquità del re è un motivo molto frequentato nella letteratura medievale: negli ultimi anni è andata affermandosi una nuova interpretazione di alcuni tra i più importanti poemi epici a partire proprio dall'analisi del personaggio del re. La figura idealizzata del sovrano garante dell'ordine e della giustizia ha vacillato di fronte alle osservazioni avanzate da alcuni studiosi secondo cui il comportamento iniquo del re sarebbe la causa scatenante di tutte le vicende epiche. Mario Botero García, parlando del re Luigi nel poema *Raoul de Cambrai*, scrive:

> Louis appartient à un type détérminé de personnage épique que l'on trouve dans les chansons de geste dites "de la révolte" ou "des barons révoltés"; il s'agit, en effet, du roi "faible et injuste" incapable de gérer son royaume comme il se doit et qui sème le chaos à cause de sa maladresse.[17]

L'analisi del re Luigi si può estendere anche al "piccolo" *Ciclo di Guillaume d'Orange*, in cui le peripezie del protagonista scaturiscono dalla sua frustrazione per essere stato privato dal re di un feudo che gli spettava di diritto.[18]

Anche Andrea Fassò, descrivendo l'atteggiamento di Carlomagno al momento della designazione di Gano ad ambasciatore, nella celebre scena della *Chanson de Roland*, sottolinea: «Le moins que l'on puisse dire c'est que sa conduite est partiale. Pis encore: elle est inique».[19]

Le caratteristiche di «maladresse», parzialità e iniquità si addicono perfettamente anche al nostro re Noble che con il suo atteggiamento fa scaturire una serie infinita di vicende, infinita proprio perché in un mondo nel quale il garante della giustizia si mostra parziale, l'equità non può esistere e Renart non sarà mai punito per la sua condotta riuscendo così a sopravvivere nelle *branches* e nei secoli.

Stando alla classificazione degli intrecci nel repertorio ATU, gli episodi in cui il re Noble si mostra parziale rientrerebbero tra i motivi compresi nel tipo 53 «*The fox at Court*. A fox is summoned before a judge because of his crimes (e.g. stealing chickens, being absent from the parliament of the animals) and is condemned to death. By means of his last request, he manages to escape (J864.2, Cfr. K2055)».

Tuttavia nel *Roman de Renart*, la volpe non ha sempre un ruolo attivo nella conquista della propria salvezza; talvolta intervengono altri personaggi, i cosiddetti «adjuvants de l'accusé»,[20] ma più spesso è l'atteggiamento di Noble che assicura la perpetuazione delle avventure.

17. Botero García, *Les deux images du roi Louis dans "Raoul de Cambray"*, p. 431.

18. All'inizio della canzone *Le charroi de Nîmes*, Guillaume d'Orange scopre che il re Luigi ha distribuito i feudi tra i suoi vassalli, ma ha escluso proprio lui. Offeso per l'ingratitudine del re che aveva sempre servito fedelmente, Guillaume chiederà il permesso di andare in Spagna a conquistare un proprio feudo.

19. Fassò, *Roland est sage et Charlemagne injuste*, p. 502.

20. Nel paragrafo dedicato agli aiutanti della volpe, Suomela-Härmä, definisce Grimbert il più importante tra tutti. Per misurare la portata del suo aiuto basta considerare che Renart riesce a salvarsi grazie alle proprie forze soltanto due volte; negli altri casi è Grimbert che interviene a con-

Per questo motivo la selezione dei brani analizzati di seguito risponde al criterio della parzialità del re e non degli stratagemmi della volpe a corte secondo un'ottica che privilegia piuttosto che l'azione *tout court*, la sua messa in relazione con un personaggio-soggetto. Alla funzione si preferisce il concetto bremondiano di ruolo[21] o, per dirla con Cesare Segre,

> un'azione interessa nella misura in cui essa riflette l'indole e la volontà di un personaggio. Anzi il personaggio, che per lo più ha nome e cognome, ed è iscritto a un'anagrafe sia pur fittizia, costituisce un fascio di attitudini e di tratti caratteriali (in inglese si chiama appunto *character*) che, sia egli un individuo atipico oppure un tipo tradizionale o una "maschera"– a seconda delle poetiche o dei generi letterari –, costituisce *ipso facto* la spiegazione dei suoi moventi e contiene la possibilità di sviluppi interiori. Il personaggio, infine, attua l'unificazione delle funzioni, che hanno senso perché attuate da lui, diramantisi da lui.[22]

1.1.1. *La parzialità di Noble nelle* branches *del* Roman de Renart[23]

Secondo la raccolta dei dati compilata da Jean Subrenat e Micheline de Combarieu du Grès, Noble è chiamato a giudicare sulla colpevolezza di Renart nelle *branches* I, Ia,Va, VI, X, XI, XIII, XVII, XXIII.[24] Sarà utile trascrivere alcuni dei brani in questione per analizzarne le funzioni narratologiche; fornirò un breve quadro riassuntivo delle vicende per inquadrare il motivo nel contesto della *branche.*

Branche I. Subito dopo il prologo (vv. 1-10), la storia prende l'avvio con la convocazione a corte di tutti i baroni. Come di consueto, gli animali si precipitano dal re, «fors dan Renart tant solement» (v. 22). Il lupo Ysengrin non perde tempo e presenta la propria querela al leone: ai versi 29-43 il lupo riassume le malefatte della volpe nei suoi confronti, prima fra tutte la violenza sessuale ai danni di sua

vincere l'accusa dell'inopportunità di una condanna a morte. Cfr. Suomela-Härmä, *Les structures narratives*, p. 46.

21. La nozione di "ruolo" è centrale negli studi sull'analisi formale del racconto di Bremond. Pur accettando le premesse dell'analisi proppiana, Bremond dedica la parte centrale del suo studio ai ruoli narrativi principali e subordina, di fatto, le funzioni agli agenti. «La funzione non è semplicemente l'enunciato di un'azione senza riferimento a un agente o un paziente determinato, come se non importasse che l'autore di un danneggiamento diventerà in seguito uno dei contendenti, e poi il vincitore o il vinto di questa lotta. Al contrario, la funzione di un'azione non può essere definita che nella prospettiva degli interessi o delle iniziative di un personaggio che ne è il paziente o l'agente» (Bremond, *Logica del racconto*, p. 50).

22. Segre, *Le strutture e il tempo*, p. 46.

23. Ricordo che l'edizione di riferimento è quella di Martin: *Le roman de Renart.*

24. De Combarieu du Grès, Subrenat, *Le "Roman de Renart", index des thèmes et des personnages*, p. 285: alla voce *Noble* sono elencate tutte le *branches* in cui compare il re, ma ho ritenuto di riportare solo quelle in cui Noble è chiamato a giudicare la volpe. Le informazioni sono state incrociate con quelle presenti alle voci *Condamnation*, pp. 62-64 e *Plait*, p. 179.

moglie Hersent, a seguire l'umiliazione subita dai lupacchiotti[25] e la fuga della volpe dal giuramento promesso.[26] La vittima supplica dunque il re di rendergli giustizia per le azioni di Renart. La prima reazione di Noble consiste nel minimizzare l'accaduto, provando a dissuadere il lupo all'intraprendere un processo giudiziario per una questione tanto insignificante. Anzi, insiste il re, rievocare di nuovo la vicenda non farà altro che rinnovare l'onta e l'umiliazione del lupo stesso. Queste le parole del leone:

> 'Ysengrin, leissiez ce ester.
> Vos n'i poes rien conquester,
> Ainz ramentevez vostre honte.
> Musart sont li roi et li conte,
> Et cil qui tienent les granz corz
> Devienent cop, hui est li jorz.
> Onques de si petit domage
> Ne fu tel duel ne si grant rage.
> Tele est cele ovre a escient
> Que li parlers n'i vaut noient'
> (vv. 45-54)

Dietro l'apparenza di un discorso saggio, equilibrato e ponderato, Noble esprime il suo pensiero fazioso con parole ingiuste e infondate: tratta con sufficienza il lupo definendo «petit domage» la serie di azioni gravi compiute da Renart e fa apparire così Ysengrin uno sciocco puntiglioso. L'espressione «leissiez ce ester» del v. 45 è emblematica dell'atteggiamento del re e ritorna identica, per esempio, al v. 1498 della br. X.[27] Gli inviti espliciti o velati a lasciar perdere, a dimenticare i torti subiti da Renart in nome della pace nel regno sono frequenti nelle parole del re.

Dopo il discorso di Noble, intervengono gli altri baroni a suggerire il ricorso a un processo contro Renart. Le parole di Brun l'orso invitano cautamente il re a indire un giuramento per mettere finalmente pace tra i due contendenti. Più dirette le parole del toro Bruiant che insistono sull'evidenza dei fatti di cui Renart si è reso colpevole e mostrano una certa compassione verso la lupa Hersent, vittima di stupro. Segue il discorso del tasso Grimbert che difende indirettamente la volpe: per distrarre l'uditorio dall'evidenza delle colpe del suo compare Renart, il tasso insiste sull'umiliazione cui sarebbe sottoposta Hersent nella rievocazione pubblica della violenza sessuale subita. Alla fine della discussione, torna a esprimersi il re Noble, ormai irritato dall'insistenza di Ysengrin e degli altri baroni.

25. Queste vicende, all'origine dell'odio tra il lupo e la volpe, sono narrate nella br. II ai vv. 1027-1150. Innumerevoli volte vi si allude nel corso di tutto il *Roman de Renart.*

26. Nella br. Va, comunemente nota col titolo *L'escondit*, Renart si presenta nel luogo prescelto per giurare sul dente del mastino Roenel la propria innocenza. Accortosi che il mastino è ancora vivo, Renart capisce di essere caduto nella trappola del lupo, ma con l'aiuto del tasso Grimbert, riesce a fuggire.

27. Il brano sarà analizzato nelle pagine seguenti.

'Or dont' dit Noble 'au deable!
Por le cuer be, sire Ysengrin,
Prendra ja vostre gerre fin?
Quidiez i vos rien gaagnier,
Renart mater ne meegnier?
Foi que je doi saint Lienart,
Ge connois tant les arz Renart:
Plus tost vos puet il fere ennui,
Honte et damaje que vos lui.
D'autre part est la pes juree
Dont la terre est aseüree:
Qui l'enfrendra, s'il est tenuz,
Molt mal li sera avenuz
(vv. 254-266)

Il re pone fine al dibattito dichiarando finita la guerra tra Renart e Ysengrin in nome della "pace giurata". Il lupo, rassegnato alla decisione, si siede con la coda tra le gambe (vv. 266-271).

Accade però, che proprio in quel momento Pinte e Chantecler arrivino a corte per lamentarsi di fronte al re della loro sorte sventurata: la gallina racconta che Renart ha divorato i suoi cinque fratelli e ben quattro delle sue cinque sorelle;[28] inizia quindi un *planctus* (vv. 319-344) sul corpo senza vita della sorella Coupee che il giorno prima era stata lasciata morta da Renart davanti alla porta del pollaio. Di fronte alle lacrime di Pinte e del marito, il re sospira di pietà.

Et quant li rois vit Chantecler,
Pitie li prent du baceler.
Un sopir a fet de parfont,
Ne s'en tenist por tot le mont
(vv. 351-354)

e promette di convocare Renart per assicurare una «grande vendetta»:

'Dame Pinte' fet l'enperere,
'Foi que doi a l'ame mon pere
Por qui je ne fis aumonne hui,
Il me poisse de vostre anui,
Se ge le peüsse amender.
Mes je ferai Renart mander
Si que vos a vos euz verres
Et a voz oreilles orres
Con grant venchance sera prise.

28. La strage della famiglia di Pinte non è raccontata in nessuna delle nostre *branches*. In proposito Lucien Foulet scrive: «et l'aventure n'a été visiblement imaginée que pour ménager l'arrivée à la court du lamentable cortège». Cfr. *Le Roman de Renard*, p. 33. Si tratta però di una scena chiave che è rievocata in molte occasioni e presenta, come si vedrà nelle prossime pagine, molti aspetti problematici; pertanto si può anche supporre che la vicenda sia stata narrata in una *branche* non tràdita dai testimoni a noi noti.

Quar j'en voil fere grant justise
Del omecide et du desroi
(vv. 367-377)

Dunque Noble questa volta accoglie le richieste delle vittime della volpe e si comporta conformemente al suo ruolo di garante della giustizia. Tuttavia la sua parzialità è in questo caso ancor più evidente: di fronte alle lamentele del lupo aveva reagito superficialmente, mentre ora partecipa al dolore della famiglia dei polli e promette giustizia. A questo punto è lecito domandarsi se, più che una simpatia nei confronti della volpe, il re non nutra un'antipatia per il lupo.

Segue una lunga macrosequenza in cui si susseguono nell'ordine: la veglia funebre sulla tomba di Coupee e alcuni miracoli della martire (vv. 408-468), la missione di Brun (vv. 476-720), la missione del gatto Tibert (vv. 721-791), la missione del tasso Grimbert (vv. 922-1200) e la confessione di Renart (vv.1029-1110). Solo al v. 1201 finalmente Renart si presenta a corte; il re gli si rivolge duramente chiamandolo «traïtres lere» (v. 1283), «baretere» (v. 1284) e accusandolo ripetutamente di «renardie», salvo poi rimettere il giudizio ai baroni.

Il consiglio dei baroni, prevedibilmente ostile, stabilisce la condanna alla forca per Renart, Noble acconsente, ma di fronte alla richiesta del condannato cede. La volpe, infatti, dichiarandosi innocente rispetto alle accuse mosseglí dai baroni durante il processo, ammette di avere comunque commesso qualche peccato nel corso della sua vita e chiede che gli sia concesso di partire come crociato per Gerusalemme.

A questo punto, «Au roi en prist molt grant pitiez» (v. 1396) e, dopo qualche tentennamento, accorda la grazia a Renart, inviandolo in crociata previa promessa di non tornare mai più:

Ce dit li rois 'et il la pregne
Par tel convent que la remeigne'
(vv. 1413-1414)

Solo in questa prima *branche*, come si è visto, l'atteggiamento fazioso del re Noble ha importanti conseguenze sullo sviluppo della storia, prima fra tutte la grazia concessa alla volpe che poco prima era stata condannata alla forca dal consiglio dei baroni. La volubilità del re è il filo conduttore dell'intera vicenda narrata nella br. I, come di molte altre, si vedrà, ambientate a corte.

Branche Ia. In questa storia, Noble diventa l'antagonista diretto di Renart: il re e molti dei suoi sudditi prendono d'assedio la fortezza di Malpertuis.[29] Durante la notte, la volpe approfitta del buio per violentare la regina Fière (vv. 1783-1790); il re, allarmato dalle urla della leonessa, tenta di portare soccorso alla moglie, ma si accorge che la sua coda, come anche la coda degli altri animali, è stata legata al tronco di un albero da Renart. Solo la lumaca Tardif era stata lasciata

29. Malpertuis o Maupertuis è il nome della tana della famiglia di Renart. In alcune *branches* viene chiamata Malacrues o Malcrues.

sbadatamente libera da Renart ed è proprio lei che, sguainata la spada, acciuffa Renart e lo conduce in prigione. Ormai la sorte della volpe è decisa, questa volta non basterà fare promessa di penitenza. Il re è infuriato e dopo aver ascoltato le suppliche di Renart, risponde lapidario:

Ce dist li rois 'penses del pendre:
Car ne puis mie tant atendre'
(vv. 2033-2034)

Renart è stato appeso ed è pronto per l'impiccagione, ma ecco che la moglie Hermeline, accompagnata dai tre figli, interviene a supplicare il re di liberare suo marito in cambio di tutti i loro averi (vv. 2039-2064). Inizialmente Noble si mostra irremovibile e afferma che non può lasciare tutte le vittime di Renart senza una giusta vendetta. Subito dopo, però, cambia idea:

Li rois respont 'en deu amor
Por vos li pardong a cest tor.
Et si vos ert par tel rendus
Q'au premer mesfait ert pendus'
(vv. 2079-2082)

Anche qui, il giudizio inaspettatamente indulgente verso la volpe che, oltretutto, aveva violentato la regina in presenza del re, stravolge l'andamento della trama e le centinaia di versi preparatori alla cattura e all'impiccagione della volpe svaniscono di fronte al repentino cambiamento d'idea di Noble.

Branche Va. Il litigio tra Ysengrin e Hersent, in seguito alla violenza sessuale, si conclude con la decisione di ricorrere al re per avere giustizia; è la lupa che lo propone e il marito si lascia convincere a risolvere la questione pubblicamente. Una volta giunti a corte, Ysengrin accusa Renart di aver violentato sua moglie e umiliato i suoi figli; al discorso del lupo (vv. 315-334) segue la testimonianza di Hersent (vv. 335-353). Di fronte al racconto delle vittime, Noble incalza la lupa con domande tendenziose. L'interrogatorio è costruito in modo da far emergere le colpe della lupa che, pur sapendo che Renart aveva un debole per lei, si è recata nella sua tana da sola mostrandosi imprudente. Di seguito i versi del dialogo:

Li rois en a son chef leve,
Si conmence un poi a sozrire.
'Avez vos' fet il 'plus que dire?'
'Sire, n'aie: de tant me poise
C'onques en fu meüe noise,
Et que j'en sui si vergondez.'
'Hersent' dist li rois, 'respondez
Qui vos estes ici clamee
Que dant Renars vos a amee:
Et vos, amastes le vos onques?'
'Je non, sire.' 'Or me dites donques
Por qei estiez vos si fole

Qu'en sa meson aleez sole
Puis que vos n'estiez s'amie?'
'Merci, sire! ce n'i est mie.
S'il vos plest, mielz dire poez
Selonc le cleim que vos oez:
Que je vos di, li connestable
Mes sires qui bien est estables,
Que il ensamble o moi la vint
Ou ceste vergoigne m'avint'.
'Ere il o vos?' 'Oïl sanz faille.'
'Qui cuidast ce, que diex i vaille,
Que il esforcer vos doüst
La ou vostre mari soüst?'
(vv. 388-412)

La domanda retorica a conclusione dell'interrogatorio chiarisce definitivamente il parere implicito del re che spiazza Ysengrin e lo spinge a richiedere un processo pubblico e regolare, ben consapevole che Noble non si esprimerebbe mai in favore dei lupi.

Branche VI. Dopo un vano tentativo di Noble di riappacificare Renart e Ysengrin, ha luogo un cruento duello tra le due parti che si conclude con la finta morte di Renart. Nel momento cruciale in cui stanno per essere uccisi i testimoni di Renart, la volpe, rediviva, chiede di confessarsi; sarà proprio il confessore di Renart, il prete Bernart, a supplicare Noble di graziare la volpe con la promessa che espierà le colpe in convento. Naturalmente il re si lascia convincere e libera Renart:

Nobles entent que bien a dit.
Nel voudroit avoir escondit
De rien que il li demandast
Ne que fere li conmandast.
Renart li rendi bonement
Sens nul autre contenement
(vv. 1421-1426)

Branche X. Una serie di missioni fallite dei baroni del re per condurre Renart a corte fa ammalare Noble.[30] Il tasso Grimbert informa la volpe della situazione e Renart promette di recarsi a corte per scusarsi con il re. Il primo incontro tra i due non è dei migliori, il re è molto adirato con Renart e non vuole riceverlo, lo maledice e lo scaccia. Questa volta sembra proprio che la volpe non la scamperà: Roenel, prima vittima di Renart in questa *branche*, vuole approfittare dell'ira del re e propone di impiccare la volpe per punirlo della sua arroganza. A sua discolpa, Renart si giustifica per non essersi presentato a corte dicendo che si era dovuto recare in Italia per trovare un rimedio alla malattia di Noble: il suo viaggio era

30. Nell'indice ATU è repertoriato come tipo 50: «The sick lion». L'intreccio è documentato per la prima volta in una favola di Esopo.

durato tre mesi e dunque le accuse di Roenel e degli altri baroni incaricati delle missioni erano false. Il gatto Tibert appoggia la versione di Renart e conferma il suo alibi. A questo punto, il re dimentica tutte le accuse pendenti su Renart e gli chiede di aiutarlo a guarire:

> 'Ce est' ce dit Nobles 'bien fet.
> Tybert, leissiez ester lo plait!
> E vos, Renart, pensez de moi,
> Si en pernes hastif conroi!
> Je ai un mal dont ne voi gote,
> Ne ne quit veoir pantecoste.
> Je ne vos puis la moitie dire
> De la dolor qui me fet frire'
> (vv. 1497-1504)

Branche XI. La miracolosa guarigione del re grazie ai rimedi di Renart salva la volpe anche quando questa si è macchiata di alto tradimento: il re è dovuto partire per portare guerra ai pagani e ha deciso di affidare il regno a Renart, previa sorveglianza di alcuni baroni fidati. La volpe allora sposa la regina e si appropria di tutto il potere falsificando una lettera in cui si dice che il re è caduto in guerra. Dopo una lunga serie di peripezie, Noble rientra nel suo castello e viene informato dell'accaduto, Renart è catturato e portato di fronte a sua maestà; là supplica il re di perdonarlo in nome di quella volta in cui lo guarì dalla malattia. Repentino, Noble dimentica tutti i torti subiti e concede il perdono alla volpe per «tot le mesfet» (v. 3367):

> Li rois qui fu pleins de savoir,
> Ot le service amentevoir
> Que Renart li ot fet jadis.
> Adonc a porpenser s'est pris.
> Et quant il l'ot pense grant pose,
> Si dit 'ore oes une cosse,
> Segnor baron!' dit l'enperere
> 'Ves ci Renart qui meint contrere
> M'a fet: or me reproche ci
> Ce que de mon mal me gari.
> Il le me doit bien reprocher,
> Orendroit li aura mester:
> Que por tot l'or qui el mont soit,
> Ne li mefferoie orendroit,
> Ainz li pardoinz tot le mesfet
> Que il m'a en cest monde fet,
> Trestot li quit orendroit ci'
> (vv. 3353-3369)

Dalla lettura di questi estratti ci si può rendere conto di quanto l'atteggiamento tendenzioso e indulgente del re Noble influisca sulla trama delle vicende. Più volte lo ha condannato a morte, altrettante volte è tornato sulla sua decisione concedendo alla volpe un'altra occasione per rendersi colpevole di un nuovo misfatto. I giudizi arbitrari di Noble sono la garanzia della prosecuzione della saga, la sua volubilità è solo un modo di moltiplicare le vicende all'infinito. Va detto, inoltre, che il motivo della parzialità del re, che qui è stato analizzato solo in quanto *escamotage* narrativo, viene assimilato al punto che, in altre *branches*, gli autori vi fanno ricorso senza una motivazione concreta. Qua e là nel testo, Noble prende le difese di Renart a discapito degli altri baroni anche quando questo non influisce sulla trama; il suo atteggiamento diviene una caratteristica del personaggio e contribuisce a dipingere la figura di un re iniquo e volubile.

1.2. *Promessa di penitenza* in extremis

Il secondo motivo ricorrente che prenderemo in esame consiste in uno degli *escamotages* cui Renart ricorre per temporeggiare e rinviare la propria morte. Compreso nel tipo 53 («La volpe a corte»), del repertorio ATU, questo motivo compare nel *Roman de Renart* quattro volte.

Renart, sul punto di essere ammazzato, promette di espiare le proprie colpe tramite penitenze alternative. Si tratta di procedimenti storicamente attestati e ammessi nel Medioevo che prevedevano la sostituzione della penitenza con la professione religiosa o la *conversio*: in tal modo anche chi era gravato da colpe capitali poteva essere dispensato dalla disciplina penitenziale e otteneva immediatamente il perdono.[31] I nostri autori si servono di questo procedimento come motivo narrativo per garantire la sopravvivenza della volpe nonostante la sua condanna a morte. Non sempre è direttamente Renart a proporre la penitenza alternativa alla pena di morte; talvolta, infatti, altri personaggi intervengono al momento giusto per salvare la vita alla volpe facendosi testimoni dell'espiazione della penitenza promessa.[32]

Questo motivo è profondamente legato al primo (parzialità di Noble) giacché la promessa di penitenza deve essere accettata dal re, cosa che avviene quasi sistematicamente.

A seconda dei testi, il motivo è introdotto più o meno abilmente nella narrazione: esso può trovarsi articolato coerentemente con quanto precede e quanto segue, in modo da costituire una sequenza naturale del racconto, oppure – per esempio nella br. VI – può trovarsi giustapposto ai versi precedenti senza una ragione logica apparente risultando perfettamente riconoscibile come motivo isolato dal resto del racconto.

31. A proposito della professione religiosa, si veda per esempio Picasso, Piana, Motta, *A pane e acqua*, p. 10: «La professione religiosa era considerata la forma più perfetta di vera penitenza, proprio in quanto totale e perpetua: la vita del monaco era infatti sinonimo di morte al mondo e veniva assimilata al martirio quotidiano».

32. Sono i cosiddetti «adjuvants de l'accusé» di Suomela-Härmä, *Les stuctures narratives*, pp. 46-48.

1.2.1. *La promessa di penitenza nelle* branches *del* Roman de Renart

Branche I. Renart si trova a corte imputato della strage della famiglia di Pinte; in seguito alle missioni fallimentari di Brun e Tibert, la volpe si lascia convincere dal terzo messaggero: il tasso Grimbert. Insieme a lui si presenta di fronte al re. Il consiglio dei baroni delibera: Renart sarà messo alla forca, Noble è d'accordo. Quando il condannato vede che è tutto pronto per la sua uccisione, si gioca la sua ultima carta:

'Or me voles sanz forfet pendre.
Mes j'ai fet de molt grant pechez
Dont je sui auques entechez:
Or voil venir a repentance.
El non de seinte penitance
Voeil la crois prendre por aler
La merci deu otre la mer.
Se je la muir, si serai sax.
Se je sui penduz, ce ert max:
Si seroit molt povre venjance.
Or voeil venir a repentance'
(vv. 1384-1394)

L'abilità retorica della volpe convince la giuria del fatto che la morte sulla forca rappresenterebbe una vendetta da poco rispetto ai crimini di cui è accusato: è meglio per tutti che gli sia concesso di espiare le sue colpe partendo per la crociata; in fondo ci sono buone probabilità che muoia durante la traversata o in battaglia, ma almeno la sua anima si salverà in virtù della penitenza. Grazie anche all'aiuto del solito tasso Grimbert, Noble accetta la proposta e consente a Renart di scampare alla forca e partire come combattente della fede. Subito dopo essere stato addobbato come crociato, Renart intraprende la caccia al coniglio Coart per disfarsi, dopo pochi versi, della croce e tornare a farsi beffe del re Noble e degli altri animali.

Branche Ia. Renart, dopo aver violentato la regina Fière, è catturato da Noble e dai suoi cavalieri. Sta per essere impiccato e Grimbert lo invita a fare testamento. Renart enuncia le sue ultime volontà e poi dice:

'Se mon sennor le roi plesoit
Et une chose me fesoit
Qu'il voussist que je fusse moines,
Reclus hermites o canoines,
Et me laissast vestir la haire,
Certes ce li devroit molt plaire.
Cest mortel seicle et ceste vie
Lairoie, plus n'en ai envie'
(vv. 2007-2014)

Renart chiede di espiare le sue colpe rinchiudendosi in convento scatenando così lo stupore e l'ira del lupo Ysengrin. Noble questa volta non si lascia persuadere dalla volpe e ordina che sia impiccato. L'arrivo di Hermeline e dei tre figli supplicanti muoveranno a pietà il re che accorderà la grazia a Renart. In questo caso il motivo della promessa di penitenza non influisce direttamente sulla *fabula* essendo privo di conseguenze narrative, ma è utilizzato come motivo libero per colorire e arricchire l'intreccio della *branche.*

Branche VI. Il prete Bernart, informato da Grimbert dell'imminente condanna a morte di Renart, decide di presentarsi a corte per chiedere la grazia al re Noble e salvare l'anima della volpe.

> 'Por ce' fet il, 'sui je venuz.
> Proier vos voil, ne soit penduz,
> Ancois laissies Renart aler:
> Dex le vos puist guerredoner!
> Donez le nos a deu servir
> Qui se laissa por nos morir!
> Por amor deu le nos dones!
> Renart, de quoi s'est affiches,
> Jel quit fere moine ordener:
> En tot le mont n'aura son per'
> (vv. 1405-1414)

Si tratta, con tutta evidenza, di un *escamotage* puramente narrativo: il personaggio del frate Bernart de Grandmont, infatti, è presente solo in questa *branche* e la sua comparsa non è preceduta da alcun episodio di raccordo. L'autore lo introduce con la formula «Atant es vos[33] frere Bernart» (v. 1374) e lo presenta tramite una descrizione di soli due versi: «Il ert de grant franchise pleins, / Molt ert cortois, n'i ert pas vileins» (vv. 1383-1384); è tutto. Non sappiamo nient'altro di questo personaggio che, pure, interviene in un momento cruciale a salvare la vita di Renart. La sua supplica al re Noble di lasciargli la volpe per farne un frate del suo convento appare del tutto immotivata; l'unico tentativo di giustificare l'atteggiamento del prete consiste in quei due versi descrittivi da cui possiamo dedurre che il prete sia mosso dal suo animo gentile. Il prete Bernart rientra nella categoria degli aiutanti dell'accusato, dunque più che un vero personaggio strutturato, rappresenta semplicemente un attante. L'intervento provvidenziale del frate servirà all'autore oltre che a salvare la vita della volpe, a introdurre la scena del *Moniage*[34] che occupa i vv. 1427-1510. Renart è ordinato frate e partecipa attivamente alla vita del convento, ma in breve tempo la sua natura prenderà il sopravvento sulla spiritualità e verrà scacciato dagli altri frati con l'accusa di aver divorato tutte le galline del pollaio. Come spesso accade, gli effetti comici sca-

33. L'espressione «Atant es vos» (o «Estes vos») ricorre nel testo decine di volte; generalmente introduce o un nuovo personaggio o una scena priva di concatenazione logico-temporale con quella che precede.

34. All'interno del *Roman de Renart* il tema del *Moniage* è ripetuto in almeno cinque *branches* diverse (br. Ia, III, VI, VII e XIV) ed è sempre impiegato in chiave parodistica.

turiscono dagli scarti tra il comportamento umano dei personaggi e l'improvvisa irruzione della loro natura ferina.

Branche XXIII. La *branche* si apre con una dichiarazione spontanea di Renart al re Noble: se davvero ha commesso qualche peccato o arrecato danno a qualcuno, gli si conceda di ascoltare le accuse in un regolare processo; la volpe fa leva sul senso di giustizia del re e il re accorda volentieri a Renart il processo. Si susseguono i discorsi di accusa dei baroni contro la volpe alternati ai tentativi di difesa di Renart. Il consiglio è invitato da Noble a prendere una decisione sulla sorte dell'accusato. Sarà Chantecler a riferire il verdetto: «Mort a donné, mort recoive!» (v. 933). Noble si rattrista per la decisione e interpella Renart per comunicargli il verdetto. Il discorso della volpe cambierà il corso atteso degli eventi:

'Or sui a male fin venuz.
Se morusse de bele mort,
M'ame en eüst plus grant confort.
Ne puet estre autresi espris.
Par grant pechie sui entrepris.
Se g'eüsse de vie espace,
Molt richement vos mariasse.
Mes soufrir m'estuet cest martire.
Ainz que ge muire, vos vueil dire
Ce que rois Yvoris vos mande'
(vv. 970-979)

La tecnica in questo caso è diversa: Renart non promette di espiare le proprie colpe attraverso una penitenza alternativa, ma adotta una strategia di temporeggiamento stuzzicando la curiosità del re. La storia, inventata sul momento da Renart, del ricchissimo re Yvoris che vuole dare in moglie la sua bella figlia, seduce Noble. La prospettiva di un matrimonio con una principessa bellissima ed ereditiera di grandi fortune devia radicalmente il corso della narrazione: Renart scampa per l'ennesima volta alla morte, Noble si scusa con i suoi baroni per aver cambiato il giudizio all'ultimo momento e la storia può continuare seguendo percorsi inaspettati.[35]

Aggiungo a questo elenco di brani anche un estratto dalla br. I, in cui Renart esprime in privato al tasso Grimbert il desiderio di rinchiudersi in convento invece di essere condannato a morte:

'Por deu' fet il, 'Grinbert, merci!
Conseilliez cest dolant chaitif!
Molt he l'ore que je tant vif,
Quant je serai demein pendus.

35. Infatti Renart, su consiglio della moglie Hermeline, si recherà a Toledo per apprendere l'arte della negromanzia grazie alla quale riuscirà a incantare la corte facendo comparire la figlia del re Yvoris insieme a uno stuolo di animali prodigiosi; da qui il titolo che generalmente si attribuisce alla *branche*: *Renart magicien*.

Qar fusse je moignez rendus
A Clugni ou a Cleresvax'!
(vv. 1008-1013)

Il desiderio espresso dalla volpe di farsi monaco in alternativa alla pena di morte qui ha un ruolo puramente secondario e non ha conseguenze dirette sulla trama. C'è da dire che questo motivo si presta bene alla satira verso il clero, tema molto caro agli autori del *Roman de Renart* che non perdono occasione per enfatizzare le contraddizioni e le storture del sistema ecclesiastico, per deridere l'ignoranza dei preti e insinuare la diffusione di comportamenti poco spirituali da parte dei monaci. Talora, dunque, quelli che generalmente rappresentano motivi dinamici sono riutilizzati dagli autori come motivi liberi piegati a intenti satirici e considerati come parte di un tema più ampio. Si vedrà nei prossimi paragrafi che gli argomenti connessi alle superstizioni e alle pratiche religiose in genere offrono molti spunti narrativi ai nostri poeti.

1.3. *Richiesta di confessione («Si me ferai confes»)*

Il terzo motivo ricorrente è molto affine al secondo: la volpe, sul punto di morire chiede di ricevere il sacramento della confessione per essere sicura che la propria anima si salvi. La funzione narrativa di questo motivo è la stessa della promessa di penitenza: temporeggiare, procrastinare la condanna a morte in modo da avere il tempo per elaborare una strategia. Le confessioni sono molto frequenti nel *Roman de Renart* e costituiscono uno dei modi con cui gli autori intessono riferimenti intertestuali tra le *branches*, ricapitolano le malefatte della volpe tracciando così la biografia virtuale di Renart. Dunque il motivo della richiesta di confessione racchiude un duplice scopo: quello narrativo, legato allo sviluppo della trama, di rimandare la morte del personaggio e quello testuale, connesso all'architettura dell'opera, di istituire legami interni tra parti separate del testo. Le confessioni vere e proprie non verranno analizzate in questa sezione, ma saranno oggetto del prossimo capitolo.

1.3.1. *La richiesta di confessione nelle* branches *del* Roman de Renart

Branche I. Dopo le prime due missioni fallite da Brun e Tibert, la terza ambasciata va a buon termine; il tasso Grimbert riesce a convincere Renart a recarsi a corte di fronte a sua maestà Noble. La volpe sa che non la passerà liscia, dovrà rispondere dell'accusa sulla strage di galline parenti di Pinte e trema di paura. Grimbert, unico amico di Renart, gli chiede allora se desidera ricevere la Confessione prima di presentarsi dal re. Non si tratta di una vera richiesta da parte della volpe, ma nell'economia dell'opera il seguente brano svolge la stessa funzione narrativa della richiesta di confessione e dunque è a esso assimilabile.

Renart respont 'sire Grinbert,
Ci a conseil bon et apert.
Qar se ge vos di ma confesse

Devant ce que la mort m'apresse,
De ce ne pot venir nus max,
Et se je muir, si serai sax'
(vv. 1023-1028)

La volpe accetta di buon grado la proposta dell'amico tasso e inizia a elencare le proprie malefatte (vv. 1029-1096). Come accade spesso, Renart simula la preoccupazione per la propria anima e riesce a temporeggiare facendo leva sulla pietà dei propri confessori.

Branche V. il secondo episodio di questa breve *branche* ha per protagonisti Renart e il prete confessore Frobert, un grillo. La volpe, con indosso gli abiti da pellegrino, si avvicina a Frobert per catturarlo, ma il tentativo fallisce. Alle recriminazioni del grillo, Renart si mostra offeso da tanta malafede e chiede piuttosto che lo confessi. La scena sarà interrotta bruscamente dall'arrivo di una muta di cani. È interessante notare che in un episodio lungo poco più di cinquanta versi, vengono combinati insieme tre dei motivi ricorrenti presi in esame in questo capitolo, il colpo mancato, la richiesta di confessione e l'intervento dei cani. Ognuno di questi viene abbozzato, ma non sviluppato dando all'episodio un'aria di incompiutezza e approssimazione.

'Mes fai moi or confession,
Car il n'a ci entor nul prestre:
Ja savez vos tres bien cest estre'
(vv. 196-198)

Branche VI. Nei primi 1300 versi della *branche* è riproposto il processo giudiziario contro Renart. Alla fine si stabilisce che le due parti, Renart e Ysengrin, si sfideranno a duello. La volpe ha la peggio e ai testimoni pare ormai morto sotto i colpi del lupo, ma improvvisamente rinviene e chiede di essere confessato prima di esalare l'ultimo sospiro:

Renars por sa vie tenser
Prie qu'en le laist confesser,
Qar a rejehir li covient
Toz les peches dont il sovient
(vv. 1363-1366)

Com'è ovvio, la volpe non morirà poiché dopo la confessione al prete Belin, l'arrivo di un frate compassionevole cambierà il corso della storia.[36]

Branche VII. Renart si è introdotto nel cortile di un'abbazia e ha fatto razzia delle galline. Un servo se ne accorge e lo rinchiude nella stalla prima di andare a chiamare rinforzi. Poco dopo, un gruppo di monaci intenzionati ad ammazzare la volpe si dirige verso la stalla dove Renart impaurito pronuncia tra sé e sé queste parole:

36. Si veda *infra*, cap. 1, § 1.2.1 sulla promessa di penitenza e il frate Bernart de Grandmont.

'Ha' fet il, 'moignes sont si fier
Et gens de molt male manere,
Rien ne feroient por proiere.
Ha, que ferai? se prestre oüsse,
Corpus domini recoüsse,
Et a lui confes me feïsse.
Car se mes peches rejeïsse,
Ne m'en poïst venir nus maus.
Se morusse, si fusse sax'
(vv. 150-158)

Alla richiesta non segue immediatamente la confessione (che invece sarà il tema principale della seconda parte della *branche*) e il motivo qui è usato per soffermarsi malignamente sui comportamenti violenti dei monaci che, infatti, più in là nel testo aggrediscono a colpi di mazza la volpe. La prima parte della *branche* è tutta giocata sulla satira verso il clero e le azioni vere e proprie sono poche. Come nei casi visti della promessa di penitenza, talvolta il motivo è riutilizzato semplicemente come parte di un tema più vasto, in questo caso la satira verso il clero.

Nella seconda parte invece è narrata un'avventura compiuta che vede scontrarsi Renart e il nibbio Hubert. In seguito all'inondazione del fiume Oise, la volpe è rimasta intrappolata su un mucchio di paglia in balìa della corrente; il nibbio va a posarsi sulla paglia e Renart gli chiede di essere confessato prima di andare incontro al suo triste destino:

'Sire, bien puissiez vos venir:
Vos soiez hui li bien venuz.
Or m'a dex fait molt grant vertuz
Q'il vos a ici envoie:
Or serai confes, ce croi gie'
(vv. 320-324)

Hubert inizia allora un lungo sermone contro il clero e ascolta la confessione della volpe. Ha luogo un dialogo osceno tra i due che rallenta l'azione fino a che la volpe non mangerà il suo confessore.

Branche VIII. Renart è nel bel mezzo di una riflessione sulle proprie malefatte e si rammarica di essersi fatto tanti nemici nel regno. Quando per caso incontra un villano, gli chiede di confessarsi nella speranza di essere perdonato da Dio e dagli animali del regno:

'Mes or le veil enfin leissier:
Que j'oï dire en reprovier
Que par vraie confession,
Qui merci crie, aura pardon.'
'Renart, vous te tu confesser?'
'Oïl, se poüsse trover
Qui la penitance me doigne'.
Dist li vilein 'Renart, ne hoigne!

Tu sez tant de guile et de fart:
Bien sai, tu me tiens por musart'.
'Ne fas' dist Renart. 'tien ma foi
Que je n'ai mal penser vers toi.
Mes je te pri por deu et quier
Que me meines a un mostier
Ou je puisse prestre trover.
Car enfin me voil confesser'
(vv. 71-86)

Il villano conosce la fama di Renart, ma dopo le titubanze iniziali, accompagna la volpe presso un eremita a cui la volpe confesserà i propri peccati. Il motivo qui ha il solo scopo di introdurre narrativamente la confessione vera e propria.

Branche X. Dopo alcune missioni fallite, il cervo Brichemer convince la volpe a presentarsi da Noble, offeso per l'assenza di Renart alla festa di corte. Prima di avviarsi, la volpe spaventata per la propria sorte, chiede al cervo di confessarlo:

Or s'en vont li baron ensemble.
Renars molt tres durement tremble,
Qui a grant poor del lion.
S'il trovast qui confession
Li donast, molt tres volenters
La preïst. Tant vont les senters
(vv. 1065-1070)

Come capita altre volte, l'inserzione del motivo qui non introduce la confessione e l'azione si sviluppa per altre vie fino a interrompersi per l'arrivo di una muta di cani.

Branche XIV. In seguito a una serie di avventure in cui Renart si prende gioco di Primaut, quest'ultimo (il fratello del lupo Ysengrin) si spazientisce e attacca la volpe; sotto i morsi del lupo, Renart, in preda al terrore di essere divorato, implora che gli sia concessa almeno la confessione:

Et Renars doucement li crie
'Merci por de et por son non
(Si me doinst dex confession)
Que onques rein ne li forsfist'
(vv. 956-959)

Le parole disperate di Renart muovono a compassione il lupo e l'aggressione s'interrompe per dar luogo a un dialogo pacifico tra i due. La volpe riesce quindi a scampare da morte certa ricorrendo alla richiesta di confessione.

Branche XVII. Renart è in fin di vita per aver perso i propri genitali giocando a scacchi col lupo Ysengrin. La regina Fière sta cercando di curare la ferita, ma la volpe sente che gli è rimasto poco da vivere e domanda di vedere l'arciprete Bernart per confessarsi:

Conme cil qui moult est malmis
Demande a confession,
S'aura s'ame remission.
'Sachiez' fet il, 'que moult m'est tart.
Faites moi parler a Bernart
L'arceprestre, si me ferai
Confes et mes pechiez dirai'
(vv. 360-366)

Alla richiesta segue la confessione dei peccati.

Il motivo ricorre nove volte in tutto. Solo in cinque casi (br. I, VI, VII, VIII, XVII) segue effettivamente la confessione e in tre casi (br. I, VI e XIV) la richiesta della volpe è fondamentale per temporeggiare e salvarsi la vita. Nelle br. V e X il motivo è inserito nella narrazione senza uno scopo preciso, cioè la richiesta non serve né alla volpe per prendere tempo, né al narratore per raccontare i peccati del suo protagonista, ma viene lo stesso inserito a riprova della componibilità e ripetizione di motivi fissi.

Sotto il profilo del linguaggio non ci sono formule fisse ripetute fuorché per le due br. I e VII in cui la struttura mostra un certo parallelismo nella constatazione che la confessione comunque non può nuocere (br. I: «De ce ne pot venir nus max; br. VII: Ne m'en poïst venir nus maus») e per la motivazione: (br. I: «Et se je muir, si serai sax; br. VII: Se morusse, si fusse sax»). I versi, inoltre, sono legati dall'uso della stessa rima e da coincidenze lessicali evidenti.

1.4. *Il colpo mancato*

Il motivo del colpo mancato è uno dei più ricorrenti all'interno del *Roman de Renart*. Esso consiste nella descrizione di una zuffa in cui un personaggio umano arriva armato di bastone o di mazza per colpire un animale in precedenza caduto in una trappola. La scena si svolge secondo uno schema spesso identico: l'aggressore tenta di colpire l'animale, ma sbaglia mira e le conseguenze possono essere di quattro tipi, tutte a favore della vittima: il colpo mancato garantisce semplicemente la sopravvivenza dell'animale (br. II, V, IX, XI, XIII, XVI, XVII); oltre al fallimento del colpo, l'aggressore favorisce la preda liberandola dalla trappola (br. II, III, XII, XIII [2 volte]); l'aggressore manca il colpo e perde l'arma (2 volte nella br. XII e una volta nella XIII); l'arma finisce nelle mani della vittima che si vendica ribaltando la posizione iniziale (solo nella br. XVIII).

Nello svolgimento della trama, la ripetizione di questo motivo funge da "ripristinatore" dell'ordine costituito, ordine basato sulla superiorità intellettiva del mondo animale sul mondo umano. L'animale si trova intrappolato e in una situazione apparentemente senza via d'uscita; il contadino di turno – o il prete o chi per lui – non si accontenta, però, di aver catturato la preda ed è deciso ad accanirsi con violenza su di lui. Fallire il colpo vuol dire non solo salvare la vita dell'animale, ma anche esporsi all'umiliazione di perdere una preda di cui ormai era già in possesso. Per usare le categorie di Suomela-Härmä, il contadino passa da *agresseur* a *agressé* e la vicenda si conclude sempre in favore dell'animale.

Il motivo del colpo mancato si caratterizza anche per una sostanziale omogeneità di linguaggio: la scena viene raccontata tramite l'uso di espressioni formulari tipizzate. La più frequente è il sintagma «Ferir le quida, mes il faut». La prima parte del sintagma, «Ferir le quida», ricorre per ben sei volte in posizione di attacco del verso (nelle br. III, XII, XIII [2 volte], XVII e XXV), e nei rimanenti casi è sostituita da un'espressione simile come «Ferir le volt» (br. III e XVII), «Sel quide ferir» (due volte nella br. XIII). La seconda parte del sintagma-tipo è costituita sempre da un'avversativa introdotta da «mes» («mes il faut» o «mes il failli») tranne che nelle br. II, XIII e XVII in cui la congiunzione «mes» è sostituita da «si»: «Ferir le quida, si failli». Inoltre il verbo «faillir» si trova generalmente in rima con il verbo «saillir» sia al presente indicativo nelle forme «faut/saut» (br. XI, XIII [2 volte], XVI e XXV), che al passato remoto nelle forme «failli/sailli» (br. II, IX e XXV).

Si tratta evidentemente di un motivo narrativo cristallizzatosi non solo nella successione delle azioni, ma anche nell'espressione linguistica, dato particolarmente interessante quando emerge all'interno di *branches*, come per esempio la XVIII, altrimenti così distanti dal tono dei *récits*, per così dire, più prettamente "renardiani". Una tale formularizzazione del linguaggio non si ritrova altrove in modo tanto marcato e per sintagmi tanto estesi, sebbene non manchino esempi di formule fisse e ricorrenti.[37]

1.4.1. *Il colpo mancato nelle* branches *del* Roman de Renart

Il motivo ricorre sedici volte all'interno dell'opera. L'aggressore è sempre un essere umano, nella maggior parte dei casi un contadino.[38] Nelle br. II, V e XVI, non si può parlare di un vero e proprio colpo mancato, quanto più di un fallito tentativo di cattura: è Renart che cerca di acciuffare una piccola preda, ma fallisce. Ho riportato comunque gli estratti per via di affinità sia di azioni che di espressione linguistica, anche se non rientrano a pieno diritto nel motivo in esame.

Branche II. Il terzo episodio narrato in questa *branche* (vv. 665-842) vede protagonisti Renart e il gatto Tibert, entrambi intenzionti a far cadere l'altro in una trappola. Alla fine Tibert ha la meglio e Renart si ritrova ferito, intrappolato, inseguito da una muta di cani e, come se non bastasse, preda di un villano armato di ascia e intenzionato a ucciderlo.

Et li vileinz qui vint apres,
Leva sa hace, s'ala pres.

37. Si veda *supra*, cap. 1, § 1, sulle formule ricorrenti.

38. Si tratta invece di un prete nelle br. XIII e XVIII, un mercante nella br. XI, un giovanotto nella XII e un pellicciaio nella XII.

A poi Renars n'est estestez.
Mais li cous est jus avalez
Sor le braion qu'il a fendu
(vv. 811-815)

Il villano sbaglia la mira e, invece di colpire la volpe, l'ascia si scaglia sulla trappola permettendo a Renart di liberarsi e fuggire via.

Nella stessa *branche*, ma nell'avventura immediatamente successiva (vv. 843-1026), Renart tenta di convincere il corvo Tiecelin, reduce dal furto di un pezzo di formaggio, a cantare. Il corvo si lascia tentare e, cantando, fa cadere il formaggio che teneva nel becco; Renart lo prega di scendere a raccoglierlo, perché la puzza acuisce il dolore della ferita alla zampa che Tibert gli aveva appena procurato. L'ingenuo corvo si fida e scende dall'albero per riprendere il formaggio.[39] La volpe dunque prova a catturarlo, ma fallisce:

Ne sot ains mot, quant *il sailli:*[40]
Prendre el *cuida, si failli*
(vv. 989-990)

Branche III. Il lupo Ysengrin si è lasciato convincere da Renart a sottoporsi alla prova della pesca nel ghiaccio in modo da divenire monaco e partecipare al ricco banchetto di cui la volpe gli aveva parlato. La coda del lupo rimane incollata al lago ghiacciato e, trascorsa la notte, l'arrivo del villano Constant des Granches e dei suoi cani mette a serio rischio la vita del lupo. Constant, armato di spada, vuole uccidere Ysengrin, ma per ben due volte sbaglia mira:

Dant Constans a l'espee traite
Por bien ferir a lui s'atrete.
A pie descent enmi la place
Et vint au lou devers la glace.
Par deriere l'a asailli:
Ferir le volt, mes il failli.
Li colp li cola en travers,
Et dant Constans chaï envers
Si que li hatereax li seinne.
Il se leva a molt grant peine.
Par grant aïr le va requerre:
Or poez oïr fiere guerre.
Ferir le cuida en la teste:
Mes d'autre part li cous s'areste.
Vers la coe descent l'espee,
Tot res a res li a coupee
Pres de l'anel: n'a pas failli
(vv. 475-491)

39. L'intreccio si trova in una favola di Esopo ed è classificato nel repertorio ATU come tipo 57: «Raven with cheese in his mouth».

40. Evidenzio con l'uso del corsivo le espressioni formulari ricorrenti nei diversi brani.

Constant recide con la spada la coda del lupo che riesce, così mutilato, a fuggire.

Branche IX. Nella lunga e articolata avventura in cui inganni e controinganni, doppi giochi e complicità si susseguono senza sosta, le donne rivestono un ruolo decisivo. Renart inizialmente decide di aiutare il villano Lietard contro l'orso Brun in cambio di una ricompensa. Dopo alcune peripezie narrative, Brunmatin, moglie di Lietard, escogita un piano per ingannare la volpe e privarlo della meritata ricompensa. Renart torna a casa sconsolato e racconta tutto a Hermeline, la quale per vendicarsi suggerisce di rubare l'aratro di Lietard. Nel frattempo l'asino Timer si allea coi due contadini e si finge morto davanti a Malpertuis. Renart e Hermeline si lasciano ingannare e, mentre credono di trasportare la carcassa dell'asino,[41] questo si alza e trascina Hermeline fino alla casa di Lietard. Il contadino scambia Hermeline per Renart e si avvicina per uccidere la volpe a colpi di spada:

S'espee traite va la droit,
Bien se cuide de li vencher.
A un coup *li quida* trencher
La teste, *mais* il a *failli.*
Hermeline si haut *sailli,*
Qui n'eirt mie trop entestee,
Que le coup ne l'a adesee
(vv. 1876-1882)

Alla fine Hermeline riesce a salvarsi e torna a Malpertuis portando con sé anche la coscia dell'asino recisa da Lietard. Renart, che ormai si era rassegnato alla morte di sua moglie, si rallegra e, con la complicità di Hermeline, dà inizio a una nuova serie di vendette e ripicche contro Lietard e Brunmatin.

Branche XI. Il passero Droin ha appena assistito alla strage dei suoi figli divorati da Renart. Per vendicarsi della volpe ha bisogno di un complice e lo trova nel mastino Morout che vagava affamato per la foresta: in cambio di cibo avrebbe fatto tutto quello che il passero desiderava. Allora Droin riesce con uno stratagemma a procurare un prosciutto per il cane rubandolo da una carretta di mercanti. Mangiato il prosciutto, Morout reclama qualcosa da bere e Droin si ingegna per ingannare un altro mercante che trasportava una carretta di vino. Fa cadere dei limoni in testa al cavallo e gli cava gli occhi; a quel punto, il carrettiere infuriato

Son tinel a pris erraument,
Sil voloit ferir, mes il faut,
Et Droïn de l'autre part *saut*
(vv. 1176-1178)

Il passero riesce a volare via per tornare da Morout e mettere in atto il piano di vendetta contro Renart.

41. Si tratta del tipo ATU 47A: «The fox hangs onto the horse's tail».

Branche XII. Nella storia, tra le più divertenti del *Roman*, Renart e Tibert cantano messa insieme nella chiesa di Blaaigny. Dopo la bizzarra funzione liturgica, i due vanno a rifocillarsi con pane e formaggio, ma ben presto iniziano a discutere sulla spartizione del cibo e della ricompensa. Renart, decide allora di vendicarsi del gatto Tibert escogitando una trappola: invita il gatto a suonare le campane, ma questo rimane appeso alla corda intrappolato in un nodo preparato dalla volpe.[42] I parrocchiani, richiamati dal baccano delle campane che non cessano di suonare, accorrono in chiesa e trovano il gatto appeso alla corda. Provano a interrogarlo, ma Tibert non può rispondere e allora, spazientiti, iniziano a colpirlo. Si trovava lì un giovanotto armato di spada e, incitato dagli altri, sferra un colpo in direzione del gatto:

Un coup li done en reculant,
Que les mailles de la pelice
Li freint et delace et delice.
Si le feri de grant aïr:
A terre en fait un pan venir.
Mes ne l'a en char adese
Q'el poin li est le bran torne
(vv. 1354-1360)

La spada raggiunge Tibert, ma non lo ferisce gravemente perché il giovanotto se la lascia scivolare dalle mani. Interviene quindi un contadino che prova a colpire il gatto con una lancia:

Lors vint un vilein o sa lanche,
Se li refet une envaïe.
A deux meins l'a forment brandie,
Parmi le cors *le vout ferir*.
Et Tybert li sout bien guenchir.
Et li vileins outre passa,
A une piere s'acopa:
Saches que la lanche a brisee
Et une coste a pechoiee
(vv. 1366-1374)

Anche il secondo tentativo fallisce e la lancia si spezza dopo aver colpito una grossa pietra. Nel frattempo il giovanotto ha recuperato l'arma e il coraggio, e si rifà avanti:

Ferir le quida sor son haume,
Mes a cestui coup *failli,*
Que Tybert li a bien guenci:
Ne l'a mie a cel coup ateint,
L'espee entre ses poins li freint.

42. Nel repertorio ATU è il tipo 40A: «The wolf and the bell», anche se nel Renart la vittima è il gatto e non il lupo.

Et il li passe o le troncon,
Si le feri el chaaignon
Quel les las ou il ert laciez
A a cel coup outre trenches
(vv. 1380-1388)

Il terzo e ultimo tentativo non solo fallisce, ma recide finalmente la corda che teneva intrappolato Tibert. Il gatto può dunque fuggire maledicendo i parrocchiani che lo avevano aggredito con tanta violenza.

In questa *branche* il motivo è inserito tre volte all'interno di un'unica scena allo scopo, presumibilmente, di suscitare effetti di ilarità tramite la descrizione reiterata dell'inettitudine dei personaggi antropomorfi.

Branche XIII. La seconda parte di questa *branche* è costituita da numerosi brevi episodi giustapposti tra loro. In uno di questi, Renart, dopo aver rubato la barca a un contadino, si tinge la pelliccia con una mistura di erbe per non farsi riconoscere da Ysengrin e Hersent. Sotto le mentite spoglie di Coflet,[43] Renart inganna prima i lupi e poi il mastino Roenel. Il cane infatti si fa guidare dalla volpe alla ricerca di cibo e viene condotto in un vigneto in cui era stata piazzata una trappola. Roenel vi rimane incastrato e poco dopo arriva il contadino con tre compagni per punire il cane, ma il tutto si risolve in tre tentativi falliti:

Li premer hauce le baston,
Roenel fiert sor le crepon
Tel cop, c'a poi ne l'a tue.
Li autre a son baston leve,
Sel quide ferir, mais il faut:
Que Roenel a fait un *saut,*
Con il vit le baston venir
(vv. 1263-1269)

I primi due tentativi non riescono nell'obiettivo; anzi il secondo contadino, per sbaglio, colpisce l'altro e lo ferisce gravemente. Ma si fa avanti subito un terzo che riesce a ferire Roenel al fianco (vv. 1280-1284). Il cane, ormai ferito, è aggredito da un quarto contadino:

Li quars i vint sans atarger.
Son conpaignon voudra venger:
Une hache hauce d'aïr,
Roenel en *quide ferir*
Grant cop parmi le haterel.
Et il faut, si fiert le hardel

43. Coflet è uno degli *alter ego* di Renart; la volpe infatti ricorre altre volte ai travestimenti. Nella br. Ib per esempio, Renart fingerà di essere Galopin, un giullare bretone in cerca di sua moglie. Il motivo del travestimento è uno dei tratti che più avvicinano la volpe al modello del *trickster*, figura archetipica caratterizzata dall'ambiguità e dalla trasformazione fisica e di cui si parlerà più avanti.

De la hace de mein esclenche
Si grant cop que le hardel trenche
(vv. 1285-1292)

Quest'ultimo sbaglia la mira e con l'ascia recide la corda che teneva intrappolato Roenel. Il cane allora fugge e si reca da Noble per raccontare la propria disavventura con il misterioso Coflet. Il re mette al bando il colpevole, ignaro che si tratti di Renart mascherato. Come nella br. XII, il motivo viene reiterato tre volte nello spazio della medesima scena per mettere in ridicolo i contadini.

Il narratore torna a focalizzarsi sulla volpe («Ici de la cort vos lairons / Et a Renart retornerons», vv. 1335-1336): questa incontra per caso lo scoiattolo Rossel e insieme se ne vanno a caccia. Arrivati nel pollaio di un monaco, riescono a mangiare dei capponi fino a che un servo si accorge dei due e corre a chiamare il padrone. Il monaco allora cattura la volpe con un laccio e lo va trascinando nel proprio cortile come se fosse un ladro. Dal nulla giunge un contadino che vuole uccidere la volpe con una mazza ma nella foga sbaglia mira:

Meintenant un vilein acort
Qui en sa mein tint un mace.
Ou vit Renart, molt le manace:
Ferir le quide sor le dos.
Et Renart qui dote ses os
Et qui se sentoit malbailli,
Si est de l'autre part sailli
Molt tres durement et a plein.
Li coux fiert le prestre en la mein
Que l'estole li fist laissier,
Et Renart se mist au frapier
(vv. 1480-1490)

Il contadino consente a Renart di liberarsi e fuggire. Ricomincia una serie di brevi avventure in cui sono coinvolti molti personaggi. Noble incarica ripetutamente i suoi baroni di condurre Renart-Coflet a corte; le prime missioni falliscono fino a che il gruppo formato da Bernart, Brun e Baucent riesce a catturare Coflet. La corte decide che Renart (che ormai ha svelato la propria identità) dovrà battersi a duello contro Roenel. In uno dei momenti chiave della battaglia,

Roenel l'ot, si fu destrois.
Si a son escu enbracie
Et tint le baston enpoingnie.
Ferir le quide, mes il faut,
Que Renart d'autre part li *saut*
(vv. 2204-2208)

Roenel sbaglia il colpo e perde il proprio bastone. Il duello durerà ancora a lungo, ma la volpe si salverà fingendo di essere morta.

Branche XVI. La storia inizia con la scena tipica di Renart a caccia di cibo.[44] Entra nel cortile di un ricco contadino, Bertold, e si nasconde in un cespuglio per tendere una trappola al gallo Chantecler. Quando il gallo si avvicina,

> Renart se lieve, si descent
> Vers lui pour prendre: *mes il faut*,
> Quar Chantecler en travers *saut*.
> Or est Renart moult malbailli,
> Quant il voit que il a *failli*
> (vv. 180-184)

Questa volta è Renart a fallire il colpo e ne pagherà le conseguenze subito dopo rimanendo intrappolato nella rete del contadino che era accorso richiamato dalle grida di Chantecler. Qui Renart è il predatore, ma il suo tentativo di ghermire la preda fallisce e la scena è descritta tramite il ricorso alle stesse formule usate per descrivere il colpo mancato di un aggressore umano contro un animale. Dunque situazioni differenti ma legate da corrispondenze tematiche anche vaghe sono testualizzate con parole simili.

Branche XVII. In questa *branche*, la scena del colpo mancato non è raccontata direttamente, ma narrata da Renart. Coart la lepre, infatti, si stava recando da Noble per lagnarsi del comportamento di un pelliciaio. Renart lo accompagna e prende subito la parola per chiedere giustizia al re:

> 'Biau sire, conseil vous queron,
> Que nous de cel vilain feron
> Qui vostre baron assailli.
> *Ferir le cuida, si failli*'
> (vv. 215-218)[45]

Branche XVIII. La breve avventura di Ysengrin e il prete Martin, ispirata al poema latino *Sacerdos et lupus*,[46] racconta in poco più di un centinaio di versi, il conflitto tra i due. Martin stanco delle insidie che il lupo tendeva al suo gregge di pecore, scava una fossa, vi piazza una rete e ricopre tutto con una pertica a cui lega un agnello. Nottetempo, Ysengrin esce per catturare l'agnello e cade nella trappola del prete. Al mattino, Martin si rallegra di vedere il lupo nella rete e si avvicina per colpirlo con un bastone:

44. Cfr. Suomela-Härmä, *Les structures narratives*, pp. 93-94: «Le branches du RdR s'organisent autour d'une idée clé qui est commune à un grand nombre d'oeuvres littéraires appartenant aux genres les plus différents, à savoir la quête. [...] Les quêtes du RdR sont de deux sortes: il y a quête de nourriture et quête de justice».

45. Riporto a testo il frammento in quanto, sebbene l'episodio non avvenga direttamente sulla scena, le parole usate nella rinarrazione interna sono le stesse che descrivono generalmente il motivo del colpo mancato.

46. Secondo Sudre, *Les sources*, pp. 325-338, la br. XVIII (come anche le br. XIX e XX) sono la traduzione abbastanza fedele del poemetto latino risalente all'XI secolo. Nelle tre *branches* la volpe Renart è assente.

Li prestres lieve la macue,
Et Ysengrin l'a bien veüe:
En la teste le vost ferir,
Et Ysengrin sot bien ganchir
(vv. 79-82)

Il prete Martin fallisce il colpo e subito dopo fa un nuovo tentativo anch'esso vano. Il lupo riesce ad agguantare l'altro capo del bastone, inizia un tira e molla tra i due che si conclude con il prete trascinato a sua volta nella fossa.

Nonostante la sostanziale diversità di questa *branche* rispetto alle altre, il motivo del colpo mancato vi è presente nelle stesse modalità e descritto con le medesime espressioni in cui compare nelle *branches* più "renardiane". Infatti non solo lo svolgimento dell'azione è identico agli altri casi, ma questa scena condivide, oltre che il colpo mancato, anche una delle caratteristiche accessorie del motivo, cioè la perdita dell'arma.

Branche XXV. Renart è rimasto in balìa del fiume in seguito a un'inondazione. Su un mucchio di paglia galleggiante vaga disperato fino all'arrivo casuale di un villano. Questo decide immediatamente di catturare la volpe per venderne la pelliccia e si avvicina a Renart impugnando uno dei remi della sua canoa:

Moult le manace li vilains:
Son aviron prent as deus mains,
Ferir le volt, mais a faili,
Car Renars d'autre part sali.
Li vilains li cort environ,
Ferir le cuida en la teste.
Mais Renars, qui pas ne s'areste,
De l'autre part guencist et *saut*
En tel maniere que cil *faut*
(vv. 247-256)

Un dettaglio legato al motivo del colpo mancato sta nel lungo elenco di armi in dotazione dei vari personaggi. Nel *Roman de Renart*, i contadini e, cosa più sorprendente, i preti, impugnano spesso e volentieri spade, asce, bastoni, lance, mazze e altre armi contundenti con le quali tentano in ogni modo di ammazzare gli animali. I personaggi zoomorfi invece usano le armi esclusivamente tra di loro (come nelle scene dei duelli in cui impugnano le spade), ma mai un animale viene ritratto armato contro un essere umano: la sola arma che i personaggi ferini utilizzano contro i loro antagonisti umani è l'astuzia, indice di un rapporto oppositivo giocato sulla superiorità intellettiva degli animali rispetto all'uomo. Per questo la categoria di antropomorfismo applicata ai protagonisti delle fiabe di animali in genere e del *Roman de Renart* risulta poco adatta a descrivere il tipo di relazione che s'instaura tra le due sfere, umana e animale, sfere che rimangono sempre separate tra loro e conservano le loro specificità seppure camuffate dalla ripresa di alcuni tratti e atteggiamenti usati in funzione di travestimento.[47] Gli animali

47. Cfr. Bonafin, *Le Malizie della volpe* (cap. 8, *Animali culturali*).

si travestono da uomini per significare un aspetto o una condizione dell'essere umano (in questo caso l'organizzazione feudale della società, gli abiti, l'uso della parola) senza ripeterli pedissequamente, ma interpretandoli in modo autonomo.

1.5. *I cani*

I cani compaiono molto spesso nel *Roman de Renart*, talvolta hanno nomi propri (come Morhout e Mauvoisin), e possono essere veri e propri personaggi (Roenel per esempio compare in ben nove *branches*), più spesso, tuttavia, i cani compaiono in branco, al seguito di un villano o un cacciatore, aizzati contro Renart o Ysengrin. Sono gli «agresseurs» per eccellenza e sono incaricati di catturare la preda e ucciderla. Difficilmente raggiungono il primo degli obiettivi e, com'è ovvio, falliscono quasi sempre il secondo. La muta di cani è un insieme indefinito e scomposto, che arriva spesso dal nulla per irrompere sulla scena. L'intervento dei cani ha una funzione diegetica precisa che è quella di interrompere tutte le azioni in corso sulla scena.

In genere l'arrivo dei cani è descritto secondo uno schema ripetitivo, con elenchi di nomi propri; queste scene non possiedono risvolti comici o satirici, ma provocano un caos istantaneo che rimescola le carte in gioco e fa ricominciare le azioni da punti diversi o le fa terminare bruscamente. Questo motivo è in assoluto il più frequente nel *Roman de Renart* e compare venticinque volte.

1.5.1. *I cani nelle* branches *del* Roman de Renart

Branche Ib. Nell'avventura intitolata *Renart teinturier*, la volpe, dopo essere precipitata in un tino di vernice gialla, approfitta del suo aspetto irriconoscibile per cambiare identità. In tutta la *branche*, Renart sarà Galopin, un giullare inglese alla ricerca della moglie scomparsa. Da questo travestimento scaturiscono diverse avventure e una di queste è il furto della viella.

Ysengrin decide di aiutare Galopin a diventare giullare di corte, ma per riuscirci hanno bisogno di una viella. Il lupo suggerisce, allora, di rubarla a un contadino di sua conoscenza. Giunti nell'abitazione, aspettano che il contadino vada a dormire per introdursi in casa: Ysengrin ruba la viella e la porge a Renart-Galopin, il quale si precipita all'esterno e chiude la finestra da cui il lupo sarebbe dovuto fuggire. Intrappolato in casa, il malcapitato Ysengrin si ritrova a fronteggiare l'ira del contadino (che nel frattempo si era destato) e dei suoi cani:

> Li mastins l'a sempres oï:
> Ysengrin prent parmi la coille,
> Enpoint et tire et sache et roille,
> Trestot esrache quenqu'il prent.
> Et Ysengrin molt bien se prent
> Deriere as naches au vilein
> (vv. 2566-2571)

I mastini addentano il lupo e lo evirano. Tra enormi sofferenze, Ysengrin riesce ad agguantare le natiche del contadino che si precipita fuori a chiedere aiuto ai vicini. Nella concitazione, l'uomo lascia aperto l'uscio e il lupo ne approfitta per fuggire.

Un altro intervento, questa volta ai danni di un personaggio che compare solo in questa *branche*, occupa una delle scene finali dell'avventura. Renart- Galopin viene a sapere che sua moglie Hermeline, credendosi vedova,[48] sta per convolare a nuove nozze con Poncet, cugino del tasso Grimbert. Indispettito dalla novità, escogita un piano per partecipare al matrimonio e si propone come giullare per suonare alla festa. Dopo la celebrazione e la festa, Renart-Galopin suggerisce a Poncet di recarsi sulla tomba di un martire a pregare per la nascita di un primogenito prima di consumare il matrimonio con Hermeline. La tomba è in realtà solo una trappola e Poncet vi rimane imprigionato. Come se non bastasse, ecco che all'improvviso arrivano il contadino, proprietario del terreno in cui era stata piazzata la trappola e i suoi cani che attaccano Poncet e lo uccidono:

Atant es vos grant aleüre
Quatre gaignons et un vilein,
Uns enemis frere Brian.
Le boscage avoit bien apris.
Poincet ont trove entrepris.
Tant l'ont tire et desache
Que tot l'ont mort et esqachie.
Renars le vit, molt s'en esmaie,
Fuiant s'en va par une haie
(vv. 2980-2988)

Si noti che nonostante le numerose scene che vedono i cani attaccare i nostri personaggi, solo in questa avventura l'episodio si conclude con l'uccisione di un personaggio. In tutti gli altri casi, la volpe o il lupo, che sono le principali prede dei mastini, riescono comunque a salvarsi o per lo sfinimento dei cani o perché fingono di essere morti. Il personaggio di Poncet, invece, viene ammazzato e non comparirà più nella saga renardiana.[49]

L'arrivo dei cani è introdotto dall'espressione «Atant es vos» come accade di frequente per l'inserzione di motivi non legati necessariamente ai versi precedenti. L'espressione si ritrova con minime varianti («Atant este vos» e «Es vos atant») nella br. II.

Branche II. Il primo dei cinque episodi narrati nella br. II, si svolge nel cortile di Constant des Noes, ricco contadino presente, oltre che in questa *branche*, an-

48. Nel repertorio ATU è presente un intreccio simile al numero *65: «The She*-fox's suiters» in cui una volpe, per mettere alla prova la fedeltà della propria moglie, si finge morta e assiste al corteggiamento da parte di altri animali.

49. Potrebbe sembrare superfluo specificare che un personaggio ucciso in una *branche* non ricompaia in un'altra; eppure nella br. XI, l'autore fa morire diversi personaggi a partire da Hermeline, moglie di Renart, il gatto Tibert, la lumaca Tardif e il gallo Chantecler, salvo poi ritrovarli in perfetta salute nelle altre *branches*.

che nella Va.[50] Renart s'introduce nel pollaio per catturare il gallo Chantecler. Quest'ultimo aveva presagito la disgrazia grazie a un sogno premonitore che sua moglie Pinte aveva ben interpretato. Avendo sottovalutato l'avvertimento, il gallo si fa cogliere impreparato e finisce nelle grinfie di Renart. Quando la serva del contadino si accorge che la volpe sta fuggendo con Chantecler, chiama immediatamente Constant, il quale, dopo averla a lungo insultata, sguinzaglia i cani all'inseguimento di Renart.

Costans apele son mastin,
Que tuit apelent Mauvoisin,
[Bardol, Travers, Humbaut Rebors,
Cores apres Renart le ros!]
Au corre qu'il font l'ont veü
Et Renart ont aperceü.
Tuit s'escrient 'vez le goupil!
(vv. 411-417)

Ora la volpe è messa alle strette dai mastini, ma la beffa decisiva gli verrà dal gallo e non dai cani.

Atant este vos veneor
Et braconier et corneor
Qui sor le col li sont coü.
Et quant Renars a ce veü,
Forment s'en est esmervelliez.
De fuïr s'est aparelliez.
Si drece la coue en arcon.
Forment s'escrient li garcon,
Sonent grailes et moieneax
(vv. 565-573)

Approfittando del momento concitato, Chantecler aizza Renart contro Constant, colpevole di aver ingiuriato e offeso la volpe: quando costui dirà «Renart l'enporte» (con riferimento al gallo), dovrebbe rispondergli «Maugres vostre» per avere la soddisfazione di vendicare gli insulti ricevuti. Renart, pungolato nell'orgoglio, mette in atto il suggerimento del gallo e apre la bocca per parlare permettendo così a Chantecler di volare via.[51] Questa non è l'unica ingenuità commessa da Renart: in altre circostanze la volpe dimostra di essere sciocca nonostante la sua proverbiale astuzia. La compresenza dei tratti dello sciocco e dell'astuto è un altro degli elementi che accomunano il tipo del *trickster* e Renart.

Nella stessa *branche*, ma in un episodio diverso, per la precisione il terzo (vv. 665-842), Renart e Tibert si incontrano per caso e la volpe cerca di far cadere

50. La presenza di questo personaggio è uno degli indizi che hanno portato i critici a riconoscere nel gruppo II-V il primo poema sulla volpe Renart. Cfr. Foulet, *Le Roman de Renard*, pp. 190-216.

51. L'intreccio di questo episodio del *Renart* si ritrova in una favola esopica. Cfr. repertorio ATU, tipo 6 «Animal captor persuaded to talk».

il gatto in una trappola sotto il pretesto di una gara di corsa. L'avveduto Tibert però si accorge dell'inganno e riesce a saltare al momento giusto per evitare la trappola. Renart non si rassegna e impone con delle scuse sempre diverse, di ricominciare la gara più e più volte. La situazione sembra senza uscita ma a togliere dall'*impasse* il narratore, ecco che sopraggiungono due mastini:

Que quil s'esforce, *es vos atant*
Deus mastinz qui vienent batant.
Renart voient, s'ont abaie.
Andui s'en sont molt esmaie:
Par la sente s'en vont fuiant
(vv. 779-783)

Quindi Renart e Tibert fuggono inseguiti dai cani e, nella fuga, si ritrovano proprio nel luogo in cui era posizionata la trappola. La volpe prova a evitarla, ma Tibert lo ferisce alla zampa facendolo cadere. In questo caso l'inseguimento dei cani serve a rimettere in moto la trama che si era arenata nel tira e molla della gara di corsa tra i due contendenti ugualmente scaltri. L'inseguimento crea una situazione nuova che permette lo svolgersi della scena successiva.

Tibert se ne va salutando sarcasticamente la volpe con queste parole: «Sire Renarz, vielz est li chaz» (v. 805) e la lascia in balìa dei cani:

Or est Renart en male trape,
Car li chen le tienent en frape
(vv. 809-810)

Nel frattempo arriva un villano che si scaglia su Renart con la sua ascia, ma fallisce il colpo e, invece di ucciderlo, colpisce la trappola e la volpe riesce a liberarsi e fuggire.[52] Sebbene ferita a una zampa, la volpe scappa così velocemente che, a un certo punto, i cani si stancano di inseguirlo e tornano indietro:

Li chien ont lor cours engregnie,
Si reconmencent a glatir.
Onc Renars ne s'osa quatir
Tresqu'il ot tot le bois passe.
Iloc furent li chen lasse,
Recraant s'en tornent arere.
Renars tote une grant charrere
S'en vait fuiant, car molt s'esmaie.
Forment li cuit et dout la plaie
(vv. 826-834)

Anche questa volta la volpe se la cava e può ricominciare a girovagare «Si conme aventure le meine».[53]

52. La scena è già stata descritta *supra*, cap. 1, § 1.4.

53. L'espressione richiama da vicino quella dei romanzi arturiani in cui i cavalieri vagabondano nelle foreste alla ricerca di *aventure* per mettere alla prova il loro valore. Nel *Roman de Renart*

Branche III. L'episodio della "Pesca nel ghiaccio" narrato nella seconda parte di questa *branche*, ha per protagonisti Renart e Ysengrin. Il lupo, sentendo il profumo dei pesci provenire dalla casa di Renart, supplica un invito a cena dalla volpe. Allettato dall'occasione di giocare un brutto tiro al suo storico nemico, Renart rifiuta di far entrare Ysengrin in casa dicendo che la cena è riservata solo ai monaci e che lo avrebbe invitato a condizione che si fosse fatto chierico anche lui; il lupo, mosso dalla ghiottoneria, accetta di farsi monaco e di sottoporsi alla prova iniziatica, vale a dire la pesca nel ghiaccio con un secchio annodato alla coda. Ysengrin si accorge solo dopo che la coda gli si è incollata al ghiaccio e che ormai è in trappola. Il mattino seguente un garzone nota la presenza del lupo intrappolato e chiama i cacciatori e i cani; anche in questo caso il cambio di scena è introdotto dall'espressione «Estes vous un garcon trotant: / Deus levriers tint en une lesse» (vv. 452-453):

Lors de la meson fors saillirent
A tos les chens par une hese.
Or est Ysengrins en malese.
Que dant Constanz venoit apres
Sor un cheval a grant esles
Qui molt s'escrie a l'avaller
'Lai va, lai va lez chens aler!'
Li braconer les chenz decouplent
Et li bracet au lou s'acoplent
Et Ysengrins molt se herice.
Li veneors les chens entice
Et amoneste durement
(vv. 460-471)

Ysengrin prova quindi a difendersi, ma il valvassore Constant des Granches estrae la spada per tranciargli il collo. Il colpo non va a destinazione e la spada recide la coda del lupo. Una volta mutilato della coda che lo teneva incollato al ghiaccio, Ysengrin può fuggire, ma i cani prendono a inseguirlo:

Li chen le vont sovent mordant
Et il s'en va bien defendant.
Con il furent el tertre amont,
Li chen sont las, recreü sont.
Et Ysengrins point ne se tarde,
Fuiant s'en va, si se regarde,
Droit vers le bois grant aleüre
(vv. 501-507)

Il lupo sopravvive alla disavventura e si rifugia nel bosco promettendo tra sé e sé di vendicarsi della volpe.

i riferimenti sia formali che contenutistici al romanzo cortese sono frequenti e intessono l'opera di citazioni e allusioni in chiave sia emulativa, sia soprattutto parodica.

Branche IV. Dopo una notte trascorsa nel fondo di un pozzo, il lupo viene notato dai servi dell'abbazia accorsi a prelevare l'acqua. Precipitatisi a chiamare rinforzi, Ysengrin, riemerso dal pozzo grazie agli sforzi di un asino, si ritrova aggredito da un manipolo di frati, servi e cani:

Et li gaignon le vont sivant,
Qui descirent son pelicon:
Amont en volent li flocon.
Et li rendu l'ont atrape
Qui moult durement l'ont frape.
Li uns le fiert parmi les rains,
Ysengrin est en males mains
(vv. 420-426)

Ysengrin sembra ormai in trappola: i monaci vogliono spellarlo, ma provvidenzialmente un abate li convince che la pelle del lupo ormai non è buona più a nulla essendo stata così maltrattata.

Fuiant s'en va a grant hachie
Que il a la croupe brisie
(vv. 447-448)

Branche V. Renart, con indosso gli abiti da pellegrino, incontra il grillo e chiede di essere confessato; il dialogo tra i due è bruscamente interrotto dall'arrivo di sette cani che si mettono all'inseguimento della volpe:

Sept gaignon vienent descople:
En apres vienent chasceors,
Arbalestiers et veneors.
Li veneors hue et crie:
Renars entent la taborie,
Ne set qu'il puisse devenir,
Si s'apareille de foïr.
Et li veneors vint apres,
Si descouple le ciens engres.
'Or Tribole! or Clarenbaut!
Par ci fuit li gorpil, Rigaut.
Or ci Plesence, apres d'aler!
Ses levrers va toz descopler.
Renars s'en va grant aleüre,
li levrer vienent a droiture.
Renars ne mist mie a sejor,
Einz saut sor la creste del for.
La se quati, li chen l'outrerent:
Renart perdirent, sil paserent
(vv. 202-220)

La volpe riesce a sfuggire all'inseguimento, ma i cani, poco dopo, incontrano Ysengrin:

Tant ont coru tot le chemin
Qu'il encontrerent Ysengrin.
Onques nel voudrent defier,
Sa pel conmencent a peler
(vv. 221-224)

Renart nel frattempo si gode la scena e dice al lupo:

Or en avez le guerredon:
Mar i manjastes le bacon
(vv. 233-234)

In questo modo, l'autore si ricollega all'avventura precedente (*Le jambon*, vv. 1-148) trasformando l'incontro con il grillo in una parentesi senza conseguenze inserita tra l'avventura principale e l'epilogo affidato al motivo dell'inseguimento dei cani.

Ysengrin è in grave pericolo, ma alla fine i cani lo lasciano andare:

Ysengrin est en mal deport.
Iloc avoit un gaignon fort:
Ysengrin asailli au braz
Or est il choüz en mal laz,
Que cil li presente les denz
Et li bote en la pel dedenz:
Et il le blece malement.
Maint en ocist d'esforcement.
Li chen nel pourent endurer,
Ysengrin lasserent aler:
Tornez s'en est grant aleüre
Et vet aillors querre pasture
(vv. 235-246)

Branche Va. Ysengrin e Hersent si sono rivolti a Noble per presentare querela nei confronti della volpe accusata di violenza sessuale. Molti personaggi esprimono la propria opinione e, tra questi c'è anche Brun che racconta la sua disavventura con Renart terminata con l'inseguimento dei cani:[54]

Li chen me vindrent au devant:
A moi se lient pelle melle,
Et pilet volent conme grelle,
Si cornent li vilein et huient
Que li champ environ en bruient
(vv. 694-698)

54. La trappola tesa all'orso Brun è narrata estesamente nella br. I (vv. 433-720), ma l'episodio si svolge diversamente da come ce lo racconta Brun in questi versi: nella br. I, l'orso è inseguito da un gruppo di villani e non dai cani. Le incongruenze tra le allusioni e le fonti saranno oggetto del secondo capitolo.

Ai vv. 699-713 Brun racconta la sua cruenta battaglia contro i mastini. L'orso ha la meglio e, una volta sistemati i cani, si dedica ad aggredire i villani (vv. 714-729), ma riporta delle ferite che lo convincono a lasciar perdere. Proprio in quel momento:

Et li chen a moi se ralient,
Si me sacent et me decirent
(vv. 730-731)

I cani, ripresisi dalla battaglia, approfittano di una debolezza temporanea dell'orso per tornare all'attacco e così facendo ribaltano la situazione: infatti i villani, forti dell'appoggio dei cani iniziano a tirare pietre e frecce a Brun che, ferito, riesce però lo stesso a fuggire nel bosco.

Terminate tutte le testimonianze, arriva finalmente il giorno stabilito per il giuramento. La volpe è chiamata a giurare sul dente di Roenel, ma accortosi che il cane è ancora vivo, temporeggia fino a che il tasso Grimbert non gli viene in aiuto chiedendo che si conceda più spazio alla volpe. Una volta apertosi un varco tra la folla, Renart fugge e ha inizio un rocambolesco inseguimento. L'autore si diverte a elencare i nomi di tutti gli inseguitori (vv. 1187 ss.) e descrive così la scena:

Bien s'aroterent li gaignon:
N'i a un sol qui ne s'en isse,
Et apres els ne remeint lisse
Qui ne crit et ne face noise
(vv. 1232-1235)

Ysengrin va les chiens huiant:
Et se Renars s'en va fuiant,
Ja n'i doit l'en nul mar noter,
Que besoing fet vielle troter
(vv. 1251-1254)

Tant ont li chien Renart pele
Et desachie et detire,
Que en bien plus de treize leus
Li est aparissanz li jeus.
A la parfin l'ont tant mene,
Tant travellie et tant pene:
Tant l'ont fole et debatu,
Qu'en Malpertuis l'ont enbatu
(vv. 1265-1272)

Il povero Renart, ferito e stremato, riesce a riparare a Malpertuis.

Qui la descrizione dell'inseguimento è molto dettagliata e occupa quasi un centinaio di versi, di cui quarantuno dedicati all'elenco dei nomi propri dei cani e raccordati con la ripetizione di espressioni quali: «Apres i cort, Apres i est corus».

Branche IX. L'avventura tra Renart e il contadino Lietard è molto lunga e articolata e si compone di una serie di inganni e ripicche ben congegnati nello svolgimento del *récit*. A un certo punto della storia, Renart si reca dal contadino a reclamare la ricompensa per un servizio svolto in precedenza, ma Lietard non vuole saperne di regalare i capponi alla volpe. Ordina così di slegare i suoi tre mastini Claviax, Corbax e Tison per mettere in fuga Renart:

Li mastin saillent de la cort:
Apres lui corent abaiant.
Del atendre est il noient,
Ne li feront pas ses aviax.
Pres de lui s'areste Claviax,
Et l'aert as dens par l'oreille
Qui en pou d'ore fu vermeille.
Ne li est mie li jox baus,
Qu'apres celui veneit Corbax.
Les denz en la coe li bote
Que il li a ronpue tote,
Et par dejoste le crepon
N'i remeist que le boteron.
Par ces ne fust Tison venus
Qui l'a mors et li depelice
Par desus le dos la pelice
Que il avoit et grande et lee
(vv. 1364-1381)

La volpe fuggirà a Malpertuis dove racconterà l'offesa subita dalla moglie e insieme elaboreranno una strategia per vendicarsi di Lietard.

Branche X. Il cervo Brichemer si reca da Renart per portargli il messaggio del re: dovrà presentarsi a corte immediatamente. La volpe propone di seguire una scorciatoia, ma «Atant estes vos un vilein / Qui avoit avoc lui trois chens» (vv. 1080-1081):

Li vileins ques ot perceü,
Lor hue ses chens meintenant.
Tuit troi s'en vont en un tenant
Vers Brichemer et si l'ont pris,
Et Renart s'est au foïr mis
(vv. 1084-1088)

Se Renart è riuscito a fuggire, non è lo stesso per Brichemer che, invece, si trova ora in «male trape» (v. 1098); il villano e i suoi tre cani si accaniscono sul cervo intenzionati a scuoiarlo vivo. Tuttavia,

En Brichemer n'ot qu'esmaier:
A molt grant peine lor estort,
Ja n'en quida partir sanz mort.
Fuiant s'en vet a grant aleine,
N'ira mes o els de semeine.
Fuiant s'en vait et molt s'esmaie,
Que molt li dolt et quit sa plaie
(vv. 1106-1112)

Il cervo riesce a salvarsi e, ricoperto di ferite, torna a corte per raccontare la disavventura appena vissuta.

Branche XII. Renart convince il gatto Tibert ad accompagnarlo a caccia, ma l'arrivo improvviso dei cani di Guillaume Bacon mette in fuga entrambi:

Atant voient avant venir
Guillaume Bacon o ses chenz
(vv. 182-183)

Il gatto riesce a fatica ad arrampicarsi su un albero sotto cui si appostano i cani richiamando i cacciatori che iniziano a lanciargli pietre e bastoni per farlo cadere:

Atant ont Renart escrie
Li braconnier qui l'ont veü.
Et li bracet sont esmeü,
Si vienent sos le cesne dreit
Ou dan Tybert li chas esteit.
Iloc conmencent a glatir,
Ne s'en volent por rien partir
Devant que tuit li ponneor
Sont venu et li coreor
(vv. 222-230)

La scena prosegue con l'arrivo del prete di Blaaigny che si accanisce contro Tibert, ma alla fine il gatto riuscirà a fuggire saltando sul cavallo dello sciocco prete di campagna.

Branche XIII. La storia inizia con la descrizione di un meraviglioso castello, proprietà di un ricco cavaliere. Questi, un giorno decide di uscire a caccia con la sua masnada e, intravisto Renart nella foresta, gli aizza contro i cani da caccia:

Quant li veneres veü l'a,
Les chenz apele 'or ca, or ca!
(vv. 51-52)

Renart riesce a fuggire nel castello nel quale si nasconde rendendo vane le estenuanti ricerche dei cani e dei cacciatori (vv. 52-143). Le ricerche riprendono il mattino seguente, ma la volpe, uscita dal castello, si rifugia nella foresta. Rientrati per la cena, il cavaliere e il suo seguito intravedono di nuovo la volpe e l'inseguimento ricomincia:

Lors laissierent les chens aler
Li valet sanz plus demorer,
Puis si lez ont mis a la chace.
E quant Renart les voit venir,
Si s'en foï de grant aïr
Vers le castel ce que il pot.
Tote la rote apres s'esmot,

N'i a cil qui nel voist huiant.
E Renart s'en va randonant,
Quanque il onques pot s'en fuit,
E li bracet glatissent tuit
E corent tuit sanz atarger
(vv. 721-733)

Neanche questa volta riescono a catturare la volpe che, svelta, esce dal castello per riparare nella foresta. Al v. 856 termina l'avventura ambientata nel castello del cavaliere, avventura costruita tutta sul motivo dell'inseguimento dei cani e della fuga di Renart. Il tono di questa prima parte è molto distante da quello dei racconti sulla volpe e appare più come un tentativo di contaminazione con il genere del romanzo cortese; le descrizioni del castello, dei ricchi banchetti, dei cavalieri valorosi, di un nano malefico e degli incontri nella foresta fanno della br. XIII una sorta di romanzo cavalleresco malriuscito con cui Renart ha poco a che vedere. A partire dal v. 857, invece, si rientra nel tono usuale delle *branches* renardiane e si susseguono episodi che vedono protagonisti la volpe e altri animali della foresta: in uno di questi, il montone Belin deve condurre a corte Renart. La volpe, lungo il tragitto, invita Belin a rifocillarsi in un campo d'avena, ma un contadino gli aizza contro il suo cane:

Jusqu'a l'aveine sont venu
Ou li vilein mucie se fu
Qui ot avoc lui un mastin.
Sitost con a veü Belin
En l'aveine, son chen li huie,
E Renart est torne en fuie
Et laisse Belin en la frape.
Li chen li decire sa cape,
As denz le prent, que pas ne faut:
Li flocel en volent en haut.
De sa leine bien l'a plume,
Molt a par Belin malmene
(vv. 1831-1842)

Il montone riuscirà a scamparla e, recatosi a corte, racconterà la disavventura a Noble.

Branche XIV. Dopo aver perso la coda per colpa di Renart, Tibert vuole vendicarsi. Arrivati nel cortile di Gonbaut, la volpe cattura il gallo e Tibert gli domanda: «tiens le tu bien? / Garde ne t'escape por rien. / Dont le tiens tu bien, di le moi» (vv. 165-167). La volpe apre la bocca per rispondere al gatto e il gallo, liberatosi dalla morsa, inizia a cantare attirando l'attenzione del contadino che non esita a sguinzagliare i suoi cani contro Renart e Tibert:

Meintenant ses chens apela
Et il meïsme sailli sus.
Et geliner entre par l'uis.

Si tost con Tibert l'a veü,
Fuit s'en (n'i a plus atendu)
Tot coiement et a cele.
Renart reste en fuie torne
Parmi els: molt tost l'apercurent
Li chen et apres lui corurent.
Mes Renart se met a la fue.
Et li vileins ses chens li hue
Et cil se metent en la trace
(vv. 174-185)

Ma Renart «Fuiant s'en vait sanz demoree: / Et li chen font la retornee» (vv. 197-198).

Separatosi da Tibert, Renart incontra Primaut, il fratello di Ysengrin e di lui si prende gioco in svariati modi. Per esempio lo convince che in una valle vicina avrebbe potuto mangiare indisturbato uccelli in abbondanza. Primaut non esita a seguire il suggerimento della volpe, ma viene notato da un pastore che gli sguinzaglia dietro i suoi cani:

Il s'en voloit metre a retor:
Mes tost l'apercut le pastor
Et li a hue deus mastins.
Primaut li frere Ysengrin
Les apercut, et si s'en fuit.
Et li chen corent apres tuit
Tuit eslessie et si l'ateinent:
Por un petit que nel mahanent.
A molt grant peine i estort,
Fuit s'en delivrement et tost,
Tant que li chen l'orent perdu
(vv. 887-897)

Branche XV. Renart e Tibert stanno discutendo per la spartizione di un salame che avevano trovato insieme. Il gatto, per indispettire la volpe, si arrampica su un albero tenendosi stretto il salame; Renart rimane ad aspettare ai piedi del tronco, ma l'abbaiare di alcuni cani in lontananza lo mette in allerta. Tibert finge di credere che si tratti dell'eco dei canti di una processione, però Renart capisce subito di trovarsi in pericolo e si mette in fuga:

Li chien qui l'ont apparceü,
Se sont apres lui esmeü.
Mais pour nient, que le païs
Sot si Renart, que ja n'iert pris:
Bien s'en eschapa sans morsure
(vv. 355-359)

La volpe fugge senza problemi e promette di vendicarsi del gatto Tibert.

In questa *branche*, il motivo dell'inseguimento dei cani ha lo scopo di riavviare l'azione arenatasi nel dialogo tra il gatto e la volpe. L'utilizzo del motivo per mettere fine a una discussione tra due contendenti di pari scaltrezza, come Renart e Tibert, ricorda l'episodio della gara tra i due nella br. II, interrotta dall'arrivo di una muta di cani. Il gatto è l'unico personaggio che intrattiene una relazione plurivoca con la volpe nel *Roman de Renart*: i due sono complici, antagonisti, amici, colleghi; si guardano l'uno dall'altro, ma di fronte a una minaccia esterna sono pronti ad allearsi. Per questo, negli episodi che vedono lo scontro diretto tra i due, non sempre c'è un vincitore e l'intervento di personaggi o eventi esterni è necessario per mandare avanti una narrazione incagliata in una gara dove nessuno è più forte o furbo dell'altro.

Branche XVI. Renart si è appena fatto sfuggire di bocca il gallo Chantecler e, mentre si rammarica per l'accaduto, sopraggiungono quattro cani all'inseguimento di un maiale:

Que que il vont ainsi parlant,
Quatre levrier viennent bruiant
Apres un porc a grant alaine
Tout contreval par la champaigne.
Et deus brachez aprez eulz viennent
Et li veneour leur cors tiennent,
Dont il vont durement cornant
(vv. 639-645)

Renart non se ne cura finché i cacciatori lo vedono e richiamano il branco per indirizzarlo dietro alla volpe:

Et cil s'en va touz poourous
Qui n'a cure de lor acost.
Dedenz un terrain s'est repost
Tant que li chien s'en sont outre
et cil s'en vont tout aroute
Apres courant, et font grant noise:
Ne finerent de courre a toise
Tant que il sont en la forest
(vv. 664-671)

La volpe, rintanatasi in una buca, si rallegra di vedere i cani che lo cercano invano nella foresta.

Branche XVII. La processione in memoria di Renart termina in una *bagarre* che vede coinvolto tutto il corteo di animali riunitosi per accompagnare la salma della volpe (che si era finta morta). Tra questi, anche un cane:

Le vilein qui le chien tenoit,
Choissi le gorpil qui venoit:
Le chien deslace, si li huie.
Renart le voit, moult li anuie:
Tant fu courouciez et plain d'ire,
Ne sot que faire ne que dire.

Il n'ose vers le reaus tourner
Ne vers le reaus retourner,
Que grant pas le vienent sivant,
Tardiz u premier chief devant,
Qui tint la baniere levee
(vv. 1155-1165)

Renart intuisce di essere in grande pericolo, perché il cane era stato al guinzaglio ed era molto affamato. Gli s'impone una scelta: la sua vita vale più della sua cena e decide allora di lasciare andare Chantecler per correre più svelto; il cane non demorde:

Mes li chiens saut qui li rebourse
La pel du dos jusqu'au crepon.
Ja fust en male soupecon
Li gorpilz de perdre la vie,
Quant Tardiz, qui a grant envie
De lui prandre, i est seurvenu
(vv. 1204-1209)

L'arrivo della lumaca Tardif salverà Renart dall'attacco canino.

Si è visto che le frequenti inserzioni di questo motivo hanno lo scopo di interrompere le azioni sulla scena o per terminarle definitivamente, come accade nelle br. II, III, V e Va, oppure per sconvolgerne lo svolgimento e far riprendere la narrazione da una situazione diversa rispetto a quella di partenza. La descrizione delle scene dei cani non spicca per inventiva e gli elenchi di nomi occupano spesso la gran parte dei versi.

Sul piano del lessico è possibile isolare un'espressione che ricorre molte volte con minime varianti: «Renars le vit, *molt s'en esmaie*, / *Fuiant s'en* va par une haie» (br. Ib, vv. 2987-2988); «Andui *s'en* sont *molt esmaie*: / Par la sente *s'en vont fuiant*» e «*S'en vait fuiant*, car *molt s'esmaie*» (br. II, vv. 782-783 e v. 833); «*Fuiant s'en va*, si se regarde» (br. III, v. 506); «*Fuiant s'en va* a grant hachie» (br. IV, v. 447); «Ysengrin va les chiens huiant: / Et Renars *s'en va fuiant*» (br. V, vv. 1251-1252); «*Fuiant s'en* vet a grant aleine» e «*Fuiant s'en vait et molt s'esmaie*» (br. X, v. 1109 e v. 1111).

1.6. *La falsa reliquia*

Il culto delle spoglie dei martiri e dei santi o di oggetti materiali a loro appartenuti era una pratica molto diffusa già dai primi secoli della cristianità quando le vittime delle persecuzioni religiose erano venerate dalla comunità cristiana in segno di pietà per il loro sacrificio. Nel corso dei secoli la pratica divenne tanto diffusa da richiedere l'intervento delle autorità ecclesiastiche per regolarizzare la proliferazione di altari e santuari eretti ovunque anche in assenza delle spoglie. Nel 401, il Concilio di Cartagine stabilì che gli altari potevano essere eretti solo su spoglie vere di martiri («fidelissima origine»). La diffusione del Cristianesimo in tutta Europa fece aumentare le richieste di reliquie per ovviare alle quali s'iniziarono a smembrare i corpi dei martiri e a venderli; la pratica della traslazione (e della falsificazione) delle reliquie e gli ingenti profitti derivanti dal commercio delle spoglie raggiunsero l'apice proprio nel periodo in cui furono composte le storie di Renart ed è significativo che i primi provvedimenti ufficiali contro questo dilagante fenomeno siano stati presi in un periodo intenso per la diffusione del *Roman de Renart*, durante il IV Concilio Lateranense tenutosi nel 1215.[55]

È questo il quadro che ci restituiscono le *branches* del *Roman de Renart*, una situazione oramai degenerata in cui i fedeli accorrono a ogni millantata spoglia di martire o santo.

Il modo in cui gli autori affrontano il tema è improntato a un pungente sarcasmo, come sovente accade quando si parla di argomenti connessi al clero e alla religione. Le reliquie dei santi e dei martiri rivestono un ruolo centrale nella vita e nelle avventure dei personaggi: troviamo la prima scena già nella br. I dove Pinte fa il suo ingresso a corte assieme al marito Chantecler portando con sé le spoglie di sua sorella Coupee ammazzata da Renart poco prima. La tomba della gallina Coupee sarà meta di pellegrinaggi da tutto il paese, gli animali vi accorrono a pregare e a chiedere miracoli. Nella br. XVII ha luogo una festa per commemorare l'anniversario della morte della martire Coupee. Altre reliquie compaiono qua e là nel testo come semplice decoro della narrazione.

La falsa-reliquia, ovvero la trappola camuffata da reliquia, invece, costituisce un vero e proprio motivo narrativo: in genere Renart persuade il suo rivale di turno a pregare sulla tomba di un martire o a prestare un giuramento solenne sulle sue spoglie; i malcapitati si prestano volentieri al gesto di devozione e si chinano per baciare i sacri resti di un presunto martire cadendo così nelle varie trappole disseminate per i campi e i vigneti. Le scene si rivelano particolarmente comiche grazie anche alle descrizioni dettagliate che la volpe inventa sulla natura delle reliquie. I nostri autori si divertono a raccontare l'ingenuità dei fedeli e a sottolineare sarcasticamente l'abuso perpetrato ai loro danni da parte del clero. Questi episodi non costituiscono solo un pretesto per parodiare aspetti del folklore religioso, ma rappresentano scene chiave negli intrecci: in fondo la reliquia-trappola è uno dei tanti modi usati da Renart per ingannare i suoi nemici e per scampare alla morte.

Normalmente, dopo che la vittima è caduta in trappola e chiede disperatamente aiuto, segue un discorso di Renart che, lungi dall'ammettere l'inganno, persevera nella messinscena prendendo in giro le sue vittime. Anche in altre circostanze Renart, dopo aver fatto cadere in trappola i suoi rivali, si diverte a beffarsi di loro: la dinamica è sempre la stessa e le parole della volpe suscitano grande ilarità nel lettore che conosce l'intero svolgimento dei fatti. La presa in giro da parte della volpe costituisce una sorta di motivo ricorrente, ma non è stato selezionato tra quelli da analizzare, non potendo essere annoverato tra i

55. Per citare solo alcuni esempi della nutrita bibliografia sull'argomento, riporto i riferimenti alle pubblicazioni più recenti: Canetti, *Frammenti di eternità*; Bisconti, Mazzoleni, *Alle origini del culto dei martiri*; Freeman, *Sacre reliquie*.

"motivi dinamici". Vale la pena, comunque, accennare qualcosa sull'argomento trattandosi di un motivo letterario ripetuto dagli autori,[56] in alcuni casi quasi con le stesse parole: nelle br. XI e XII, per esempio, due *ruses* parallele compiute da Renart ai danni di Roenel e Tibert si concludono con la presa in giro delle due vittime rimaste appese rispettivamente a un albero e alle corde delle campane e impossibilitate a parlare:

> Br. XI:
> Quant Renart l'a veü en haut,
> Si li dit 'sire, dex vos saut!
> Parlez a moi, se vos volez!
> Molt vos estes haut encrouez:
> Conment diable, estes vos tex,
> Cuidiez vos monter as seinz ciex
> Avec damledeu la amont?
> Vos estes le plus fol del mont.
> Bien vos devroit honte venir,
> Quant vos voles seinz devenir.
> Dites moi' fait il, 'en queu leu
> Vos aves si fort servi deu
> Que vos voles aler a li
> (vv. 391-403)

> Br. XII:
> 'Conment? volez vos ja monter
> Lasus amont a damledeu?
> Avoi, Tibert, ce n'est pas jeu.
> L'en ne monte pas si as nues:
> Dont vos sont ces folors venues?
> Quidiez vos ja estre si seinz
> Que vos ailliez avoc lez seinz,
> Et moi voles gerpir insi?
> Pou aves oncor deu servi
> Por aler ja lasus en gloire
> (vv. 1088-1097)

La presa in giro non è, come si è visto negli esempi riportati sopra, sempre connessa al motivo della reliquia-trappola, ma spesso lo accompagna come una sorta di appendice. I due brani trascritti presentano stringenti affinità contenutistiche tra loro e con i brani che generalmente seguono le scene delle false reliquie: l'elemento comune è l'impossibilità della vittima di rispondere alle provocazioni di Renart o perché appesa a una corda o perché rimasta intrappolata in una falsa reliquia. Lo schema seguito nella seconda delle ipotesi è simile ai brani ora visti: la volpe parla alle vittime come se queste possano rispondere e approfitta del loro

56. Ho trovato almeno dieci occorrenze del motivo: br. I (vv. 692-701); br. Ib (vv. 2965-2979); br. X (vv. 491-500); br. XI (vv. 187-194, vv. 391-410 e vv. 1359-1374); br. XII (vv. 391-410); br. XIII (vv. 1226-1247); br. XIV (vv. 1070-1071) e br. XV (vv. 253-256).

silenzio obbligato per spaventarle ulteriormente; così, nella br. Ib, la volpe fa credere alla vittima Poncet che il martire sulla tomba del quale si era recato a pregare lo ama a tal punto da non volerlo lasciare andare («Molt ama vos icil martir / Que ne laisse toi li partir», vv. 2967-2968). Oppure che il martire è adirato con il devoto e lo punisce («Corociez est li seintuaires / Por ce quel voliez enbler. / [...] / Por ce vos a il retenu, / A bon droit vos est avenu», vv. 494 e ss.). Nella br. XIV, Renart accusa Primaut di essere spergiuro, motivo per il quale la reliquia non lo lascia più andare via («'Tu es parjure' dit Renart: / 'Por ce li cors seins te detient'», vv. 1070-1071).

1.6.1. *La falsa reliquia nelle* branches *del* Roman de Renart

Il motivo è presente in quattro *branches* e le vittime dell'inganno sono Poncet, Roenel e Primaut. Anche Renart rischia di cadere in una reliquia-trappola, ma si accorge del trucco e riesce a svignarsela senza troppi danni. Gli altri tre invece cadono nella trappola e rimangono inerti a sentire le parole di beffa da parte della volpe.

Branche Ib. Renart, sotto le mentite spoglie del giullare Galopin, vuole dare una lezione a Poncet, novello sposo di Hermeline. La moglie di Renart, infatti, credendosi ormai vedova, si era decisa a convolare a nuove nozze con il cugino del tasso Grimbert. Dopo il rito e la festa, la volpe invita Poncet a pregare sulle reliquie della martire Coupee, gallina sorella di Pinte uccisa dallo stesso Renart, affinché conceda il concepimento di un primogenito. Il giorno precedente, la volpe aveva piazzato una trappola e l'aveva nascosta sotto la terra vicino alla tomba di Coupee (vv. 2909-2928).

> 'Sire Boucenz, fez tu que sage:
> Se tu creez que je dira,
> Merveille fu qui te vendra,
> Et bien saver que je voil dir.
> Lasus giser un seint martir,
> Por lui faser dex tant vertuz:
> Se tu voler aler piez nuz
> Et port un candoil en ton mein,
> Et tu veillier anuit a mein,
> Et tu vas ton candoil lumer,
> Tu fus demein un fil gendrer'
> (vv. 2932-2942)

Poncet accetta di buon grado la proposta di Renart-Galopin e si reca sotto il pino in cui era sepolta la martire. Allora la volpe lo incita ad avvicinarsi di più per baciare la reliquia:

> Cil vait avant, si se redote,
> Renart le vit, avant le bote.
> Tant fort l'enpeint qu'il ciet es laz

Parmi le col et l'un des braz.
Il est choüs ens el braion
Qui cevelliez fu el raion
(vv. 2951-2956)

Il povero Poncet è preso in trappola, si dimena e chiede aiuto alla martire che lo liberi. Renart rimane lì a godersi la scena e a prenderlo in giro fino a che l'arrivo di una muta di cani mette fine all'azione uccidendo Poncet.

Branche Va. a seguito di una lunga discussione sulla pena da infliggere a Renart per il torto commesso ai danni di Ysengrin e sua moglie, il cervo Brichemer, va a riferire la decisione del consiglio al re: Renart dovrà prestare giuramento di fronte al mastino Roenel la domenica successiva. Ysengrin, conoscendo bene il suo nemico, teme che anche questa volta Renart riuscirà a farla franca; si reca da Roenel per mettere a punto uno stratagemma che punisca Renart una volta per tutte. Il mastino ha un'idea: si fingerà morto e Renart dovrà giurare la propria innocenza sulla sua reliquia. Quando la volpe si abbasserà per giurare sul dente santo di Roenel questo lo morderà e, se il tentativo dovesse fallire, ci saranno tutti i suoi compagni mastini pronti ad acciuffare la volpe. Il giorno del giuramento è arrivato, tutti gli animali si recano al santuario per assistere. Roenel giace come morto e Brichemer dice a Renart:

'Vos jurerez desor la dent
Seint Roenau le rechingnie
Qu'Ysengrin n'avez engignie'
(vv. 1126-1128)

La volpe però, si accorge che il mastino è vivo e si tira indietro fingendo di essere infastidito dalla folla degli astanti. Il tasso Grimbert intuisce l'inganno e ordina a Brichemer di far allontanare il pubblico dalla reliquia in modo che Renart possa giurare. Si crea così una via di fuga e la volpe ne approfitta immediatamente per correre via.

Branche X. Noble ha incaricato Roenel di condurre a corte Renart. La volpe infatti, sebbene convocata insieme a tutti gli altri baroni, non si era presentata offendendo così la dignità del re. Il mastino raggiunge Renart, gli legge il messaggio di Noble e insieme si avviano verso la corte. Lungo il tragitto, la volpe, preoccupata per la propria sorte, pensa a un modo per fuggire; gli torna in mente allora una trappola che un contadino aveva piazzato nel proprio vigneto. Giunti sul posto, Renart indugia vicino alla trappola e finge di pregare su una reliquia; alle esortazioni di Roenel, la volpe risponde:

'Je fais ci ilec mes prieres
A ces reliques qui sont chieres
Et de grans vertus esprouvees.
En cest païs sont honorees.
Mais vous estes tant fols et grains

Que vous n'avez cure de sainz.'
'Conment' ce respont Roeniax,
'Est cist saintuaires nouviax?'
'Oïl' fet soi Renart, 'bau sire.
Et savez que je vos puis dire
Ge ne quit pas qu'en tote France
Ait reliques de tel puissance
Ne ou aviegne tel miracle,
Neïs as poisons seint Romacle.
Si vos di bien de verite
Que nus n'a cele enfermete,
Se il aproime au seintuaire,
James ait jor mal ne contraire:
Ne cele beste, si l'atouche
Une fois u dous a sa boce,
Qui james soit envenimee
Des qu'ele en sera aproimee'
(vv. 409-430)

A quel punto, Roenel, seppur titubante, si avvicina convinto da Renart a baciare la reliquia:

A cest mot s'est cil abeissiez,
A jenoillon se mist a terre
Por le sentueire requerre
(vv. 458-460)

Chinandosi a baciare la falsa reliquia, Roenel si accorge di un pezzo di formaggio e nel tentativo di prenderlo rimane intrappolato:

Porter l'en vout: mais tel le garde.
Qar au sacher li laz destent
Et desus le col li descent,
La ceoignole si l'enporte
Amont que molt le desconforte,
Et en tel manere l'atret,
A pou le col ne li a fret
(vv. 466-472)

Roenel rimane appeso per il collo e chiede invano aiuto a Renart.

Branche XIV. Dopo i primi 200 versi della *branche* in cui è Tibert l'antagonista di Renart, ha inizio una lunga avventura che vede scontrarsi la volpe con Primaut, qui designato come fratello di Ysengrin. Una serie di scaramucce e dispetti, che i due si giocano reciprocamente, sembrerebbe non dover trovare mai una conclusione definitiva. Nella parte finale, i due si accordano per recarsi a un santuario dove si giureranno amicizia e lealtà; nel tragitto, però, Renart devia il percorso e si ferma nei pressi di una trappola facendo credere a Primaut di trovarsi sulla tomba di un santo martire:

'Primaut' fet Renars, 'vien avant!
Ci iloques gist uns cors seinz
Qui est el ciel avoc les seins
Buens martirs et bon confesors.
Ci iloques en gist li cors:
L'ame est en l'angle conpaignie.
Il fu prodom de bone vie.
Il a toz jorz deu onore,
De bon cuer servi et ame.
Hermites a este lonc tens.
Ci fu mis, quant feni son tens.
Ci gist et molt fet a amer.
Se ci iloques vous jurer,
Que par toi n'iere plus batu,
Bon ami seron je e tu'
(vv. 1032-1046)

Primaut accetta la proposta della volpe e si china per prestare giuramento sulla reliquia.

Atant est Primaus abaissiez,
Sor le piege est apoiez
Tot soavet et belement,
Et la clef do piege destent,
Si a pris par le pie Primaut
(vv. 1061-1065)

A questo punto il lupo è preso in trappola e inizia a disperarsi e a chiedere invano aiuto a Renart.

Il motivo non presenta evidenti legami lessicali o sintattici; persino la trappola è chiamata con nomi diversi: «braion» nella br. Ib, «ceoignole» (trappola per animali che sfrutta il principio della carrucola) nella X e «piege» nella XIV. Ad accomunare le quattro scene è quindi il meccanismo dell'inganno e la ripetizione del motivo con comuni intenti narrativi. Solo nel primo caso, quando la vittima designata è Renart, l'inganno non riesce. Si vedrà nel prossimo paragrafo che le *ruses* architettate dalla volpe non sempre funzionano quando ad attuarle sono altri animali.

1.7. *La finta morte*

La morte è un tema centrale nel *Roman de Renart* e gli autori vi ricorrono con modalità e intenti diversi. In queste pagine tratteremo il motivo della morte apparente o "illusoria", che ricorre complessivamente sedici volte. All'interno di questo motivo, però, bisogna distinguere almeno tre sotto-tipi: il primo, quello più evidente e interessante è costituito dalla finta morte della volpe, attuata intenzionalmente come strategia di caccia o di difesa. Si tratta di una caratteristica tipica delle volpi, osservabile in natura, che nel *Roman de Renart* diviene una delle *ruses* preferite del protagonista ed è testualizzata con un linguaggio uniforme che ricalca le descrizioni presenti nel *Fisiologo* latino e nei bestiari romanzi.[57]

Secondariamente si prenderà in esame la morte finta involontaria, vale a dire quei casi in cui la volpe o un altro personaggio, stremati dalla fatica o feriti gravemente, svengono dando l'impressione di essere morti. Anche questo secondo sotto-tipo si individua per la presenza di un'espressione ricorrente, «por mort le lessent», espressione che si focalizza non tanto sull'animale morto, quanto sull'impressione che ne ricevono gli osservatori.

In cinque casi, non è Renart a fingersi morto, ma altri personaggi e dunque i brani saranno trattati separatamente.

1.7.1. *La finta morte nelle* branches *del* Roman de Renart

1.7.1.1. *La finta morte intenzionale*[58]

Branche III. Renart vede giungere un gruppo di mercanti che trasportano aringhe in una carretta; immediatamente escogita un piano per farsi caricare sul carro:[59]

> Court au devant por aus decoivre,
> Qu'il ne s'en puisent apercoivre.
> Lors s'est *coches* enmi la voie.
> Or oiez con il les desvoie!
> En un gason s'est voutrilliez
> Et *come mors aparelliez.*
> Renars qui tant d'onmes engingne
> Les iex cligne, les dens rechigne,
> Et tenoit s'*alaine* en prison.
> Oïstes mais tel traïson?
> Ilecques est remes *gisans*
> (vv. 39-49)

57. Così la volpe «fait semblant de mort», giace «estendu», con «la langue trete, ne muet ne pie ne main» e tiene «s'alaine en prison» esattamente come è descritta in alcuni bestiari medievali. Per esempio ne Il *Bestiaire* di Gervaise, ai vv. 659-662 si legge: «Illuc s'enverse per grant bole / et trait la lengue de la gole, / et d'alener mult bien se tient; / ausi come morz se contient». Ancora, nel *Libro della natura degli animali* (*Bestiario toscano*), cap. XL: «e ane una natura così facta, che quando ella ave fame sì ssi lorda tutta e vassene in uno campo e ponsi riverta in terra e chava fuore la lingua e sta cossì acconcia; e quando li corbi e le cornachie lu vedono, elli credendo che ssia morta vannoli adosso per beccarla; e quella, non non dimenticate le sue malitie, apre la bocha e or le magnia, e in chutale modo si pasce quando ella ae fame». Oltre alle descrizioni del comportamento della volpe, il *Roman de Renart* sembra aver derivato dai bestiari anche la similitudine volpe/diavolo presente sia ne Il *Fisiologo latino*: *versio BIs*, cap. XV: «Vulpis vero figuram habet diaboli», sia ne Il *Bestiaire* di Gervaise, vv. 670-671: «et li deables sens dotance / el puis d'anfer nos enprisone», sia nel «Libro della natura degli animali», cap. XV: «Questa vulpe significa lo dimonio».

58. Nel repertorio AT al numero K1860: «deception by feigned death».

59. L'intreccio della carretta dei pesci costituisce il primo tipo nel repertorio ATU: «The theft of fish». Nello schema tradizionale, al furto dei pesci segue l'episodio in cui il lupo tenta di imitare lo stratagemma della volpe, ma fallisce ed è scoperto e malmenato dai mercanti. Nella br. III manca la seconda parte dell'intreccio, ma si vedrà *infra*, cap. 2 che una storia simile è raccontata nella br. XIV.

Uno dei merçanti si accorge della volpe che giace a terra e chiama gli altri compagni. Renart appare come morto, i mercanti lo girano e lo rigirano per stabilire il valore della sua pelliccia e infine lo caricano sulla carretta piena di pesci. Una volta sul carro, Renart addenta una trentina di aringhe e salta giù fuggendo verso casa tra gli improperi dei mercanti beffati.

La descrizione presente in questa *branche* è particolarmente fedele al testo latino del *Fisiologo*[60] e a quello del *Bestiaire de Gervaise*. È infatti l'unico brano che inserisce il dettaglio del rotolamento nella terra: «En un gason s'est voutrilliez». Anche il particolare dell'apnea[61] è piuttosto raro, trovandosi solo qui: «Et tenoit s'alaine en prison», e nella br. XVII: «Que voiz n'aleine n'en issi.»

Branche VI. In seguito al processo contro la volpe, i baroni esprimono il verdetto: Renart dovrà battersi in duello con Ysengrin. Il feroce combattimento alterna momentanei successi dell'uno o dell'altro contendente e la scena si protrae per circa 200 versi. Stremato, Renart, ricorre allo stratagemma della finta morte:

> Devenus est plus frois que glace:
> Ainz velt morir, ce dist, en place
> Que pour lui recreant se claint.
> A ce mot a *gete un plaint,*
> *Semblant fet d'omme* qui soit mort
> (vv. 1331-1335)

Ysengrin, vedendo il rivale giacere morto, tentenna un po':

> Ysengrins un petit le lache,
> Moult le mort et moult le dessache.
> Renars *ne muet ne pie ne main*,
> Bien *fait semblant* qu'il n'est pas sain.
> Ysengrin l'a batu si fort,
> Enz ou champ *l'a laissie pour mort*:
> Li baron sont de lui parti
> (vv. 1337-1343)

Lo stratagemma ha funzionato ancora e la volpe si è salvata per l'ennesima volta da una morte annunciata. La finta morte è qui intenzionale («fait semblant de mort»), ma usata da Renart come strategia di difesa. L'inganno riesce e il lupo lo lascia lì credendolo morto («l'a laissie pour mort»). Questa seconda espressione è tipica dell'altro tipo di finta morte, quella involontaria, ma in questo brano viene usata per ribadire che nonostante i dubbi iniziali, alla fine il lupo si convince della morte della volpe.

60. Nel cap. XV del *Fisiologo latino*, pp. 36-38, si legge: «vadit ubi est rubra terra et volvit se super eam».

61. Cfr. ivi, p. 38: «et retinet intra se flatum suum et ita se inflat», ma anche il *Bestiaire de Gervaise*, p. 324: «et d'alener mult bien se tient» (v. 661).

Branche VII. Renart sta confessando i propri peccati al nibbio Hubert con l'intenzione di farlo avvicinare e mangiarlo. Il nibbio è alquanto accorto e schiva il primo tentativo di cattura. La volpe allora finge di morire:

> 'Ha laz' fet il 'dolent, je muir.'
> Il s'est coches en pameisons
> (vv. 750-751)

La messa in scena inganna il nibbio confessore, che, mosso a pietà, si avvicina per raddrizzare il capo del defunto Renart. Com'è prevedibile, Renart tenta di catturarlo, ma fallisce anche questa volta. Solo al terzo tentativo, la volpe riesce nell'obiettivo di mangiare il proprio confessore ricorrendo all'astuzia del bacio.[62] Qui la descrizione non è affatto dettagliata, ma dove mancano i gesti e gli atteggiamenti, supplisce la parola: la volpe dice *je muir* e il nibbio gli crede.[63]

In questa *branche*, la combinazione dei motivi risulta abbastanza maldestra dal punto di vista della narrazione. D'altronde è chiaro che all'autore poco importava di raccontare una storia originale o avvincente: basta pensare che sugli 844 versi che compongono il *récit*, solo 275 raccontano degli avvenimenti; per il resto la *branche* è costruita come un lungo testo parodico contro il clero, infarcito di oscenità, di confessioni e strambe benedizioni, nonché di un lungo prologo di 45 versi e diverse inserzioni metatestuali.

Branche XIII. Renart, affamato come al solito, scorge una cornacchia e si finge morto per attirarla e catturarla:

> E si li fera grant engin.
> *Lors se laisse chaoir sovin*
> *Le dos desoz, les piez desus,*
> *La langue traite, n'i ot plus:*
> *Iloc se gisoit estendu*
> (vv. 867-871)

La cornacchia si fa ingannare e si precipita sulla carcassa; a quel punto Renart addenta l'uccello e se lo porta a casa. Si tratta di una scena tipica, descritta nel *Fisiologo* con queste parole: «Aves vero vident eam sic inflatam et quasi cruentatam iacentem, et linguam eius aperto ore foris eiectam, putant eam esse mortuam; et descendunt et sedent super eam. Illa vero rapit eas et devorat».[64]

Dopo numerose peripezie, si ripete la scena del processo alla volpe e viene stabilito che Renart dovrà duellare contro Roenel. L'autore si compiace della descrizione di molti particolari sulla cruenta battaglia tra i due e dopo un centinaio di versi, la volpe mette fine al duello fingendosi morta:

62. La stessa che aveva usato con il corvo Tiecelin nella br. II.

63. Legato al motivo della morte simulata c'è quello della "morte detta", centrale nella br. XVII in cui Renart fa diffondere la falsa notizia della sua morte. Questo tipo non è stato compreso nel motivo qui in esame.

64. Cfr. *Fisiologo latino*, cap. XV.

Et Renart *a jete un pleint*
Et *estreint les meins et les pies,*
Conme mors s'est aparelliez.
Roenel prent a apeler
Ceus qui durent le champ garder
'Seignor' fait il, 'avant venes,
Je cuit cest camp est afines:
Que je vos di par seint Germein,
Choflet *ne muet ne pie ne mein*
(vv. 2264-2272)

I testimoni accorrono per accertarsi della morte di Renart-Coflet e, sollevandolo, rimangono stupiti sentendo la volpe parlare. Infuriati per l'ennesima beffa, lo conducono immediatamente al cospetto del re Noble.

Renart si difende così dagli attacchi potenzialmente letali del suo rivale. La descrizione della scena si serve di molte espressioni ricorrenti.

Branche XVII. Renart deve battersi in duello contro il gallo Chantecler com'è stato deciso dal consiglio dei baroni dopo il processo. La battaglia è sanguinosa e sembra non dover finire mai, ma la volpe decide di fare la *morte vieille* per ingannare il gallo:

Adonc s'est Renart pourpensez
Que la morte vieille fera,
N'a Chantecler n'adesera
Que tant li fet et honte et let.
Atant seur li cheïr se let:
Et Chantecler le pince et mort
Et Renart fet semblant de mort,
Qu'il ne se crolle ne remue.
Ainz tint la bouche close et mue
Que voiz n'aleine n'en issi
(vv. 1374-1383)

1.7.1.2. *La finta morte involontaria*

I quattro brani che seguono descrivono scene simili in cui Renart, in seguito a ferite gravi dovute alle aggressioni dei suoi nemici, sviene. La perdita di coscienza della volpe è fraintesa dagli altri e Renart è dichiarato morto. Manca l'intenzionalità della volpe, artefice incosciente dell'illusione, però le conseguenze narrative sono assimilabili a quelle della morte apparente volontaria.

Branche XI. Renart ha appena subito un duro attacco dai nibbi e giace a terra con gli occhi cavati. *Es vos atant* un cavaliere che trova la volpe distesa:

Li chevalers l'a regarde,
Son escuier a apele,

Si li a dit 'se dex t'aït,
Es ce gorpil qui icist gist?'
'Oïl, sire, foi que vos doi.
Mes il est mors en moie foi.'
Fait li chevaliers 'ce m'est vis
Que cil escofle l'ont ocis
Et il les a mort ambedous
(vv. 629-637)

Il servo del cavaliere, credendo che la volpe sia morta, si porta a casa il corpo per spellarlo l'indomani. Ma Renart ha tutto il tempo di escogitare una strategia per fuggire.

Nell'avventura seguente, la volpe divora i figli del passero Droin[65] e questi, per vendicarsi, escogita un piano con la complicità del mastino Morout. Droin farà da esca distraendo Renart e il cane uscirà all'improvviso per aggredire la volpe. Il piano riesce alla perfezione e Renart viene ferito dall'attacco di Morout:

Mes il ne s'en pot escondire.
Durement sa pel li descire.
Tant le desache et tire et mort
Que *Renart a lessie por mort*
(vv. 1325-1328)

Branche XVII. in questa *branche* si susseguono tre morti apparenti della volpe. La prima è frutto di un'illusione collettiva. Renart gravemente ferito, sviene.

Un plaint a gete, si se pasme.
Dame Fiere d'un poi de basme
Li frote le poux et le vie.
Si conme je pens et devis,
Del froter durement s'esforce.
Mes Renart avoit si sa force
Perdue, c'onques ne se mut
(vv. 431-437)

La regina Fière lo crede morto e, in preda alla disperazione, riporta la triste notizia al marito Noble.

Branche XXIII. Renart si è introdotto in una casa per rubare le galline. I servi scoprono la volpe e iniziano a picchiarla fino a che non sembra loro che sia ormai morta:

Qu'en diroie? tant l'ont batu,
Por mort l'ont a terre abatu.
Renart se gist gueule baee,
Auques a cele gent gabee.

65. L'intreccio è repertoriato nell'indice ATU al numero 56B: «The fox as schoolmaster», precedentemente «The fox persuades the magpies into bringing their youn into his house».

N'estoit pas mort du tot en tot,
Ainz prenoit bien a euls escot
(vv. 1279-1284)

1.7.1.3. *La finta morte di altri personaggi*

Sebbene non sia Renart ad attuare l'*escamotage* della finta morte, i brani che seguono si caratterizzano per il ricorso di alcune formule ed espressioni tipiche del motivo. Gli autori riusano una delle prerogative di Renart attribuendola ai suoi rivali che, si vedrà, hanno appreso il trucco dalla volpe. Nella br. XIV, il lupo Primaut chiede espressamente a Renart di insegnargli a fare il finto morto: «'Renart' fait il,'enseinne moi. / Por deu et por l'ame de toi, / Me di, conment tu les eüs'» (vv. 557-559). Primaut, Roenel e l'asino Timer fingono la morte per ingannare qualcuno e lo fanno usando la stessa tecnica della volpe. In un caso, la finta morte è involontaria e si riporta di seguito il brano per via delle affinità espressive («por mort le lessent»).

Branche IV. Il lupo Ysengrin è sceso nel pozzo attirato dalle menzogne di Renart;[66] il mattino seguente, i frati riescono a tirarlo su e lo aggrediscono con efferata violenza.

Illec s'est qatre foiz pasmez,
Moult par est grainz et adolez,
Tant qu'il s'est couchiez sur le bort:
Illecques *fait semblant de mort*
(vv. 427-430)

Sopraggiunge il priore del convento, introdotto dalla solita espressione *Atant estes vos* e si accinge a scuoiare il lupo, ma un abate lo ferma *in extremis* facendogli notare che la pelle maltrattata di un lupo morto non vale niente. Il lupo aspetta che tutti se ne siano andati e se ne torna a casa.

Branche Va. Ysengrin e Roenel si sono accordati per ingannare la volpe: il mastino si fingerà morto e Renart sarà invitato a giurare sul suo dente.[67] Il giorno del giuramento è tutto pronto per la messa in scena:

Et Roenel qui Renart guete
Le col ploie, *la langue trete,*
Contrefet si la morte beste
Que il *ne muet ne pie ne teste*
(vv. 1101-1104)

66. Si tratta del tipo tradizionale 32 nel repertorio ATU: «The wolf descends into the well in one bucket and rescues the foz in the other». L'intreccio è documentato in una favola ebraica di Rashi de Troyes e nella *Disciplina Clericalis* di Pietro Alfonso.

67. Questa scena è già stata trattata nel paragrafo precedente in relazione al motivo della falsa reliquia: Roenel non solo finge la morte, ma si trasforma in una reliquia-trappola coniugando così due motivi.

Come abbiamo già visto nelle pagine precedenti, la volpe si accorge che Roenel sta fingendo la morte e trova un modo per scappare. Nonostante gli accorgimenti di Roenel, che sembrano un'imitazione perfetta dei trucchi di Renart, al mastino non riesce di ingannare la volpe. Si vedrà (br. IX) che l'escamotage è sempre destinato a fallire quando la vittima designata è Renart, maestro in questo tipo di inganno.

Branche IX. L'asino Timer decide di aiutare il contadino Lietard a vendicarsi di Renart. Il suo piano è ben congeniato:

> '*Mort me ferai* devant la porte
> A Malpertuiz le suen repere.
> Bien saurai *sanblant de mort fere.*
> Sitost con il me troveront,
> A mes membres se lieront
> De vos coroiez conme fol.
> Et je sosleverai le col,
> Fuiant les en amenerai'
> (vv. 1630-1637)

Hermeline trova l'asino davanti all'uscio di casa e se ne rallegra con il marito. Insieme lo legano e provano a trascinarlo, nonostante le titubanze di Renart che pare aver intuito l'inganno di Timer. I due continuano a discutere tra loro, finché l'asino trova il momento giusto per alzarsi e scappare trascinando con sé Hermeline, ma non Renart che continuava a diffidare di Timer.

Branche X. Roenel è caduto nella reliquia-trappola cui lo aveva condotto Renart. Nel tentativo di liberarsi, viene notato dai vignaioli che iniziano ad accanirsi contro di lui e a malmenarlo con ogni sorta di arma:

> Tant li ont batus les costez
> D'une grant macue pesant,
> Que *por mort le lessent gisant*
> (vv. 634-636)

I vignaioli se ne tornano a casa lasciando lì il mastino. Roenel, scampato alla morte vera, rimane immobile fino all'indomani, quando, accertatosi di non essere visto, si avvia alla corte per narrare la disavventura a Noble.

Branche XIV. Primaut, vuole replicare il trucco che Renart aveva usato con i mercanti di pesci[68] e gli chiede di illustrargli la sua tecnica. La volpe gli racconta come, fingendosi morta, si era fatta caricare sulla carretta delle aringhe. Il lupo tenta di imitare la volpe:

> 'Mes onques *ne se mut* Primauz.
> Si se sont sor lui enbatu
> La ou se *gist tot estendu.*

68. L'episodio è raccontato nella br. III.

'Il est mors' fait li uns. 'Non est.'
'Par la cervele deu, si est.'
'Folz' fait li autres, 'il se feint.'
Adonc l'a du baston enpeint
Durement, *et il ne se mut*'
(vv. 606-613)

I mercanti non si lasciano ingannare dal goffo Primaut al quale, sotto i colpi degli uomini, sfugge un sospiro. Uno di questi lo nota e, sguainata una spada, aggredisce il lupo. Primaut racconterà sconsolato la sua missione fallita a Renart.

1.8. *Conclusioni*

A partire da questa prima indagine incentrata sul ricorso di motivi si possono avanzare le seguenti considerazioni: i primi tre motivi ricorrenti possono considerarsi affini sia per la tematica che per il ruolo svolto nella trama. Tutti e tre sono legati al macrotema della «quête de justice» e ricorrono nel contesto dei processi alla volpe. Il motivo 1, la parzialità del re Noble, è condizione imprescindibile per l'attuazione della promessa di penitenza (motivo 3), mentre la richiesta di confessione, pur potendo attuarsi senza l'indulgenza del re, si lega agli altri due per la funzione svolta nella trama: il rinvio della morte.

Gli ultimi quattro motivi invece rientrano nell'altro tipo di macrosequenza del *Roman de Renart*, ovvero la «quête de nourriture»: le scene sono ambientate nella foresta o nei cortili dei contadini e gli scontri non sono sul livello verbale e retorico, ma piuttosto su quello della violenza fisica.

I sette motivi si suddividono dunque in due gruppi inquadrabili nelle due macrosequenze individuate dalla Suomela-Härmä e rappresentativi, in maniere opposte, dell'astuzia della volpe e della superiorità delle virtù intellettive (prerogativa di alcuni personaggi zoomorfi, la volpe *in primis*, ma anche il gatto Tibert) contro quelle fisiche (in genere attribuite a personaggi umani o agli animali domestici).

Il dato della ricorrenza dei motivi evidenzia oltre alla componibilità di schemi fissi, anche la difficolt' di fronte a cui si trovavano gli autori incaricati di salvare a ogni *branche* la vita della volpe. Tutte le storie su Renart sono giocate sulla dicotomia morte-salvezza, rispettivamente condizione di partenza ed epilogo delle storie. Renart è sempre in pericolo, sul punto di essere ammazzato, ma non muore mai, o talvolta muore per finta per non morire davvero.

Il motivo dei cani sembrerebbe avere caratteristiche diverse in quanto la volpe non è coinvolta direttamente nell'azione, ma se si analizzano i luoghi testuali in cui ricorre il motivo, ci si accorge che i cani arrivano sempre al momento giusto per salvare la vita a Renart interrompendo una situazione più critica.

Gran parte delle storie su Renart si costruiscono attorno a questi motivi e ad altri che non abbiamo preso in esame come le ambasciate, le convocazioni a corte, la descrizione dei comportamenti violenti del clero, ecc. Quello che rende diverse le storie tra loro è il modo di articolare e combinare insieme i motivi, l'abilità, più spiccata in alcuni autori, di costruire vere e proprie micro epopee nell'arco di una *branche* dotate di coerenza narrativa, cura espressiva e retorica rispetto ad altri che, invece, si limitano a giustapporre i motivi senza strutturarli su una base logica solida. Di qui la coesistenza dei diversi livelli estetici e letterari delle singole *branches* sotto l'unico nome di *Roman de Renart*, aspetto controverso ma emblematico di un'opera che vive delle differenze piuttosto che delle somiglianze e che fa dell'eterogeneità il suo carattere fondante.

Si propone una tabella riassuntiva delle occorrenze dei motivi in tutte le *branches* del *Roman de Renart*. Lo scopo è quello di mettere in evidenza il diverso grado di utilizzo dei motivi ricorrenti e indagare questo dato dal punto di vista delle tecniche di composizione o produzione.

Complessivamente, nelle ventisette *branches* i motivi selezionati ricorrono ottanta volte, così ripartite:

- motivo 1 (Parzialità di Noble): 7 volte
- motivo 2 (Promessa di penitenza): 4 volte,
- motivo 3 (Richiesta di confessione): 10 volte
- motivo 4 (Colpo mancato): 16 volte
- motivo 5 (Cani): 25 volte
- motivo 6 (Reliquia-trappola): 4 volte
- motivo 7 (Finta morte): 14 volte.

La maggiore concentrazione di motivi si registra nella br. II in cui il motivo 4 (Colpo mancato) è presente due volte e il motivo 5 (Cani) ricorre per ben quattro volte. A seguire, le br. I, V, X, XIV e XVII in cui i motivi ricorrono quattro volte.

Osservando la tabella 1 si noterà che a partire dalla br. XVIII si registra un netto calo di occorrenze di motivi: infatti se nelle br. XVIII e XXV è presente almeno un motivo, nelle restanti (contrassegnate dal carattere grassetto: XIX-XX-XXI-XXII, XXIV, XXVI e XXVII) i motivi non compaiono affatto.

La tabella appare così suddivisa in due parti: nella prima (dalla br. I alla br. XVII) troviamo settantasei occorrenze sulle ottantuno totali, mentre nella seconda parte solo cinque.[69] Per il momento ci limitiamo a registrare il dato che può essere formulato in questi termini: gli autori delle br. dalla I alla XVII hanno fatto un uso più ampio di alcuni motivi narrativi rispetto agli autori delle br. dalla XVIII alla XXVII. Una tale dicotomia (per quanto riguarda il meccanismo compositivo della ripetizione dei motivi) all'interno del *Roman de Renart* potrebbe essere anche un caso e pertanto non siamo in grado di interpretare esaustivamente quello che, sinora, risulta un mero dato statistico.

69. L'aspetto della tabella dipende naturalmente da come si succedono le *branches* nell'edizione di riferimento, quella di Martin. Se avessimo usato un'altra edizione del testo, la distribuzione dei motivi ricorrenti non apparirebbe bipartita in modo tanto evidente.

Tabella 1. Sinossi dei motivi

	Motivo 1	Motivo 2	Motivo 3	Motivo 4	Motivo 5	Motivo 6	Motivo 7
Branche I	2	1	2				
Branche Ia	1	1					
Branche Ib					2	1	
Branche II				2	4		
Branche III				1	2		1
Branche IV					1		1
Branche V			1		3		
Branche Va	1				2	1	1
Branche VI	1	1	1				1
Branche VII			2				1
Branche VIII			1				
Branche IX				1	1		1
Branche X	1		1		1	1	1
Branche XI	1			1			1
Branche XII				3	1		
Branche XIII				4	2		2
Branche XIV			1		2	1	1
Branche XV					1		
Branche XVI				1	2		
Branche XVII			1	1	1		2
Branche XVIII				1			
***Branche* XIX**							
***Branche* XX**							
***Branche* XXI**							
***Branche* XXII**							
Branche XXIII		1					1
***Branche* XXIV**							
Branche XXV				1			
***Branche* XXVI**							
***Branche* XXVII**							

* In grassetto le *branches* che non attestano nessuno dei motivi analizzati.

2. *Formule ricorrenti*

Abbiamo avuto modo di notare che la ricorrenza di motivi fissi nelle diverse *branches* talvolta si accompagna alla ripetizione di espressioni linguistiche, se non sempre identiche, almeno molto affini. Per i casi sinora visti si può ipotizzare che la relativa omogeneità del linguaggio usato per tradurre in versi i motivi narrativi sia una conseguenza stilistica legata alla cristallizzazione del motivo stesso; pertanto, quando queste espressioni sembrano "trascinate" dalla ripetizione di un motivo narrativo specifico, ci siamo limitati ad annotarlo e, nei casi più evidenti, a segnalarlo attraverso l'uso del carattere corsivo nella trascrizione dei brani.

Non mancano tuttavia espressioni formulari ricorrenti e indipendenti dal contenuto specifico del testo. Si tratta di brevi periodi dalla struttura affine che compaiono in molte *branches* e si caratterizzano per la loro funzione simile a quella di un ritornello. L'uso del linguaggio formulare è una delle marche stilistiche dell'oralità ed è usato come sussidio all'improvvisazione poetica, supporto alla memoria e soprattutto come attrazione sensoriale per l'ascoltatore.[70]

Per il *Roman de Renart* non si può parlare di linguaggio formulare nei termini usati generalmente per descrivere l'epica omerica o i poemi slavi.[71] Il ricorso di alcune formule nel nostro testo potrebbe essere piuttosto interpretato come un residuo stilistico di un'oralità latente, che caratterizzava la fase di esecuzione del testo, e che permane, e talvolta riaffiora, tra le righe del testo scritto. D'altronde non sono solo questi gli indizi di influenze reciproche tra le due sfere dell'oralità e della scrittura: elementi come le apostrofi al pubblico per richiederne l'attenzione e l'utilizzo di verbi attinenti alla sfera dell'oralità («oiez, ecoutez», ecc.) ricorrono spesso nelle *branches* e saranno indagati nel capitolo 3.

I tre esempi di formule ricorrenti sono stati selezionati proprio per la presenza di indizi che rimandano a certi accorgimenti tipici dell'oralità: i primi due sono sorte di ritornelli introduttivi di scene cruciali che scandiscono le sezioni della narrazione, mentre l'ultimo è costituito da una dittologia epitetica riferita generalmente a Renart.[72]

70. Cfr. Zumthor, *Introduction à la poésie orale*, pp. 116 ss.

71. Nell'ambito degli studi sull'epica omerica e, in seguito sulle *chansons de geste*, lo stile formulare era stato interpretato come uno degli indizi più forti della teoria dell'improvvisazione. L'argomento sarà affrontato nel terzo capitolo; qui sarà sufficiente tenere presente che le formule reperite nel *Roman de Renart* non paiono legate ai meccanismi di improvvisazione giullaresca, ma piuttosto a stilemi che rientrano nelle pratiche compositive dei poeti.

72. Anche l'uso di epiteti è stato interpretato come stilema caro ai poeti improvvisatori che se ne servivano per connotare i personaggi e per facilitarne il riconoscimento. Parlando della psicodinamica dell'oralità, per esempio, Ong, *Oralità e scrittura*, p. 67, scrive: «Il pensiero e l'espressione a base orale tendono a comporsi non tanto di unità discrete, quanto di gruppi di elementi come gli epiteti, i termini paralleli od opposti e le frasi parallele od opposte. Chi è immerso in una cultura orale preferisce, specialmente in un discorso non quotidiano, sentir parlare non del soldato, ma del soldato coraggioso; non della principessa, ma della bella principessa».

Queste formule, pur nelle varianti lessicali attestate, sono dotate di un alto grado di riconoscibilità dovuto alla reiterazione di strutture sintattiche affini e riempite da una gamma limitata di vocaboli per lo più sinonimici.[73]

La prima, «Or se conmence a porpenser» ecc., ricorre sedici volte, la seconda «Or est Renart en male trape» compare trentacinque volte, mentre l'epiteto «engin et art» cinque volte. Le prime due formule condividono lo statuto di interventi metatestuali di un narratore esterno che guida il pubblico tra i meandri della storia: in genere dopo una parte preparatoria, i due versi della prima formula si situano a chiusura di ciò che precede e a esordio della parte successiva che racconta l'inganno escogitato dalla volpe. L'altra invece si trova in contiguità (immediatamente prima o immediatamente dopo) con brani che descrivono le situazioni critiche e/o pericolose: un personaggio è rimasto intrappolato o è in pericolo evidente e allora il narratore s'inserisce nel testo per commentare a mo' di didascalia la condizione precaria del personaggio. Entrambe le formule dunque sembrano utilizzate come richiami per attirare l'attenzione dell'ascoltatore su un momento importante dell'avventura.

L'interesse di uno studio del genere risiede non tanto nella constatazione della ricorrenza di espressioni formulari, dato tutt'altro che raro nella letteratura medievale, quanto nella loro funzione intertestuale, vale a dire per i legami espressivi che attraverso la ricorrenza di formule fisse s'instaurano tra le diverse *branches*. Come l'uso degli stessi motivi narrativi contribuisce a creare collegamenti tra *récits* indipendenti, le formule vanno ad aggiungersi a quegli elementi strutturali che accomunano alcune *branches* nella loro fase di produzione. Elementi di questo tipo possono rivelarsi aggregativi o divisivi del complesso dei *récits* che formano le antologie e testimoniare la condivisione da parte di personalità diverse, non solo di temi e motivi, ma anche di nuclei linguistico-semantici tipici del *Roman de Renart*.

2.1. *«Or se conmence a porpenser...»*

La prima formula in questione si articola – come vedremo – su due versi in rima tra loro. Il concetto espresso dalla formula è che Renart o un altro personaggio, in una situazione critica, si ferma a riflettere su come uscirne sano e salvo: è il momento dell'elaborazione della strategia.

Trovandosi sempre prima del racconto della *ruse* vera e propria, la formula sembra voler richiamare l'attenzione del pubblico su un momento chiave della narrazione. Il grado di riconoscibilità di questa formula, che è quasi un ritornello, è evidente più nella struttura che nelle singole parole usate, anche se le scelte lessicali sono spesso circoscritte a un numero esiguo di verbi. Le affinità sintat-

73. Zumthor, in *Introduction à la poésie orale*, p. 116, scrive: «Plutôt que comme un type d'organisation, ce dernier peut être décrit comme une stratégie discursive et intertextuelle: le style formulaire enchâsse dans le discours, au fur et à mesure de son déroulement, et intègre en les y fonctionnalisant, des fragments rythmiques et linguistiques empruntés à d'autres énoncés préexistants, en principe appartenant au même genre, et renvoyant l'auditeur à un univers sémantique qui lui est familier».

tiche risultano più stringenti per l'uso dell'espressione fraseologica composta da «conmence» e l'infinito «porpenser» normalmente in rima con l'infinito di un altro verbo che esprime il concetto di inganno vero e proprio, «engignier», «vergonder», «damagier», ecc. Gli infiniti verbali del secondo verso sono spesso retti dal verbo «pouvoir» coniugato in diversi tempi e modi. La variante più diffusa di questa forma standard («Or se conmence a porpenser / conment il pourra l'engignier») è l'utilizzo del verbo «prendre», nel senso di 'prendere a fare qualcosa, iniziare', invece del sinonimo «conmencer» sempre seguito da «porpenser».

La formula ricorre almeno 16 volte; seguono i passi con l'indicazione dei luoghi testuali e brevi cenni contestuali.

Branche I. l'orso Brun è stato incaricato da Noble di condurre Renart a corte. La volpe ovviamente sa che, una volta di fronte al consiglio, sarà difficile salvarsi e pensa allora di ingannare il messaggero:

> *Or se conmence a porpenser*
> *Con* se *porra* vers lui tenser
> (vv. 497-498)[74]

Seguono immediatamente le parole di Renart per convincere l'orso a infilare il muso nel foro di una quercia pieno di miele.[75] L'orso rimarrà intrappolato nel tronco dopo che la volpe avrà sfilato via il cuneo.

I due versi rappresentano la struttura *standard* di questa prima formula: l'attacco con l'avverbio «Or», il verbo «conmencer» coniugato all'indicativo presente e l'infinito del verbo «porpenser». Al secondo verso troviamo l'infinito di un verbo in rima con «porpenser» preceduto da «con» e il verbo «pouvoir» coniugato all'indicativo futuro.

Branche II. Il primo tentativo di catturare il gallo Chantecler è fallito[76] e Renart deve escogitare uno stratagemma per riuscire nel suo obiettivo:

> *Or se conmence a porpenser,*
> *Conment il porroit* Chantecler
> *Engignier*: car s'il nel manjue
> (vv. 299-301)

Renart convince il gallo a cantare con gli occhi chiusi e al momento giusto lo cattura.

Il primo verso della formula è identico a quello che si trova nella br. I; troviamo «conment» invece della forma «con» (per ragioni metriche). Per esprimere il concetto dell'inganno qui troviamo il verbo «engignier» presente anche nei brani delle br. X, XI e XXV.

74. Segnalo con il carattere corsivo gli elementi lessicali ricorrenti.

75. L'intreccio è noto ed è repertoriato nell'indice ATU al numero 38: «Claw in spleet tree»; cfr. anche il tipo 49: «The Bear and the Honey».

76. Cfr. il motivo del colpo mancato (cap. I, § 1.4).

Branche III. Questa volta è Ysengrin che cerca un modo per introdursi nella tana di Renart e partecipare a un ricco banchetto:

Il *commence a pourpenser,*
Conment il pourra ens entrer
(vv. 199-200)

Rispetto ai primi due casi, qui manca l'attacco in «Or»; per il resto il distico ricalca la struttura della formula *standard.*

Il lupo, nonostante le buone intenzioni, non riuscirà a elaborare alcuna strategia. La presenza della formula che in genere è riferita alla volpe, in un contesto in cui il soggetto è Ysengrin accentua il contrasto tra i due antagonisti: il lupo infatti, pur assumendo l'atteggiamneto tipico della volpe (di mettersi a studiare una strategia), alla fine desiste e decide di ricorrere alla supplica.[77]

Branche IV. Renart si introduce in un'abbazia cistercense sapendo che nel cortile troverà polli e galline. Deve trovare un modo per catturare le prede senza farsi scoprire dai monaci:

Et *se commence a pourpenser*
(v. 115)

Qui è presente solo la prima parte della formula. Il verso si chiude con un punto e quello successivo «Mais besoing fait vielle troter», inizia un nuovo periodo.

Branche X. Ci troviamo nel bel mezzo di una missione; questa volta l'ambasciatore è Roenel che deve trovare Renart e condurlo a corte per essere giudicato dal consiglio dei baroni. La volpe deve escogitare un modo per svignarsela:

Et se *pourpense* en quel maniere
De Roenel se partira
Et *conment* l'engignera
(vv. 366-368)

La *ruse* in questo caso consiste nello stratagemma della falsa reliquia.

Nonostante la diversa realizzazione, la struttura della formula è riconoscibile per la presenza del verbo «pourpenser» e dell'avverbio «conment», di cui si offre anche l'alternativa «en quel maniere», oltre che del già noto verbo «engignier».

Branche XI. Dopo un esordio in cui Renart e Ysengrin vanno a caccia insieme e riescono a seminare un gruppo di contadini che li inseguivano, la volpe, fedele alla propria natura, non riesce a fare a meno di ingannare il lupo.

Eins se *porpense* qu'il fera
Et *conment* il l'engignera
(vv. 89-90)

77. Conosciamo già il seguito della vicenda: Renart sottoporrà Ysengrin alla prova della pesca nel ghiaccio.

Accortosi che Ysengrin dormiva profondamente sotto un albero, Renart gli annoda le zampe al tronco. La formula è leggermente diversa rispetto a quelle viste ma torna, identica, nella br. XXV. Poco dopo, nella stessa *branche,* Renart s'imbatte in Roenel gravemente ferito dalle bastonate di un villano. La volpe approfitta per legare il mastino con una corda a un albero; non ancora soddisfatto:

A li se prent a *porpenser*,
Por ce qu'estrangler le voloit
(vv. 408-409)

Questa volta però la volpe non fa in tempo a tramare un modo per strangolare il povero Roenel perché l'arrivo della masnada del re lo mette in fuga.

Il verbo «pourpenser» retto da «prist» o «prent» invece che da «conmence» è una realizzazione diffusa della formula e s'incontra anche nelle br. XI, XIII (2 volte), XIV e XV.

Renart ha appena divorato i figli del passero Droin. Quest'ultimo è giustamente infuriato e vorrebbe vendicarsi:

Tantost *a porpenser se prist*
De Renart qui vers lui mesprist,
Conment il s'en *porra* venger
(vv. 957-959)

Il passero escogita un piano e chiede la complicità al mastino Morout. Lo stratagemma riesce e Morout ridurrà Renart in fin di vita.

Branche XIII. Renart, sotto le mentite spoglie di Coflet, fa credere allo scoiattolo Rossel di essere suo cugino e lo invita ad andare a caccia insieme a lui. Dopo un'intera giornata senza aver catturato alcuna preda, Renart pensa bene di mangiare il suo compagno di caccia:

Renart *a porpenser s'est pris,*
E dit que il est fox naïs
(vv. 1555-1556)

Il tentativo riesce a metà, perché Renart, addentando lo scoiattolo arriva a staccargli solo la coda.

Il montone Belin è incaricato di trovare Renart-Coflet e di condurlo di fronte al re. Una volta raggiunta la volpe, si avviano alla corte, ma

Renart *a porpenser se prent,*
Conment porra Belin servir
(vv. 1810-1811)

La volpe, lungo il tragitto, invita Belin a rifocillarsi presso un campo: il montone accetta volentieri, ma ben presto arriva il proprietario del campo d'avena e sguinzaglia il suo cane contro Belin, mentre Renart si dà alla fuga impunito.

Branche XIV. Dopo una serie di scaramucce tra Renart e Primaut, fratello del lupo Ysengrin, i due decidono di riconciliarsi, ma la volpe pretende un giuramento solenne presso un luogo sacro:

Atant *s'est pris a porpenser*
Conment il le *puist* vergonder
(vv.1007-1008)

Il luogo sacro è in realtà una trappola e Primaut, chinandosi sulla falsa reliquia per giurare, vi cade.

Branche XV. Renart e Tibert sono riusciti a rubare un salame, ma hanno iniziato subito a discutere su chi dovesse trasportarlo. Il gatto rimprovera la volpe di sbavare troppo sul salame e gli ordina di passarglielo così che gli mostri il modo giusto di trasportarlo.

Quar il *se prent a pourpenser*
(v. 144)

La volpe riflette sulla proposta di Tibert e gli cede il salame perché in caso di pericolo il gatto sarebbe stato troppo impacciato per difendersi. Questa volta la volpe si mostra ingenua, e Tibert, ottenuto il salame, si arrampica su un albero lasciando Renart senza pranzo.

Branche XXII. Il lupo Ysengrin ha divorato una preda, ma al termine del banchetto si sente male per aver mangiato troppo e capisce che così appesantito non riuscirebbe a fuggire in caso di bisogno:

Lors *se conmence a porpanser*,
Ja ne *porroit* dou pas issir
(vv. 140-141)

Branche XXIII. Renart, tramite il ricorso alle arti magiche, fa apparire uno stuolo di animali prodigiosi tra cui spicca la bella figlia del fantomatico re Yvoris; Noble convola a nozze con lei e Renart deve escogitare un diversivo per rinviare l'incontro diretto tra Noble e la novella sposa (che è in realtà solo un'illusione):

Or se porpense li maufez,
Qui de grant mal fu eschaufez,
En quel maniere li nuira
(vv. 1559-1561)

Renart farà sì che la sposa si mostri seccata per un particolare del cerimoniale di nozze e l'incontro con Noble sarà procrastinato.

Branche XXV. Renart si trova in Inghilterra e si avventura a caccia nei pressi di un fiume dove nota un airone che sta pescando:

Et se *porpense* qu'il fera
Et *conment* l'engignera
(vv. 37-38)

Dopo qualche momento di riflessione, la volpe prova a lanciare in acqua mucchi di foglie per sondare la reazione di Pinçart (l'airone). Visto che l'airone si avvicinava alle foglie incuriosito, Renart

Et se porpense en mainte guise,
Conme il le *puisse* damagier
(vv. 94-95)

La volpe, ricopertasi di foglie si butta nel fiume; nel momento in cui Pinçart si avvicina a quello che crede un mucchio di foglie, Renart lo cattura.

2.2. *«Or est Renart en male trape»*

Il secondo esempio di espressione formulare ricorrente è costituito da un solo verso. Si tratta di una sorta di commento esterno alla scena e si trova normalmente dopo la descrizione di una situazione critica. Il sintagma è spesso riferito a Renart e segna il momento di transizione da un problema appena descritto ai tentativi di soluzione raccontati nei versi successivi. Pertanto la sua funzione testuale è assimilabile a quella della prima formula analizzata: richiamare l'attenzione del pubblico su un punto di svolta della narrazione.

La struttura del sintagma è costante: l'attacco del verso in «Or», verbo «est», soggetto e predicato del soggetto che può esprimersi o con un complemento di stato in luogo figurato, o, meno di frequente, con un participio passato. Le scelte lessicali sono abbastanza limitate e rientrano tutte in un campo semantico con accezione negativa («trape», «peril», «malese», ecc.) rafforzata da un aggettivo («male», «grant», «bien», ecc.).

Il modulo sintattico «or» + verbo + soggetto è diffuso anche nei poemi epici e per Paul Zumthor rappresenta una delle modellizzazioni del tempo narrativo tramite avverbi discorsivi. Rientra nella categoria dei ritornelli che manifestano le articolazioni narrative e sembrano un'eredità dei ritornelli che nell'epica segnavano il passaggio tra il parlato e il canto.[78]

La formula ricorre trentacinque volte.

Branche I. L'orso Brun, seguendo un consiglio di Renart, è rimasto intrappolato nel tronco di un albero:

Ore est li las a *mal* repos
(v. 608)

Renart teme però, che l'orso voglia vendicarsi:

Or est Renarz pris a la trape
(v. 684)

Dopo varie vicissitudini, Renart è giunto a corte; Noble affida al consiglio il compito di emettere un verdetto su Renart:

78. Zumthor, *La lettre et la voix*, p. 266.

Or est Renart *en mal* randon
(v. 1331)

Branche II. Renart è riuscito a catturare Chantecler nel cortile di Constant des Noes.

Or est Chantecler en peril
(v. 418)

Il gallo escogita un tranello per spingere la volpe ad aprire la bocca. Renart lo ascolta e si lascia sfuggire Chantecler. Può essere interessante notare che in questo episodio, dove il gallo ha la meglio sulla volpe, l'espressione «engin et art» compare riferita a Chantecler: «S'il ne reseit engin et art» (v. 419).

Nel terzo episodio della *branche*, Renart è spinto in una trappola dal gatto Tibert, e per di più una muta di cani sta per raggiungerlo:

Or est Renars *en male* trape
(v. 809)

A questo verso segue l'inserzione di due motivi: il colpo mancato e i cani; com'è ovvio, Renart riesce a salvarsi da entrambi i pericoli.

Nell'avventura successiva, Renart inganna il corvo Tiecelin e ottiene il suo formaggio:

Or est Tiecelins molt pleins d'ire
(v. 1005)

Branche III. Ysengrin ha trascorso tutta la notte con la coda incollata al lago ghiacciato. Al mattino, Constant des Granches e i suoi cani lo notano:

Or est Ysengrins en malese
(v. 462)

Anche in questo caso, al verso fa seguito la narrazione dei due motivi, il colpo mancato e i cani. Ysengrin, seppur gravemente ferito, riesce a sopravvivere.

Branche IV. La volpe vuole introdursi nel cortile di un'abbazia dove sa di trovare abbondanza di galline e capponi, ma sa anche che, se i frati lo scoprissero, sarebbe in pericolo di vita:

Or est Renars *en grant* balance
(v. 100)

Una volta introdottosi nel cortile, Renart giunge nei pressi di un pozzo; guardandovi dentro si lascia ingannare dal proprio riflesso e mette le zampe in uno dei secchi della carrucola per calarsi nel pozzo. Si accorge subito di essere in trappola:

Or est Renart *en male* frape
(v. 175)

Com'è noto, la volpe riuscirà a risalire dal pozzo convincendo il lupo a mettere le zampe nell'altro secchio. Ora è il lupo a ritrovarsi intrappolato:

Ysengrin *est en male* trape
(v. 365)

Branche V. Renart esce a caccia sperando di non imbattersi in Ysengrin. E invece poco dopo il lupo lo avvicina e lo minaccia di mangiarlo in un boccone:

Or est Renars *en mal* troton
(v. 39)

Segue una violenta aggressione da cui Renart esce spellato e malridotto, ma ancora vivo.

Dopo altre brevi avventure, una muta di cani si mette all'inseguimento prima di Renart (senza successo) e poi di Ysengrin:

Ysengrin *est en mal* deport
(v. 235)

La formula è ribadita due versi dopo:

Or est il choüz en *mal* laz
(v. 238)

Branche VI. Il tasso Grimbert è riuscito a condurre Renart alla corte di Noble; la volpe sa di essere in pericolo, perché il consiglio dei baroni dovrà decidere la sua condanna:

Il est chaoit *en male* trape
(v. 34)

Nonostante i tentativi di difesa da parte di Renart, il consiglio stabilisce che la volpe dovrà battersi in duello con Ysengrin; la battaglia si rivela cruenta e interminabile:

Or est Renars *en mal* trepeil
(v. 1313)

Renart, data l'inferiorità fisica rispetto al lupo, non ha altro modo di salvarsi che fingere di essere morto.

Branche VII. Renart si è introdotto nella stalla di un'abbazia e ha divorato un cappone. In quel frangente un servo si alza e si accorge dell'accaduto; prontamente chiude dall'esterno la porta della stalla e corre a chiamare rinforzi. Renart è imprigionato:

Or est Renars *bien* atrapez
(v. 126)

Il servo ribadisce a gran voce il concetto per svegliare i monaci:

Or est li gorpil enginnies
(v. 130)

La volpe trema di paura e per salvarsi supplica i monaci di ricevere la confessione prima di morire; questi non si fanno ingannare e iniziano a malmenare la volpe.

Branche X. Roenel scova Renart nella sua tana e gli comunica il messaggio del re: dovrà recarsi a corte il più presto possibile.

Or est Renars molt esgarez
(v. 360)

La volpe allora escogita lo stratagemma della falsa reliquia per liberarsi del cane.

Dopo il fallimento dell'ambasciata di Roenel, il consiglio decide che il cervo Brichemer dovrà andare a chiamare Renart. Quest'ultimo finge di accettare di buon grado l'invito e, anzi, per fare più in fretta, propone al cervo di seguire una scorciatoia. Proprio qui, i due si imbattono in un contadino e nei suoi tre cani e mentre Renart riesce a fuggire, il cervo rimane vittima dell'aggressione:

Brichemer *est en male* trape
(v. 1098)

Dopo le prime due missioni fallite, il re si ammala per il dispiacere. Il tasso Grimbert decide di chiedere aiuto a Renart il quale si reca a corte fingendo di essere stato impegnato in un lungo viaggio per trovare i medicamenti necessari a guarire il re. Dopo aver esaminato l'urina di Noble, la volpe afferma che per guarirlo ha bisogno della pelle del lupo. Il re ordina di spellare Ysengrin:

Or est li laz *a mal* repos
(v. 1564)

Branche XI. La volpe, aggredita dai nibbi, si salva fingendo di essere morta. Un cavaliere e la sua masnada trovano il corpo della volpe e lo affidano a un garzone per spellarlo:

Or est Renart *en mal* traïn
(v. 664)

Renart, che morto non era, addenta il fondoschiena del ragazzo e fugge via.

Branche XII. Nell'avventura in cui il gatto e la volpe diventano preti, Renart ha annodato le corde delle campane in modo che Tibert, suonandole, vi rimanesse intrappolato:

Or est Tybert plus enlaciez
(v. 1070)

Branche XIII. Renart-Coflet ha spinto Roenel in una trappola. Il proprietario del campo, seguito da altri tre, raggiunge il cane per prenderlo a bastonate:

Or est Roenel *a mal* port
(v. 1278)

Fortunatamente i maldestri villani falliscono il colpo e liberano Roenel dalla trappola.

Nell'avventura successiva, Renart in compagnia dello scoiattolo Rossel, si introduce in un pollaio e divora un cappone. Un servo, alzatosi per soddisfare i suoi bisogni[79] si accorge dell'intrusione e corre a svegliare i suoi compagni:

Or est Renart *molt* entrepris
(v. 1460)

La volpe si salva dalle aggressioni perché il villano, nel tentativo di ferirlo, sbaglia mira e colpisce un prete che era venuto a dare man forte ai contadini.

Branche XIV. Il lupo Primaut, stanco dei torti subiti da Renart, lo aggredisce minacciandolo di ucciderlo a morsi:

Or est Renars *en grant* dotance
(v. 952)

Renart si salverà implorando il lupo di ricevere la confessione.

Branche XVI. Renart tenta di catturare il gallo Chantecler, ma fallisce. Sa che ora è in grave pericolo, perché il gallo inizierà a starnazzare per richiamare il contadino:

Or est Renart *moult* malbailli
(v. 183)

E infatti, l'arrivo del contadino Bertold mette a rischio la vita della volpe che rimane impigliata in una rete:

Or est il *moult bien* engigniez
(v. 232)

Con la volpe ormai catturata, il villano solleva un piede per prenderlo a calci, ma Renart lo addenta e non lascia a presa. La situazione si ribalta:

Or est le vilain *bien* a mestre
(v. 292)

Il concetto viene ripetuto pochi versi dopo:

Or est cheü en son dangier
(v. 302)

Nella seconda parte della *branche* («Partage des prois»),[80] Renart, Ysengrin e Noble diventano complici di caccia. La volpe è incaricata di accertarsi che non arrivino i cani ed è salita su un albero. Un contadino, addormentatosi sotto l'albero, non si accorge della presenza della volpe proprio sulla sua testa e, una volta

79. La scena è molto simile a quella della br. VII in cui un servo si era alzato di notte per orinare e aveva scoperto Renart.

80. L'intreccio è il numero 51 nell'indice ATU: «The lion's share» ed è documentato in una favola di Esopo.

svegliatosi, va in una fossa per lavarsi. Con un balzo, Renart scende giù e atterra sulle spalle del villano facendolo quasi affogare:

> *Ore est* li vileinz malbailliz
> (v. 1008)

Il povero contadino morirà lapidato da Renart.

Branche XXIII. Renart è stato condannato a morte e, prima dell'esecuzione, pronuncia un discorso:

> '*Or* sui a *male* fin venuz'
> (v. 970)

Per scampare alla morte, Renart inventa la storia della figlia del re Yvoris.

Ora la volpe deve trovare un modo per mantenere la sua promessa. Si reca a Toledo per apprendere l'arte della negromanzia e ingannare la corte con un incantesimo. Durante la missione, s'introduce nel cortile del maestro Henriz per mangiare delle galline, ma viene scoperto dai servi:

> *Or est* Renart *en male* paine
> (v. 1269)

I servi del maestro Henriz catturano Renart e lo picchiano fino a lasciarlo a terra come morto.

Branche XXV. Renart è in balia dell'acqua in seguito all'inondazione del fiume. Galleggiando su un mucchio di fieno, è notato da un villano che percorreva il fiume a bordo di una canoa. Questi, vedendo la volpe, non esita ad avvicinarsi per catturarla e venderne la pelliccia:

> *Or est* Renars *en grant* barate
> (v. 221)

Il narratore indugia sulla scena e ribadisce il concetto:

> *Or est* Renars *bien* atrapes
> (v. 231)

Il villano minaccia Renart con un remo, ma capisce che per colpirlo deve raggiungerlo sul mucchio di fieno. Accostatosi a questo, salta sul fieno e contemporaneamente la volpe balza sulla canoa lasciando il villano in balia dell'acqua:

> *Or est* remes en *grant* peril
> (v. 285)

La volpe si mette in salvo e il villano, dopo tanto dimenarsi, raggiunge la riva a nuoto.

Si sarà notato che nella maggior parte dei casi, alla formula segue l'inserzione di uno o più motivi narrativi ricorrenti. Dalle situazioni di pericolo contrassegnate appunto da questa formula, infatti, la volpe si salva quasi sempre in uno dei modi descritti tra le situazioni narrative. L'impressione che si ricava da questi elenchi di brani è che molti *récits* siano costruiti su una sorta di struttura reticolare fatta di situazioni e formule di raccordo che ne agevolano la combinazione.

2.3. *«engin et art»*

L'accostamento dei termini «engin et art» ricorre spesso all'interno del *Roman de Renart*; d'altra parte l'intera saga renardiana si nutre della perpetrazione di inganni e tranelli escogitati dal protagonista ai danni dei suoi rivali e l'espressione esemplifica al meglio l'argomento delle storie. I due termini sono legati tra loro da un rapporto di sinonimia e nel poema compaiono spesso accoppiati a formare una dittologia collaudata, anche per la facile rima (inclusiva) con il nome Renart.[81]

Tra le innumerevoli occorrenze dell'endiadi, ho selezionato solo quelle in cui i termini sono riferiti alla volpe con funzione epitetica tralasciando tutti gli altri casi in cui l'espressione è usata in maniera generica o riferita ad altri personaggi.

Il capitolo VI del volume di Suomela-Härmä è dedicato agli attributi nel *Roman de Renart*. Si sottolinea la scarsità di qualificazioni fisiognomiche rispetto a quelle che descrivono il carattere della volpe. Tra queste ultime, alcune compaiono in più *branches* e costituiscono espressioni formulari ricorrenti, come «Renart qui tant set d'abet»[82] e altre di cui non ci occuperemo, essendo già state oggetto di analisi da parte della studiosa. La formula «engin et art» non era stata compresa tra gli attributi della volpe, a parte un breve cenno (cfr. ivi, p. 179). Eppure questa si rivela molto produttiva e ricorre sette volte nella forma «engin et art».

Trattandosi di formule qualificative ed epitetiche non ho ritenuto necessario fornire i dati per la contestualizzazione narrativa delle occorrenze.

Branche I. Tra gli esempi selezionati, questo è l'unico in cui la coppia di parole non è riferita a Renart. Ho ritenuto interessante trascriverla per due motivi: la posizione enfatica riservata dall'autore all'espressione (il primo verso della *branche*) e l'attribuzione delle caratteristiche di 'ingegno e arte' a colui che viene riconosciuto come il primo autore del *Roman de Renart*, Pierre de Saint-Cloud:

> Perrot qui son *engin et s'art*
> Mist en vers fere de *Renart*.
> (vv. 1-2)

Branche IV. In questo passo è la volpe stessa a presentarsi come Renart che tanto sa d'ingegno e arte, facendo notare che è così che lo chiamano:

> Mais l'en m'apelle feu *Renart*
> Qui tant savoit *d'engin et d'art*.
> (vv. 239-240)

81. Riporto solo alcuni esempi tra i tanti incontrati nel testo: «S'il ne reset engin et art / 'Conment' fet il, 'sire Renart'» (br. II, vv. 419-420); «De lecherie frit et art: / Bien voit, par engin ne par art» (br. XVI, vv. 145-146); «Por Richout la fame Renart / Por le grant engin et por l'art» (br. XXIV, vv. 119-120). Talvolta i due termini compaiono invertiti: «Brun' fet il,'jel savoie bien / Que quierez art et engien» (Br. I, vv. 613-614); «Dame' dist il,'je le sai bien / Que moult savez d'art et angien» (br. XXIV, vv. 299-300).

82. Si veda Suomela-Härmä, *Les structures narratives*, pp. 175-181.

Branche IX. Anche qui la volpe si autoattribuisce le caratteristiche:

Avoir escondit de Blancart.
Et je sai tant *engine et art*.
(vv. 1291-1292)

Branche XIII. Qui, invece, è il narratore che usa l'espressione per connotare la volpe:

Et la procession *Renart*
Qui tant par sot *engin et art*.
(vv. 191-192)

Branche XIV. Anche altri personaggi si riferiscono alla volpe attribuendole l'epiteto; in questo caso è Primaut che parla:

Et li a dit 'sire *Renart*
Vos saves trop *engin et art*'.
(vv. 905-906)

Branche XXIV. Nella *branche* che racconta *les enfances Renart*, il narratore spiega che, a causa delle malefatte della volpe, tutti quelli che commettono furberie sono chiamati Renart. È interessante notare che la connotazione epitetica *engin et art* ha assunto una funzione antonomastica.

Tot cil qui sont *d'anging et d'art*
Sont mes tuit apele *Renart*.
(vv. 85-86)

L'espressione torna significativamente in epilogo della *branche*:

Ce fu des anfances *Renart*.
Tant aprist puis *d'angin et d'art*.
(vv. 311-312)

Tabella 2. Sinossi delle formule

	Formula 1	Formula 2	Formula 3
Branche I	1	3	1
***Branche* Ia**			
***Branche* Ib**			
Branche II	1	3	
Branche III	1		
Branche IV	1	3	1
Branche V		3	
Branche Va			
Branche VI		2	

Branche VII		2	
***Branche* VIII**			
Branche IX		1	1
Branche X	1	3	
Branche XI	3	1	
Branche XII		1	
Branche XIII	2	2	1
Branche XIV	1	1	1
Branche XV	1		
Branche XVI		5	
***Branche* XVII**			
***Branche* XVIII**			
***Branche* XIX**			
***Branche* XX**			
***Branche* XXI**			
Branche XXII	1		
Branche XXIII	1	2	
Branche XIV			2
Branche XXV	2	3	
***Branche* XXVI**			
***Branche* XXVII**			

* In grassetto le *branches* in cui le formule non sono presenti.

Complessivamente si contano cinquantotto occorrenze delle formule fisse così ripartite:

– «Or se conmence a porpenser [...]»: 16 volte
– «Or est [...] en male trape»: 35 volte
– «Engin et art»: 7 volte

Le *branches* con più occorrenze sono: I, XIII, XVI e XXV. Nelle br. Ia, Ib, VIII, XVII, XVIII, XIX, XX, XXI, XXVI e XXVI non c'è alcuna attestazione delle tre formule.

Rispetto alla tabella sui motivi ricorrenti, la suddivisione in due gruppi qui è meno netta, ma comunque presente: nella prima parte della tabella (br. dalla I alla XVII), infatti, si contano quarantotto occorrenze sulle cinquattotto totali, mentre nel gruppo di *branches* dalla XVIII alla XXVII le formule ricorrono solo dieci volte.

Pertanto sia nell'uso dei motivi sia nell'uso delle formule fisse, gli autori del *Roman de Renart* manifestano un duplice atteggiamento: quelli del primo gruppo di *branches* attingono più spesso a un repertorio comune di temi, motivi ed espressioni formulari, mentre i poeti delle *branches* del secondo gruppo si comportano diversamente mostrandosi meno vincolati a un codice espressivo comune.

Sono solo due indizi e andranno confrontati con un altro aspetto centrale della struttura del *Renart*: l'intertestualità.

2. L'intertestualità nel *Roman de Renart*

Il concetto di intertestualità, elaborato verso la fine degli anni Sessanta dalla critica semiotica per descrivere le varie tipologie di rapporto tra i testi,[1] è stato spesso applicato alla cultura medievale che di per sé si configura «come una grande rete di citazioni, riecheggiamenti, allusioni, riprese, non segno di inerzia o povertà di immaginazione, bensì prova della sua (repentina) maturità artistica».[2]

Per il *Roman de Renart*, l'intertestualità rappresenta una delle categorie d'analisi più interessanti per le sue conseguenze paradossali. Oltre alla rete di rapporti con la tradizione favolistica universale e con altre opere medievali, ai riferimenti in chiave di rivisitazione parodica di alcuni generi letterari come il romanzo cavalleresco e l'epica,[3] nel *Roman de Renart*, "intertestualità" vuol dire anche istituzione di rapporti allusivi e citazionali tra una *branche* e l'altra dell'opera. Sono proprio questi rimandi a stabilire la maggiore o minore indipendenza di un *récit* rispetto agli altri e rispetto al tutto. A tale proposito, Massimo Bonafin scrive:

1. È bene ricordare che il termine "intertestualità", coniato da Julia Kristeva in *La parola, il dialogo, il romanzo*, ha assunto nel tempo diverse definizioni e sfumature di significato; si pensi all'introduzione, da parte di Genette, della nozione di "transtestualità", a comprendere i vari tipi di intertestualità (cfr. Genette, *Palinsesti*). Ma nel nostro lavoro, che verte su un'analisi intra- oltre che inter-testuale, vale la pena ricordare proprio quella definizione originaria della Kristeva, poiché si basa sulla teoria bachtiniana della polifonia, che fa riferimento alla presenza di più "voci" (non per forza di personaggi), ovvero punti di vista, all'interno del testo. Voci a cui va aggiunta quella, fondamentale, del lettore, la cui funzione in ambito ermeneutico si è imposta con gli studi di Riffaterre, *Semiotica della poesia* e di Eco, *Lector in fabula*. Per una ricognizione generale sulle diverse accezioni dell'intertestualità, e relativa bibliografia, cfr. Bernardelli, *Che cos'è l'intertestualità*.

2. Infurna, *Intertestualità e "mise en abyme"*, p. 423.

3. In questo senso i primi studi sull'intertestualità coincidono con i primi studi sul *Roman de Renart*: l'opera di Sudre, *Les sources*, si concentra sul reperimento delle fonti scritte e orali delle favole renardiane e instaura legami più o meno stringenti tra le *branches* e la tradizione favolistica universale. Anche Foulet, *Le Roman de Renard*, utilizza una serie di rimandi intertestuali alla letteratura medievale per stabilire la cronologia della composizione. Un brano particolarmente significativo e oggetto di frequenti analisi intertestuali è il prologo della br. II (vv. 1-22) in cui l'autore cita tra le altre cose il perduto romanzo tristaniano di Robert la Chèvre e allude genericamente ai *fabliaux* e alle *chansons de geste*. Cfr. Bonafin, *Le malizie della volpe*, pp. 28-36 e Zufferey, *L'histoire littéraire dans les prologues*, pp. 303-327.

> La sua identità e individualità può essere riconosciuta in base alla costanza e ricorrenza dei personaggi, alla ripetibilità di schemi e intrecci narrativi, alla proliferazione di riferimenti incrociati, allusioni e ricapitolazioni interne.[4]

È, quindi, proprio la pluralità di testi a determinare l'unità dell'opera.

Leggendo il *Roman de Renart* in una qualsiasi delle sue forme materiali, non si può fare a meno di costruirsi nella mente una rete di rapporti e richiami che ci rimandano da una parte all'altra del testo: «Et Renart y va *de branche en branche*, dans la frondaison d'un orme certes, mais aussi, si l'on est attentif à la polysémie, dans l'arbre du roman».[5] La considerazione che Scheidegger esprime a proposito della *mise en abyme*, rispecchia quel modo tutto particolare del testo renardiano di articolarsi e strutturarsi in un tutto (metaforicamente rappresentato dall'albero) mediante richiami ed echi discorsivi che instaurano legami tra i diversi rami dell'opera.

A prima vista sembra che gli autori alludano o rinarrino avventure già raccontate da altri autori per inserirsi in un genere comune, per ricapitolare le tappe della confusa biografia renardiana e aggregare episodi che caratterizzino il personaggio di cui stanno per narrare una nuova *ruse*. La prima impressione però si rivela non totalmente soddisfacente di fronte alla constatazione che un autore allude spesso alla sua stessa opera, a ciò che ha appena raccontato, facendolo rinarrare a uno dei suoi personaggi. Per esempio, dopo le missioni fallimentari,[6] gli ambasciatori del re tornano a corte per raccontare ciò che è appena accaduto: lo stesso fatto è narrato due volte di seguito, prima da un narratore esterno e onnisciente e dopo da un narratore intradiegetico che ripercorre gli eventi dal suo punto di vista. Lo stesso accade durante le udienze e i processi alla volpe in cui molti testimoni espongono i fatti da diverse angolazioni. I cambi di prospettiva sono una delle procedure allusive privilegiate dagli autori del *Roman de Renart* che si dilettano a moltiplicare una stessa storia come in un gioco di specchi. Oltre ai resoconti delle missioni e le udienze giudiziarie, le allusioni trovano molto spazio nelle frequenti confessioni della volpe.[7]

Le pratiche allusive si realizzano attraverso diverse tecniche: per quanto riguarda la modalità di inserzione dell'allusione si possono distinguere vari gradi: brani che nello spazio di una coppia di versi accennano a un episodio che si presuppone noto[8] e assumono la funzione simile a quella di un titolo, brani più estesi in cui si riassume una scena o un'avventura e, infine, vere e proprie riscritture di

4. Bonafin, *Le malizie della volpe*, p. 185.

5. Scheidegger, *Le "Roman de Renart" où le texte de la dérision,* p. 235.

6. Per "missioni", nel *Roman de Renart* si intendono le scene in cui un personaggio è inviato dalla corte a cercare Renart per condurlo di fronte a Noble.

7. Abbiamo visto nel primo capitolo che la richiesta di confessione è uno dei motivi ricorrenti nel *Roman de Renart* e spesso introduce la confessione vera e propria.

8. La presupposta conoscenza di un episodio da parte del pubblico non corrisponde necessariamente alla conoscenza diretta del testo in cui è raccontato quell'episodio. Pertanto bisogna evitare automatismi del tipo: una *branche* allude a un'altra e dunque quest'ultima è stata scritta prima. Si vedrà infatti che per il *Roman de Renart* non funziona così o almeno non sempre.

episodi già raccontati altrove da un altro poeta. Questo criterio di classificazione si accompagna a un altro che riguarda invece il rapporto tra l'allusione e la sua fonte: in alcuni casi le allusioni hanno per oggetto episodi raccontati poco prima dallo stesso narratore (e saranno definite "allusioni interne");[9] altre volte nel testo si rimanda a episodi narrati da un altro poeta in un testo differente ("allusioni esterne"); ci sono poi le "riscritture", vale a dire brani in cui un autore sembra ripetere una storia o un'avventura già raccontata in termini più o meno diversi in un'altra *branche* ("allusioni non pertinenti") e, per finire, allusioni a episodi non attestati dalla tradizione manoscritta del *Roman de Renart*.

Le porzioni di testo che qui vengono definite "allusioni" potrebbero essere esaminate anche, come ha fatto Suomela-Härmä,[10] nel senso di alterazioni del piano temporale. Ricorrendo alle categorie di Gérard Genette,[11] la studiosa analizza alcune delle "allusioni" definendole di volta in volta analessi o prolessi. L'approccio è indubbiamente molto pratico e la terminologia genettiana costituisce un modello comodo per un tipo di studio su quest'argomento, ma comunque si preferisce ricorrere qui al termine più generico di "allusioni" per evitare qualsiasi riferimento al piano temporale.

Nelle prossime pagine si vedranno più nel dettaglio alcuni esempi delle modalità allusive per misurare l'importanza che i legami intertestuali hanno nell'impianto generale del *Roman de Renart*. L'*excursus* iniziale sarà seguito da una tavola riepilogativa di tutte le allusioni presenti nel testo; sarà possibile così valutare la frequenza di quelle che definisco "allusioni attive" (cioè i brani in cui l'autore allude a un episodio noto) e anche quante volte una *branche* è oggetto di allusione da parte di altri poeti.

1. *Allusioni*

Nelle ventisette *branches* che compongono il *Roman de Renart* nell'edizione di Ernest Martin, ho contato circa centoventi allusioni comprendendo nello spoglio sia le allusioni semplici che le rinarrazioni vere e proprie a opera dei personaggi.

Tra tutte le *branches*, quelle in cui troviamo più allusioni sono, nell'ordine, la XXIII (24), la VI (21) e la I (17): il dato non sorprende, essendo questi tre *récits* ripetizioni del *topos* o schema narrativo tipico del processo alla volpe (o «quête de justice»), storie che si avvalgono di numerose rinarrazioni interne sotto forma di testimonianze degli accusatori o deposizioni dell'imputato. Tra queste, la br. I è anche quella a cui alludono maggiormente gli altri *récits* (40 volte)[12]

9. Corrispondono alle «analepses internes homodiégétiques» di Suomela- Härmä.

10. Suomela-Härmä, *Les structures narratives*, pp. 129-159.

11. Genette, *Figures III*.

12. Va detto che tra le allusioni, molte sono a un episodio che non è narrato direttamente, ma riferito dai personaggi stessi: la strage nel pollaio.

fatta eccezione per la br. II (58) nella quale sono raccontati gli episodi "originari" della storia renardiana come la violenza sessuale della lupa, l'inganno del gallo Chantecler, l'episodio del corvo Tiecelin e quello del gatto Tibert.

Sarebbe impossibile in questa sede analizzare nel dettaglio tutte le centoventi allusioni, ma sarà comunque utile dare un saggio delle tipologie sopraelencate attraverso alcuni esempi tratti da *branches* particolarmente "attive".

La br. I è rappresentativa di tutte le categorie: vi troviamo sia allusioni semplici che rinarrazioni estese e da punti di vista differenti; essa contiene tre allusioni interne, cinque esterne, due non pertinenti e due riferimenti a episodi non attestati.

Le confessioni sono il luogo prediletto delle allusioni in quanto offrono il pretesto per riepilogare un passato costellato di *ruses* e tranelli. Il tono delle confessioni è spesso improntato a un malcelato autocompiacimento della volpe che ripercorre la sua biografia ricomponendo ogni volta un *Roman* diverso in cui le avventure, che si presuppongono già note al pubblico, si succedono secondo un ordine variabile, proprio come accade nelle antologie. La struttura variata del *Roman de Renart* all'interno dei manoscritti sembra quasi un riflesso delle diverse "vite" che la volpe racconta nelle sue confessioni. A mutare non è solo l'ordine di successione degli episodi, ma anche alcuni dettagli delle avventure.

Nella br. I, Renart confessa i propri peccati al tasso Grimbert ed elenca una serie di malefatte accennandovi brevemente e in termini generici. Il brano della confessione occupa i vv. 1029-1096 e comprende i vari tipi di allusione oggetto del nostro studio.

Tra le "allusioni semplici" troviamo i cenni dello stesso Renart ad alcuni tiri giocati ai suoi nemici. Il primo ci riporta all'episodio della cosiddetta «pêche à la queue»[13] in cui la volpe aveva convinto il lupo Ysengrin a sottoporsi alla prova della pesca nel ghiaccio per divenire monaco ed essere così invitato al ricco banchetto che si stava svolgendo nella tana di Renart; il riferimento è a una *ruse* di cui conserviamo una versione distesa ai vv. 377-431 della br. III.

> Gel fis pecher en la gelee,
> Tant qu'il out la queue engelee
> (vv. 1055-1056)

L'allusione è concisa e laconica, racchiusa in due soli versi in cui la scelta dei termini risulta decisiva: «pecher», «gelee» e «queue». Le tre parole chiave rendono inequivocabile il riferimento all'episodio della «pêche à la queue».

Sempre nella confessione, Renart accenna all'avventura con il gatto Tibert, narrata poco prima: la missione del gatto Tibert occupa, infatti, i vv. 721-921 della br. I e si compone di tre sequenze principali: l'invio (vv. 721-765), l'incontro con Renart (vv. 766-812), la trappola (vv. 813-921). In breve: Noble incarica il

13. L'intreccio della "pesca con la coda" è noto a svariate tradizioni popolari; in alcune culture il protagonista è l'orso e l'intreccio costituisce la leggenda eziologica sulla forma della sua coda. Nel repertorio ATU corrisponde al tipo 2 «The tail fisher».

gatto di portare a corte la volpe e questo, pur controvoglia,[14] obbedisce; Renart, sentite le motivazioni, promette di seguirlo alla corte, ma Tibert si lamenta per la fame. La volpe lo convince a intrufolarsi nel cortile di un prete, millantando la presenza abbondante di topi. Tibert accetta entusiasta e quando prova a introdursi nel cortile, rimane impigliato nei lacci della trappola che Martinet, figlio della donna del prete, aveva piazzato per difendere le galline dalle incursioni di Renart. Martinet, credendo che nella trappola fosse finalmente caduta la volpe, corre a svegliare sua madre e il prete. I tre, però si trovano di fronte il gatto che, per difendersi dall'attacco, addenta i genitali del prete evirandolo; la donna disperata per la perdita, inizia un compianto accorato. Approfittando della concitazione del momento, Tibert rosicchia il laccio che lo aveva intrappolato e riesce a sfuggire promettendo di vendicarsi di Renart.

Dopo pochi versi, quindi, Renart rievoca l'episodio nella confessione:

> 'Je fis Tybert chaoir es *laz*,
> Qant il cuida mengier les *raz*'
> (vv. 1073-1074)

Anche qui le parole chiave «laz» e «raz» individuano immediatamente la fonte dell'allusione: il gatto, volendo catturare i topi, è caduto nel laccio.

Pur ammettendo l'intenzionalità della sua azione «Je fis» ecc.,[15] la volpe sposta l'attenzione sull'altra parola chiave, «raz», allo scopo di attenuare la propria responsabilità e insistere sul dettaglio dei topi, simbolo della golosità del gatto.

La trappola del gatto Tibert è un esempio interessante per l'indagine delle modalità allusive poiché, in una stessa *branche*, è raccontata estesamente (vv. 721-921), sintetizzata in soli due versi nell'allusione semplice appena vista (vv. 1073-1074) e rinarrata dalla volpe poco dopo secondo una prospettiva diversa (vv. 1249-1252). Qui Renart sta cercando di discolparsi dalle accuse ed espone la sua versione dei fatti alla corte; si tratta quindi di una "rinarrazione":

> Se misire Tybert li *chaz*
> Manja les soris et les *raz*
> Quant en le prist et li fist honte,
> Por le cuer be a moi qu'en monte?
> (vv. 1249-1252)

In questa rilettura dell'episodio, una delle parole chiave, «laz», è stata omessa. Renart non accenna minimamente alla presenza di una trappola, ma dice che Tibert «manja les soris et les raz», inventando così una versione diversa dell'accaduto e spostando l'attenzione sulle colpe del gatto.

14. Il gatto Tibert ha infatti un rapporto ambiguo con Renart che va dalla complicità all'amicizia, alla rivalità. Tra tutti i personaggi del *Roman*, Tibert si può definire l'unico all'altezza del suo rivale e pertanto tra il gatto e la volpe non c'è mai un vincitore assoluto.

15. Anche per l'episodio della «peche à la queue», Renart ammette la propria responsabilità attraverso l'espressione: «Gel fis» (v. 1057).

La stessa tecnica di spostamento dell'oggetto, era stata utilizzata da Renart per rinarrare l'avventura in cui aveva coinvolto l'orso Brun:

'Se Bruns manja li miel Lanfroi
Et li vilein le ledenja,
Et il por qoi ne s'en venja?'
(vv. 1244-1246)

L'ambasciata dell'orso occupa i vv. 433-720 e la trappola è raccontata a partire dal v. 497: «Or se conmence a porpenser / Con se porra vers lui tenser». Renart, per evitare di recarsi a corte, escogita un inganno e fa credere all'orso che nel tronco di una quercia ci sia del miele che potrà facilmente mangiare. L'orso si fa convincere e rimane intrappolato nella fessura dell'albero dopo che la volpe ha sfilato il cuneo di legno. Anche in questo caso Renart omette il tema principale della storia, ovvero il tranello, per concentrarsi sul dettaglio, nuovamente falso, dell'orso che mangia il miele.

Vale la pena aprire una parentesi e uscire momentaneamente dalla br. I per addentrarci in un tortuoso percorso intertestuale esemplificativo della complessità del problema. La disavventura dell'orso Brun è raccontata ancora una volta nella br. Va, in quello che viene definito dal narratore stesso, per bocca dell'orso, un conte bref (v. 608). Ci troviamo al processo contro Renart accusato da più fronti: Brun sta tenendo il suo discorso d'accusa e vuole raccontare la sua disavventura personale con Renart; inizia così un racconto incentrato sulla promessa di miele che la volpe fa a Brun per convincerlo ad accompagnarlo nel cortile di Constant des Noes.[16] Una volta dentro, le galline iniziano a starnazzare attirando l'attenzione di Constant che sguinzaglia i propri cani contro Brun; l'orso diventa protagonista di una cruenta battaglia contro i cani e i contadini, mentre Renart se la svigna. Si tratta di una storia di cui non conserviamo testimonianza o, almeno, non nei termini in cui Brun espone i fatti. Eppure il cortile di Constant des Noes era stato il teatro di un'altra avventura: la cattura del gallo Chantecler raccontata ai vv. 23-468 della br. II. L'impressione è che nel *conte bref* del testimone Brun si siano sovrapposti due intrecci diversi in un'unica avventura: l'incursione nel cortile di Constant des Noes in cui Renart cattura il gallo (e l'orso non compare tra i personaggi coinvolti) e la falsa promessa di miele (raccontata invece nella br. I e avente per protagonisti Brun e Renart). Ora, se accettiamo la teoria che le br. II-Va costituiscono il poema originario sulla volpe composto da Pierre de Saint-Cloud,[17] dobbiamo ammettere che Pierre, nella seconda parte del suo poema, alluda per tramite dell'orso Brun a un episodio raccontato nella prima parte. Il che non sarebbe affatto strano se non fosse che l'orso nella sua testimonianza contamina due storie differenti, quella della trappola del miele e quella del cortile

16. Lo stesso contadino che nella br. II compare come padrone della famiglia di Chantecler e Pinte.

17. Si tenga presente che la presenza di Constant des Noes è stata considerata uno degli indizi forti della teoria dell'unità originaria delle br. II-Va.

di Constant, riconosciuta come uno degli episodi più importanti e attribuita a Pierre stesso.

Per chiarire: Pierre de Saint-Cloud scrive l'avventura ambientata nel cortile di Constant des Noes in cui Renart irrompe, cattura il gallo Chantecler e poi se lo fa sfuggire (br. II, vv. 23-468). Di seguito narra le avventure della cincia (vv. 469-664), di Tibert (vv. 665-842), del corvo Tiecelin (vv. 843-1026), e il cosiddetto «viol d'Hersent» (vv. 1027-1396). Dopodiché Pierre racconta il processo alla volpe (siamo ormai nel testo della br. Va) in cui uno dei testimoni, Brun appunto, narra una storia che non assomiglia precisamente né all'avventura del miele e del cuneo (raccontata nella br. I) né a quella ambientata nel cortile di Constant (e scritta un migliaio di versi prima dallo stesso Pierre!). Il fatto è curioso e, anche se non si vuole qui mettere in discussione la tesi del poema unico di Pierre de Saint-Cloud, questo esempio è rappresentativo della complessità dei fatti e invita, a mio parere, a usare una maggiore cautela verso indizi che troppo spesso sono trattati come prove.

Torniamo alla br. I e agli esempi di rinarrazioni da parte di altri personaggi: durante l'udienza, Ysengrin presenta la sua querela alla corte raccontando l'episodio dello stupro di Hersent.[18] Le parole del lupo descrivono la scena con particolare insistenza sulla violenza usata dalla volpe nei confronti della lupa; quest'ultima risulta, dal resoconto di Ysengrin, una povera vittima:

Et dit au roi 'baux gentix sire,
Car me fai droit de l'avoutire
Que Renart fist a m'espossee
Dame Hersent, quant l'ot serree
A Malpertuis en son repere,
Quant il a force li volt faire,
Et conpissa toz mes lovaux'
(vv. 29-35)

L'episodio è ricordato due volte da Renart in due contesti differenti: la prima all'interno della confessione a Grimbert:

'Sire, g'ai este entechez
De Hersent la feme Ysengrin.
Mes je vos en dirai la fin.
Ele en fu a droit mescreüe
Que voirement l'a je fotue.
Or m'en repent, dex moie corpe!'
(vv. 1030-1035)

La volpe ammette di aver stuprato la lupa con un atteggiamento conforme a quello che abbiamo visto per gli altri peccati confessati e dichiara di essersi pentito.

18. L'episodio in questione, narrato nella br. II, rappresenta l'origine dell'inimicizia tra i due personaggi principali del *Roman de Renart* e dunque è quello più citato e rinarrato nel testo: ho contato circa una quarantina di allusioni all'episodio.

La versione dei fatti cambia notevolmente quando Renart deve raccontare lo stesso episodio alla corte per discolparsi:

'D'Ysengrin ne sa ge que dire:
Que il n'a mie tort del dire
Que j'avoie sa feme amee.
Et quant ele ne s'est chamee,
Sui ge lecheres de m'amie?
Li fox jalox en a envie'
(vv. 1253-1258)

Nel suo resoconto, la volpe ha «amee» la lupa, non l'ha presa «a force» o «fotue»; il lupo non è una vittima, ma un folle geloso e invidioso. Le tre versioni dello stesso fatto assumono contorni molto diversi a seconda di chi rinarra la scena e in base allo scopo che il "relatore" vuole ottenere: Ysengrin è andato di fronte al re per lamentarsi del comportamento di Renart e chiedere giustizia, mentre la volpe, nel primo caso sta cercando di ottenere l'assoluzione e nel secondo di negare i propri peccati. Nel discorso di difesa, la volpe minimizza i fatti ribaltando i ruoli dei protagonisti: la lupa non è una vittima della sua violenza, ma un'amante consenziente, così come Ysengrin non è il marito umiliato, ma un folle geloso che per capricci personali si permette di disturbare la corte. A complicare le cose c'è il fatto che nella br. II non si racconta di uno stupro, ma di un rapporto sessuale seguito dal gesto della volpe che orina sui lupacchiotti. Pertanto, se la fonte delle allusioni fossero i vv. 1027-1396 della br. II, in fondo Renart non avrebbe mentito dicendo che non si trattò di violenza, ma di un normale rapporto sessuale. È probabile, tuttavia, che circolassero oralmente diverse versioni della storia ed è significativo che sia gli autori delle *branches*, sia noi lettori moderni designiamo l'episodio con il titolo «viol d'Hersent» anche se la violenza sessuale non si trova in nessuna *branche* conservata.

I frammenti finora visti e classificati in base alla distinzione tra allusioni semplici e rinarrazioni possono essere considerati anche esempi di "allusioni interne" (episodio del gatto Tibert e dell'orso Brun) e "allusioni esterne" (episodio della pesca nel ghiaccio e dello stupro di Hersent).

Mancano pertanto le due categorie di "allusioni non pertinenti" e "allusioni a episodi non attestati". Nel corso della confessione, Renart ricorda di seguito gli inganni perpetrati ai danni di Ysengrin: il primo è quello che abbiamo già visto, cioè il «viol d'Hersent»; dopodiché la volpe dice: «Trois foiz l'ai fet metre en prison, / Si vos dirai en queil manere» (vv. 1040-1041) e fa l'elenco di sei avventure:

1) Renart spinge il lupo in una trappola; qui è trovato e maltrattato da qualcuno:

'Gel fis chaoir en la lovere
La ou il enporta l'agnel.
La ot il bien batu la pel:
Qu'il prist cent cox de livroison
Ains qu'il partist de la meson'
(vv. 1042-1046)

2) Renart fa cadere il lupo in un'altra trappola; e questa volta è malmenato da tre pastori:

> 'Gel fis el braion enbraier
> Ou le troverent trois bercher,
> Sil batirent con asne a pont'
> (vv. 1047-1049)

3) Renart spinge il lupo a mangiare tre prosciutti; Ysengrin ingrassa a tal punto da non riuscire a passare nel buco da cui si era intrufolato:[19]

> 'Trois bacons avoit en un mont
> Ches un prodome en un larder:
> De cous li fis ge tant manger.
> N'en pot issir, tant fu ventrez,
> Par la u il estoit entres'
> (vv. 1050-1054)

4) Renart convince il lupo a pescare in uno specchio d'acqua facendogli credere che sul fondo ci sia un formaggio:

> 'Gel fis pecher en la fonteine
> Par nuit, quant la lune estoit plene.
> De l'ombre de la blance image
> Quida de voir, ce fust furmage'
> (vv. 1057-1060)

5) Renart inganna il lupo davanti al carretto delle platesse:

> 'Et si refu par moi traïz
> Devant la charete as plaïz'
> (vv. 1061-1062)

6) Renart convince Ysengrin a farsi monaco:

> 'Par fine force de barat
> Li fis je tant qu'il devint moines,
> Puis dit qu'il volt estre chanoines
> Qant en li vit la char manger'
> (vv. 1064-1067)

Di questi sei episodi, i primi due ci sono sconosciuti e si tratta quindi di allusioni a episodi non attestati dalla tradizione.

Il terzo brano allude all'avventura dei tre prosciutti: la storia è nota perché raccontata per esteso nella br. XIV (vv. 630-813)[20] con una differenza importante: la vittima nella br. XIV non è Ysengrin, bensì suo fratello Primaut.

19. L'intreccio si trova nel repertorio ATU al numero 41: «The wolf overeats in the cellar» ed è documentato per la prima volta in una favola di Esopo.

20. «Tant manga Primaus des bacons / Qu'il fu ausi gros conme lons» (br. XIV, vv. 696-697).

La pesca di notte nello specchio d'acqua per il riflesso della luna scambiato per un formaggio non è narrata in alcuna *branche* del *Roman de Renart*, ma ripete un intreccio diffuso nella favolistica animale[21] e attestato per esempio nella *Disciplina Clericalis* (n. 23) e nelle *Fables* (n. 58) di Maria di Francia.[22]

Il quinto brano allude a una carretta delle platesse. L'avventura della carretta dei pesci è narrata nella br. III quando Renart, fingendosi morto, si fa caricare dai mercanti sul carro pieno di aringhe (e non di platesse) per divorarne alcune e poi scappare. Il racconto non menziona alcun tradimento ai danni di Ysengrin che interviene solo nella seconda parte del *récit*. Nella br. XIV, invece, troviamo qualcosa di più pertinente all'allusione: la volpe racconta a Primaut di aver mangiato aringhe in abbondanza grazie allo stratagemma della finta morte; il lupo prova a ripetere lo stesso trucco, ma la sua messinscena non riesce e i mercanti, accortisi che il lupo è ancora vivo, prendono a malmenarlo. Il brano quindi non allude a nessuna delle due *branches* direttamente, ma rimanda a un episodio della saga renardiana di cui le br. III e XIV rappresentano diverse realizzazioni.[23]

L'ultimo brano sembra riferirsi al «Moniage Ysengrin», episodio raccontato sempre nella br. III in cui il lupo, attirato dal profumo dell'arrosto (delle aringhe rubate alla carretta dei mercanti e non della carne, come si dice in questi versi), vuole farsi invitare a cena da Renart. Questi però, «par fine force de barat», gli dice che per prendere parte al ricco banchetto, deve diventare monaco, non prima di essersi sottoposto alle prove di iniziazione come la tonsura e la pesca nel ghiaccio.

Si potrebbe aggiungere a questi anche il v. 1079 «Quant li os fu devant mon crues».

Con gli esempi appena visti abbiamo affrontato lo studio delle pratiche allusive partendo dal testo di un'unica *branche.* Può essere utile incrociare questo tipo di analisi con un altro che privilegi non un testo particolare, ma un episodio singolo per vedere come gli autori, nei diversi testi, rileggono e riscrivono l'avventura.

La *ruse* di Renart e Tibert e della trappola di Martinet (br. I, vv. 721-921) si presta bene a questo tipo d'indagine, poiché l'episodio è oggetto di almeno otto allusioni: si va dalla breve didascalia del narratore esaurita in un paio di versi

21. Per la discussione sull'oggetto di questa allusione, si veda Sudre, *Les sources,* pp. 231-236, in cui, tramite la comparazione con il *Reinhart Fuchs* e il *Raeinaert*, Sudre ricostruisce la forma originaria dell'intreccio. Le fonti sono molteplici sia scritte che orali. Nel *Roman de Renart* l'avventura è presente in due versioni nel ms. H (Paris, Bibliothèque de l'Arsenal, 3334).

22. Nella *fable* di Maria è una volpe che confonde il riflesso della luna nell'acqua con un formaggio (cfr. Marie de France, *Fables,* pp. 236-238) crede di vedere una forma di formaggio nell'acqua. Cfr. anche il repertorio ATU, tipo 34*: «The wolf* dives into the water for reflected cheese».

23. Lo svolgimento dei fatti della br. XIV corrisponde al tipo tradizionale 1 del repertorio ATU: «A fox lies in the road pretending to be dead. A fisherman throws him on his wagon which is full of fish. The fox throws the fish out of the wagon and jumps down after them. A wolf tries to imitate this and pretendeds to be dead, too. The fisherman catches him and beats him».

(allusione semplice), a rinarrazioni più o meno estese affidate ai discorsi dei personaggi. L'unica allusione del narratore si trova nella br. X:

Lors se leva Tybers li *chaz*
Que Renart fist ja prendre au *laz*'
(vv. 1467-1468)

Si noti come il narratore, per connotare il personaggio Tibert ricorra alle parole chiave della *ruse* originaria, quella, appunto, del *laz*. In cinque delle sei allusioni all'episodio del gatto sono presenti almeno due delle tre parole rima *chaz*, *raz* e *laz*, parole che assumono la forza evocativa di un titolo. Abbiamo già visto i cenni lapidari di Renart all'episodio durante la confessione nella br. I:

'Je fis Tybert chaoir es *laz*,
Qant il cuida mengier les *raz*'
(vv. 1073-1074)

cui seguono le parole di discolpa dello stesso Renart di fronte al consiglio dei baroni:

'Se misire Tybert li *chaz*
Manja les soris et les *raz*
Quant en le prist et li fist honte,
Por le cuer be a moi qu'en monte?'
(vv. 1249-1252)

Nella br. I, mentre i baroni assediano la tana di Renart, questi salito sulla torre inizia a elencare in tono canzonatorio alcune delle sue malefatte. Tra queste, la volpe ricorda la trappola tesa al gatto:

'Et vos, sire Tyberz li *chaz*,
Ge vos fis cheoir en mes *laz*.
Ainz qu'ississiez de la prison,
Eüstes vos tel livroison:
Tex cent cous quit que vos oüstes
Que vin ne eve n'i boüstes'
(vv. 1657-1662)

Renart addirittura si vanta di aver fatto cadere nel laccio il gatto.

Nella br. VI, è il re Noble ad accennare all'episodio esponendo le motivazioni della condanna a morte di Renart:

'Et por ce que Tyberz li *chaz*
Par ton engin fu pris au *laz*'
(vv. 101-102)

Poche decine di versi dopo, il re rinarra estesamente l'episodio della missione del gatto Tibert (vv. 157-230). Il brano è molto interessante sia per alcuni particolari aggiunti sia per i dettagli dell'azione lievemente variati: le aggiunte riguardano principalmente i commenti personali sui personaggi. Nel discorso del re, Renart è sempre connotato negativamente grazie ad alcuni epiteti, quali:

'Renars qui scet de fauve anesse
Et de mainte fausse promesse'
(vv. 161-162)

'Renars qui sot de mainte guile'
(v. 168)

Nella "riscrittura" dell'episodio, Noble si pone come narratore extradiegetico e onnisciente e interpreta i pensieri del gatto che si considerò un folle per aver creduto alle parole di Renart:

'Tybert cuida que voir deïst.
De grant folie s'entremist:
Car au partir se tint pour fol'
(vv. 179-181)

Quello che interessa al re in questo momento è mettere in risalto la buona fede del gatto in contrasto con le parole ingannatrici di Renart.

Il racconto di Noble non è un fedele resoconto dell'avventura narrata nella br. I, ma appunto una riscrittura: cambiano alcuni dettagli ed è difficile sapere se l'autore della br. VI alludesse alla scena del *laz* della br. I o a un'altra versione della storia. Alcuni dettagli rimandano alla fonte nota, altri invece sembrano riferirsi a una versione differente, ma è possibile che l'autore, ispirandosi al testo della br. I, abbia intenzionalmente riscritto l'avventura. Le differenze riguardano sia il numero e l'identità dei personaggi coinvolti nell'azione, sia la successione degli eventi. Noble infatti lascia intendere che i padroni di casa siano due, anche se nel testo non è chiaro:

Quant oient qu'il i ot prison,
L'un porte un pel, l'autre un baston
(vv. 187-188)

I due aggressori sono armati di un palo e un bastone, mentre nella br. I, la madre di Martinet accorre portando la conocchia e non si accenna alle armi degli altri due. Nel racconto di Noble, i due (non si fanno i nomi) tempestano di colpi il gatto e uno di questi colpi va a recidere il laccio che teneva imprigionato Tibert, liberandolo così dalla trappola:

Tybert batent et donnent cous,
Li *laz* ront ou tenoit li cous
(vv. 191-192)

L'autore della br. VI inserisce nella sua riscrittura il motivo del colpo mancato, assente invece nella br. I e stravolge così la successione degli eventi. Infatti nella br. I, Tibert, dopo aver evirato il prete, approfitta della concitazione del momento per rosicchiare il laccio della trappola e liberarsi:

Tybert s'en eschape li *chaz*,
Qu'il ot as denz mangiez les *laz*
(vv. 885-886)

Nella ricostruzione di Noble (br. VI), invece, si dice che il prete, sbagliando mira, recide il laccio liberando Tibert; solo dopo, quando il gatto è ormai a terra, addenta i genitali del prete:

Des que Tybers se sent a terre,
Les grenons dresce et les dens serre.
(vv. 193-194)

La successione causale-temporale del racconto di Noble nella br. VI è quindi diversa da quella della br. I. Il dato è ancor più interessante perché la variante principale è dovuta all'inserzione di un motivo ricorrente, quello del colpo mancato.

Nella parte finale del racconto di Noble, si riporta in discorso diretto il compianto della *prestresse* per la perdita dei genitali del prete. L'autore indugia per diciassette versi (vv. 207-224) sulle esclamazioni della donna: «Missire a perdue ma joie» (v. 211), «Que il a perdue l'ambleüre» (v. 214), ecc., con un compiacimento malizioso per i dettagli più osceni del compianto, amplificando una scena che invece nella br. I era stata descritta in soli quattro versi piuttosto generici:

Quant la feme vit sa grant perte,
Lors par fu sa dolor aperte.
Trois fois s'est chaitive clamee,
A la quarte chaï pammee
(vv. 879-882)

Un altro particolare che differenzia le due versioni dei fatti è il personaggio di Martinet, figlio della donna del prete; questi aveva giocato un ruolo importante nella br. I perché era stato proprio lui ad accorgersi del gatto in trappola ed era corso a svegliare sua madre e il prete: «Qar Martinez li clercons saut. / 'Or sus, or sus' fet il, 'bel pere! / Aïde, aïde, bele mere!» (vv. 860-862), mentre nella br. VI, Martinet non è mai menzionato.

Le differenze tra lo svolgimento dei fatti narrati nella br. I e i riferimenti a questi nella br. VI, sono casi esemplari delle pratiche allusive del *Roman de Renart*; i rimandi non paiono riferirsi ai testi direttamente, quanto piuttosto a episodi noti della biografia volpina di cui alcune *branches* conservano tracce più evidenti, senza per questo rappresentarne la testimonianza unica e primitiva. Nel caso appena visto è difficile capire se l'autore della br. VI avesse in mente una versione non attestata dell'episodio o abbia voluto riscrivere a suo modo un episodio noto e tramandato dalla br. I. Le tante fasi della storia renardiana nei suoi diversi momenti di composizione, circolazione e conservazione, si confondono e si sovrappongono tra loro in una compagine confusa ed eterogenea che impedisce di metterne a fuoco i contorni. I testi che leggiamo conservano le spie di questo processo composito, che si sviluppa nei secoli e vive della pluralità degli apporti autoriali.

Nella br. XXIII, l'episodio del gatto Tibert è rievocato due volte: prima dal re Noble e poi dalla vittima stessa, nel contesto comune della «quête de justice»:

'A vos tramis Tybert le *chat*.
Molt se plaint de vostre barat.
Par vos fu il au *laz* penduz
Que ne sai ou estoit tenduz.
Encore en est toz corrouciez'
(vv. 501-505)

Nelle parole di Noble è intenzionalmente omesso il riferimento ai «raz», mentre troviamo le altre due parole «chat» e «laz».

Anche Tibert, nella sua testimonianza evita astutamente ogni menzione ai «raz» in modo da spostare tutta l'attenzione sul «laz» e negare la sua parte di responsabilità nell'accaduto.

'Sire' ce dist Tybert au roi,
'Molt par fist Renart grant desroi,
S'il savoit la descovenance,
La ou me fist la mesestance:
Que par son conseil i alai,
Ou trou conme fox avalai
Ou je fui pris au *laz* corant.
Mes le prestre lessai coustant.
Sanz m'envie se degratoit
Et sa putain, qui me batoit'
(vv. 519-528)

La testimonianza diretta di Tibert ricostruisce sinteticamente lo svolgimento della scena: il gatto va nella casa del prete su "consiglio" di Renart, come uno sciocco viene preso nel laccio, ma poi si vendica mutilando il prete.

Ricapitolando: la missione del gatto Tibert è narrata nella br. I in duecento versi, un narratore vi allude nella br. X; l'episodio è rievocato sette volte dai personaggi: tre volte da Renart, tre da Noble e una da Tibert. Quindi complessivamente ci sono otto allusioni all'episodio di cui due interne alla br. I e sei esterne: una nella br. Ia, due nella VI, una nella X e due nella XXIII.

Le rinarrazioni dell'episodio della trappola a Tibert mostrano un evidente parallelismo con le rievocazioni dell'episodio di Brun. Ai versi 433-720 della br. I si narra di come Renart convinca il ghiotto orso – anche lui incaricato da Noble di condurre la volpe a corte, come era stato per Tibert – a ficcare il muso nel tronco di una quercia dopo avergli fatto credere di potervi trovare del miele.

L'orso rimane incastrato nel tronco e riesce a stento a salvarsi dall'aggressione di alcuni guardaboschi accorsi. Non ci sono nel *Roman* allusioni semplici dei narratori a questa avventura, ma solo rievocazioni da parte dei personaggi. Queste si trovano nelle stesse *branches* (I, Ia, VI e XXIII) che riportavano le allusioni alla trappola di Tibert e presentano profonde affinità nelle modalità allusive. Abbiamo già visto il brano della br. I in cui si rimanda all'episodio:

Se Bruns manja li *miel* Lanfroi
Et li vileins le ledenja,

Et il por qoi ne s'en venja?
(vv. 1244-1246)

Nella br. Ia, quando Renart dall'alto del suo castello sta ripercorrendo tutte le malefatte della sua vita per prendersi gioco dei baroni che lo assediavano, si rivolge all'orso Brun con parole simili a quelle usate per sbeffeggiare Tibert:

'Et vos, misire Brun li ors,
Ge vos fis ja prendre tel cors,
Quant voussistes le *miel* manger,
Bien vos i quidai demacher:
Vos i laissastes les oreilles
Si que tuit virent les merveilles'
(vv. 1663-1668)

Si noti come nelle allusioni che Renart fa all'episodio non manca mai il riferimento al «miel», mentre nei brani seguenti, quando a parlare sono Noble e Brun, il particolare del miele scompare per fare spazio alla parola «cuign» (cioè il cuneo di legno che Renart sfila dal tronco), che indica la trappola e ha la stessa funzione che il «laz» aveva nell'avventura di Tibert.

Nella br. VI, Noble prima accenna all'episodio in due versi:

'Et Bruns li ors par mi le groing
El cesne dont ostas le *cuing*
(vv. 103-104)

e poi, come abbiamo visto per la trappola di Tibert, rinarra la disavventura di Brun. La ricostruzione segue grossomodo la sequenza delle azioni della br. I. Alcuni dettagli sono però variati: Noble parla di «vingt et deux» (v. 265) guardaboschi che attaccano l'orso, ma non menziona Lanfroi, quello che invece nella br. I trova Brun intrappolato («Atant es vos a cez paroles / Sire Lanfroi le forestier», vv. 624-625) e corre a chiamare rinforzi.

Inoltre, nel resoconto di Noble, la presa in giro[24] di Renart all'orso è amplificata e racchiusa in un discorso diretto (vv. 245-256) in cui la volpe tranquillizza ironicamente Brun dicendogli di non preoccuparsi, che può mangiare tutto il miele che desidera, lui non ne reclamerà la minima parte. Nella br. I, invece, Renart prende in giro l'orso rimproverandolo di aver mangiato tutto il miele senza dargliene neanche un po': «voles vos estre / Que roge caperon portes?».

La br. VI, come si può notare, manifesta una spiccata inclinazione alla narrazione mimetica; il *récit* si articola in una fitta successione di discorsi diretti dei personaggi. Nella prima parte, Noble, da personaggio, si fa narratore-drammaturgo e ripercorre i fatti accaduti a Tibert e Brun compiacendosi della ricostruzione dei fatti e della riproduzione dei dialoghi degli attori. I resoconti delle altre disavventure si limitano invece al racconto sintetico del narratore-Noble.

24. Si noti che anche in questa occasione, le differenze rispetto alla fonte si devono all'inserzione o dilatazione di motivi narrativi.

Nella br. XXIII, Brun presenta una richiesta, parallelamente a quella che avanzerà Tibert pochi versi dopo,[25] chiedendo al re che lo vendichi per il torto subito dalla volpe durante la missione. Le parole dell'orso si mantengono sul generico e non rievocano direttamente la trappola del miele:

'S'il vos plest, sire, or me vengiez
De ce que se fu ledengiez,
Quant m'envoiastes por Renart
A Malpertuis a son essart.
Par lui fui ge tel conreez
Con vos veïstes et veez'
(vv. 343-348)

Sempre nella br. XXIII, durante il consiglio dei baroni, il leopardo prende la parola per proporre di rimettere al re la decisione sulla condanna di Renart per la trappola tesa a Brun:

'De Brun, qui de Renart se plaint,
Molt le veïsmes pale et taint:
Il li met sus qu'il le trahi
Au tronc, quant il li mescheï,
Ou sire Renart le mena'
(vv. 781-785)

2. *Allusioni e cronologia delle* branches

Sarebbero sufficienti questi esempi per capire quanto la rete di connessioni interne nel *Roman de Renart* sia fitta e inestricabile, e rifletta la sedimentazione dei molteplici strati tradizionali dell'opera renardiana. Ciononostante molti illustri studiosi si sono basati sulle allusioni per ricostruire la cronologia relativa delle *branches*. Già Martin, per esempio, nelle sue *Observations*, data la br. XVII in base alle allusioni che vi si trovano ai testi delle br. I, Ia, VI, VII, VIII, XIV, X, XI e XVI.[26] Lucien Foulet, dopo aver datato le br. II, IV, I, VI, XII, VII, IX e XVII sulla base di indizi esterni,[27] scrive:

> Nous savons que nos branches se citent volontiers les une les autres. Pourquoi ne pas tabler sur ces citations? Toute branche qui citera II par exemple et sera à son tour citée par I doit naturellement se placer entre 1165-1170 et 1179.[28]

Pur riconoscendo che è difficile determinare sempre con certezza la fonte delle citazioni, Foulet menziona alcuni riferimenti alle br. II, III, IV, Va e XIV contenuti nel testo della br. I. Avendo datato quest'ultima al 1179 (1184?), dedu-

25. Abbiamo già visto il brano nelle pagine precedenti.
26. Cfr. Martin, *Observations*, p. 90.
27. Cfr. Foulet, *Le Roman de Renard*, pp. 100-113.
28. Ivi, p. 116.

ce che le br. II, III, IV, Va e XIV le sono antecedenti.[29] Tuttavia, come abbiamo appena visto, i brani della br. I a cui si riferisce Foulet contengono riferimenti che non sono sempre direttamente collegati ai testi delle br. II, III, IV, Va e XIV. Senza mettere in discussione le sue conclusioni sulle date di composizione delle *branches*, mi è parso però che, talora, la critica abbia fatto troppo affidamento sul sistema di citazioni intertestuali.

Così, ancora nel 2011, François Zufferey propone una nuova ricostruzione della cronologia relativa del *Renart* basandosi, ancora una volta e in modo molto più decisivo, sulle allusioni. Ciò che colpisce di più è che in alcuni casi le nuove datazioni si basano non direttamente sui testi delle *branches*, ma sulla presupposizione che le suddette siano riscritture di *branches* non attestate dalla tradizione manoscritta. Quindi, per esempio, per giustificare un'allusione che la br. I (datata da Zufferey tra il 1187 e il 1189) fa a un episodio della br. Ia (datata al 1194-1195), ipotizza l'esistenza di un'appendice della br. Va (1185) di cui non conserviamo alcuna traccia e nella quale si raccontava l'assedio alla tana della volpe. Secondo Zufferey dunque, l'allusione conenuta nella br. I ai vv. 1079-1084, si riferisce all'episodio narrato nell'ipotetica appendice della br. Va e non a quello raccontato dalla br. Ia. A sostegno di questa complessa ricostruzione, Zufferey fornisce una prova che, a mio avviso, è troppo labile per giustificare una serie così articolata di accidenti: al v. 1079 della br. I, Renart dice «Quant li os fu devant mon crues» riferendosi alla sua tana con il termine *crues*. In questa scelta terminologica va intravista una indicazione importante e cioè che la tana della volpe era ancora chiamata Malacrues e non già Malpertuis come sarà nelle *branches* successive al primo poema.[30]

Sempre nella br. I si menziona l'episodio della «pêche à la queue», quello in cui Renart convince il lupo a pescare nel lago ghiacciato. Nei versi 1055-1056 («Gel fis pecher en la gelee / Tant qu'il out la queue engelee») manca il riferimento al secchio, come annota tra parentesi anche Zufferey. Il dettaglio non è secondario perché, secondo Léopold Sudre,[31] la menzione del secchio distingue una tradizione diversa del racconto: solo nella br. III e nella versione del *Reinhart Fuchs*, Ysengrin pesca nel ghiaccio con un secchio attaccato alla coda. In altri testi (*Ysengrimus*, favola di Eudes de Cheriton) il lupo pesca direttamente con la coda nel lago. Dunque il riferimento che l'autore della br. I fa all'episodio della pesca nel ghiaccio non è riconducibile alla br. III, ma a una tradizione diversa, attestata anche altrove, e quindi non è significativo ai fini della datazione.

29. *Ibidem*.

30. Cfr. Zufferey, *Genèse et tradition*, p. 143: «Même si aucun témoin n'offre la leçon *devant Malcrués,* la désignation de la tanière de Renart par *mon crués* est assez évocatrice: il devait s'agir d'une appendice à la branche Va, où Isengrin rassemblait une armée pour faire le siège de Maucreux». Tuttavia, la parola *crues* designa nel *Roman de Renart* una tana o un rifugio generico e ricorre altre volte nel testo (non sempre riferito al rifugio della volpe): br. I, v. 1580; br. Va, v. 1249; br. VI, v. 304; br. IX, vv. 450 e 453; br. XII, v. 174; br. XV, v. 263.

31. Sudre, *Les sources*, pp. 159-179.

In altri casi i testi contraddicono decisamente la ricostruzione di Zufferey, ma questi si limita ad annotare le incongruenze senza commentarle.[32] Con questo non si intende mettere in discussione le conclusioni cui giunge lo studioso, che peraltro non rientrano nell'argomento precipuo del presente studio, quanto piuttosto il metodo utilizzato che talvolta appare troppo legato alle allusioni testuali. Gli oggetti di molte allusioni potrebbero trovarsi all'interno di testi non tramandatici, testi che circolavano oralmente e dei quali è difficile ricostruire la forma. Ci sono altre spie dell'esistenza di *états differents* delle storie sulla volpe, come per esempio le due redazioni della br. IV[33] copiate su uno stesso manoscritto, o la scrittura plurale di episodi fondanti della biografia di Renart, come il processo raccontato da almeno tre autori diversi nelle br. I, VI e XXIII. Questi fatti ci mettono in guardia, a mio avviso, dal considerare il *Roman de Renart* un'opera che possiamo leggere integralmente nei manoscritti. Molto è andato perduto per sempre pur lasciando tracce visibili nei testi conservati. L'individuazione di queste tracce può aiutarci a capire il testo che leggiamo, ma non può restituirci una tradizione complessa come quella del *Roman de Renart* nella sua precisa cronologia.

Oltre all'evidente stratificazione della tradizione renardiana e la molteplicità ed eterogeneità delle fonti, altre questioni rendono arduo il compito di ricostruire la genesi del *Roman de Renart*: la sua conservazione in codici antologici tardi e i meccanismi stessi della scrittura poligrafica.

Come abbiamo avuto modo di vedere negli esempi sopra, anche le allusioni definite esterne in virtù di legami con altri *récits* attestati, non presentano l'evidenza inequivocabile di una dipendenza diretta dai testi cui alludono. L'esistenza di molte di queste allusioni può essere spiegata ricorrendo a una presupposta tradizione orale condivisa (o a testi scritti non confluiti nelle antologie), il che giustificherebbe anche le numerose incongruenze delle rinarrazioni di alcuni episodi. A questo proposito è utile ricordare un passo dell'introduzione al volume di Anthony Lodge e Kenneth Varty:

> The intertextual references in the different parts the *Roman de Renart* do not provide strong evidence about unity of authorship, but they certainly attes the development among the public of a stock of "common knowledge" about the fictional history (or life) of *Renart le goupil*.[34]

Sostenere che l'autore della br. I avesse sotto gli occhi i testi di tutte le *branches* a cui allude, sarebbe difficile da dimostrare a maggior ragione dopo aver constatato la non pertinenza di alcune allusioni. I livelli sono molti e diversi: ci

32. Per esempio, nel caso della sostituzione di un animale con un altro, Zufferey scrive: «Phénomène très intéressant à relever: l'épisode II.2 de la mésange tel qu'il est évoqué fait état d'une substitution d'animal, puisque c'est Roussel l'éscureuil qui a pris la place de l'oiseau» (*Genèse et tradition*, p. 151).

33. Cfr. *infra*, cap. 4, § 1.1.

34. Lodge, Varty, *The earliest branches*, p. XXIX.

sono la storia, il racconto, il testo e il testo nelle raccolte. È impossibile determinare con sufficiente sicurezza quale di questi livelli sia l'oggetto dell'allusione.

Un caso esemplare è rappresentato dalla scena della strage nel pollaio, uno degli episodi più citati nel *Roman de Renart*. Nella br. I, la gallina Pinte, suo marito Chantecler, Noire, Blanche e Rossete si recano a corte portando le spoglie di Coupee in una carretta. Secondo la testimonianza di Pinte, Renart ha divorato tutta la sua famiglia, tranne una sorella:

> 'Cinc freres oi tot de mon pere:
> Toz les manja Renart li lere,
> Ce fu grant perte et grant dolors.
> De par ma mere oi cinc serors,
> Que virges poules, que mescines:
> Molt i avoit beles jelines.
> Gonberz del Frenne les passoit,
> Qui de pondre les anguissoit:
> Li las! mal les i encressa.
> Qar ainc Renart ne l'en laissa
> De totes cinc que une soule:
> Totes passerent par sa goule'
> (vv. 307-318)

Lo scenario è il cortile di Gonbert du Frêne,[35] un villano nominato qui, nella br. VII come possessore di una grassa oca e nella br. XXIII come proprietario di Coupee. L'episodio sarà rievocato molte volte come uno dei reati più gravi commessi dalla volpe.

Poco oltre nella *branche*, durante la confessione di Renart al tasso Grimbert, la volpe afferma di aver divorato tutta la famiglia di Pinte:

> De tot le parente Pintein
> Que soulement lui et s'antein
> N'i a remeis coc ni jeline
> Dont je n'aie fet macuisine
> (vv. 1075-1078)

Nella br. VI, durante il processo alla volpe, Noble allude alla strage:

> Dame Pinte se rest clamee,
> Qui est de meinte gent amee,
> De sa seror dame Copee
> Que Renart li a escropee,
> Et cinc mortes de ses serors
> (vv. 315-319)

Noble fa riferimento alle «cinc serors» di Pinte (cfr. br. I, v. 310: «De par ma mere oi cinc serors»), ma non ai cinque fratelli che Renart aveva ugualmente

35. Si ricorderà che nella br. II, invece, Pinte e Chantecler vivevano nel cortile di Constant des Noes.

ammazzato. Inoltre, nella testimonianza della gallina alla br. I, si dice che delle sue cinque sorelle Renart ne aveva lasciata in vita una (v. 317), mentre nel resoconto di Noble (sempre nella br. I), le galline sembrano tutte morte, come nella confessione di Renart (vv. 1075-1078).

Ancora, nella br. XVII, Renart e Coart si recano a corte per chiedere un consiglio al re e trovano la sala gremita di gente:

> En la sale truevent le roi,
> Et ot entor lui tante beste.
> Le jour celebroit une feste
> D'une haute dame honoree,
> La suer Pinte, dame Coupee
> Qui fu ocise en traïson'
> (vv. 152-157)

In questo brano non si accenna ai fratelli e alle sorelle di Pinte, ma si parla solo di Coupee, martire della violenza di Renart. Lo stesso accade nella br. XXIII, quando Chantecler, di fronte al re, accusa Renart:

> 'Sire, sire,' dist Chanteclers
> 'Onques mes cuers ne fu puis clers
> Que morte fu dame Coupee,
> Que Renart dut avoir soupee.
> Por dieu, sire, fetes m'en droit
> Voiant voz homes orendroit
> De l'omicide que il fist
> Quant il dame Coupee ocist'
> (vv. 217-224)

E subito interviene Pinte a confermare:

> 'Voire, sire' ce dist la dame.
> 'Dame diex ait merci de l'ame!
> Au lieu fui ge ou il l'ocist
> Li sire qui grant pechie fist'
> (vv. 229-232)

Renart deve ora discolparsi dall'accusa e dare la sua versione dei fatti. Si rivolge al re spiegandogli che se aveva ucciso Coupee era stato per vendicare un'offesa nei confronti della corte. Quando infatti Noble aveva affidato il regno a Renart,[36] questi aveva chiesto rifugio per una notte nel cortile di Gonbert du Frêne. Il contadino, a detta di Renart, si era rifiutato di ospitare la volpe perché aveva in odio sia lui, sia il re e aveva sguinzagliato i cani per scacciare la volpe dal cortile. Renart non poteva lasciare impunita l'offesa e decise allora di rifarsi sulla gallina che il contadino aveva più cara, Coupee appunto. Il racconto di Renart (vv. 239-320) non accenna agli altri parenti di Pinte, però ambienta la scena nel cortile di Gonbert du Frêne, come nella versione che Pinte aveva dato nella br. I.

36. Accade nella br. XI («Renart emperor»), quando il re parte con il suo esercito per muovere guerra ai pagani e affida il regno a Renart.

Un nuovo cenno alla vicenda si trova poco oltre, quando Noble esorta i baroni a decidere della sorte di Renart:

Aprez jugiez de Chantecler,
Con Renart li doit amender
La mort de ma dame Coupee,
Qui l'autre jor fu enterree
(vv. 391-394)

Anche qui si parla di una sola vittima, Coupee, e si menziona la solenne cerimonia della sua sepoltura, descritta nei particolari nella br. I (vv. 345-432).

Nella br. XXIII, troviamo ancora tre allusioni all'episodio (vv. 740-746, 863-900 e 928-930) e in tutte Coupee risulta essere l'unica vittima di Renart.

Riassumendo: nella br. I, Pinte dice che la volpe aveva divorato i suoi cinque fratelli e quattro delle sue cinque sorelle; sempre nella br. I Renart confessa a Grimbert di aver divorato l'intera famiglia di Pinte; già nella br. VI, Noble omette la menzione dei cinque fratelli di Pinte, ma afferma che Renart ha divorato tutte e cinque le sue sorelle. Nelle sette allusioni successive, i parenti di Pinte scompaiono e Coupee diventa la sola protagonista e vittima dell'episodio. C'è da dire che sin dal primo brano analizzato, Coupee aveva un ruolo preminente essendo anche l'unica, tra i fratelli della gallina, individuata da un nome proprio. Il personaggio, che non compare mai vivo in scena, diventa però la protagonista indiretta di molti episodi: oltre a quelli già visti nelle varie testimonianze, Coupee è la martire per eccellenza di Renart e il luogo della sua sepoltura sarà meta di pellegrinaggi e pretesto per ironizzare sulle pratiche devozionali e sull'ingenuità della gente che pregava sulle reliquie di una gallina confidando nei suoi poteri taumaturgici. Il suo santuario è anche lo scenario del motivo della reliquia-trappola nella br. Ib.[37]

L'episodio è tra i più noti, ha importanti conseguenze narrative e molti autori vi alludono, ma non ci è tramandato da alcun testo. Questo significa o che l'avventura non era mai stata messa per iscritto e circolava sotto forma di *conte* orale o che, dopo aver avuto un'esistenza autonoma, la *branche* non è confluita nelle antologie per motivi che non conosciamo. Un'altra ipotesi avanzata da Lucien Foulet, e a cui si è accennato nelle pagine precedenti, prevede che l'episodio sia stato inventato dall'autore della br. I per giustificare l'arrivo a corte di Pinte e Chantecler.[38]

3. «*S'en est de branche en branche alez*»

Dall'analisi di questi pochi esempi selezionati tra i centoventi casi di allusioni, emerge chiaramente quanto sia difficile orientarsi nell'intertestualità del *Roman de Renart* e individuare con precisione quale sia la fonte delle allusioni.

37. Cfr. *supra*, cap. 1, § 1.6.
38. Foulet, *Le Roman de Renard*, p. 133.

Eppure le connessioni intertestuali sono senza dubbio tra gli aspetti più interessanti del *Roman de Renart* e sono il segno di quell'atteggiamento tipico degli autori medievali interessati a riscrivere (meglio) storie che il pubblico può facilmente riconoscere perché rientrano in un patrimonio condiviso di conoscenze.

Osservando la tabella qui di seguito, ci si accorge di quanto le connessioni intertestuali siano importanti per gli autori del *Roman de Renart* e di quanto influenzino la concezione che abbiamo del testo.

Per capire quanto i rimandi da una *branche* all'altra incidano sulla struttura del *Roman de Renart*, si propone la Tabella 1.

Tabella 1. Sinossi delle allusioni (1)[39]

	I	Ia	Ib	II	III	IV	**V**	Va	**VI**	**VII**	**VIII**	**IX**	X	XI	**XII**	**XIII**	XIV
I	3	1		8	2			1									2
Ia	3			4									1				
Ib	1	1		1													
II				1													
III																	
IV				2													
V																	
Va				10													
VI	3			9	2	1							2				2
VII				3										1			
VIII		1			1												1
IX				1	1	1											
X	1			?													
XI													3				
XII																	
XIII																	
XIV					1												

39. Sull'asse delle ordinate si indicano le *branches* attive (quelle che alludono), mentre sull'asse delle ascisse si indicano le *branches* oggetto di allusioni. Per esempio: la br. I allude 3 volte a se stessa, una volta alla br. Ia, otto volte alla br. II, ecc., mentre la stessa br. I è oggetto di allusioni da parte delle br. I, Ia, Ib, VI, ecc. Naturalmente le allusioni si intendono a tutto il testo della *branche* e non a un episodio particolare, dunque le allusioni alla br. II, per esempio, comprendono i rimandi a tutti gli episodi narrati nella *branche.* Il numero nella casella quantifica appunto le allusioni. Le *branches* in cui non è presente alcuna allusione sono indicate con il carattere grassetto sull'asse delle ordinate; quelle che non sono oggetto di alcuna allusione da parte di altri poeti sono indicate dal grassetto sull'asse delle ascisse. Segnalo con l'uso del corsivo le *branches* che alludono esclusivamente a loro stesse (analessi interne). Alcune *branches* non alludono ad altri *récits* e non sono oggetto di allusioni da parte di altri autori: sono la V, XII, XIII, XX, XXI, XXIV, XXV, XXVI e XXVII.

XV				2	1									1			
XVI				1													
XVII	4			4									1	3			
XVIII																	
XIX																	
XX																	
XXI																	
XXII				1													
XXIII	16			2				3					2	3			
XXIV																	
XXV																	
XXVI																	
XXVII																	

La seconda tabella, relativa alle br. dalla XV alla XXVII, è notevolmente più vuota: solo tre volte gli autori alludono a episodi attestati in questo gruppo. Inoltre si sarà notato che nei casi delle br. XVI e XVII si tratta di allusioni interne (ovvero analessi che non instaurano legami con altri *récits*) e la br. XIX allude alla XVIII, che come si ricorderà faceva parte di un unico poema costituito dalle br. XVIII, XIX e XX: anche in questo caso l'allusione può essere considerata una sorta di analessi interna. In sostanza si può concludere che le br. dalla XV alla XXVII non sono oggetto di alcuna allusione da parte degli autori delle br. dalla I alla XIV.

Tabella 2. Sinossi delle allusioni (2)

	XV	XVI	XVII	XVIII	**XIX**	**XX**	**XXI**	**XXII**	**XXIII**	**XXIV**	**XXV**	**XXVI**
I												
Ia												
Ib												
II												
III												
IV												
V												
Va												
VI												
VII												
VIII												
IX												
X												

XI												
XII												
XIII												
XIV												
XV												
XVI		1										
XVII			1									
XVIII												
XIX				1								
XX												
XXI												
XXII												
XXIII												
XXIV												
XXV												
XXVI												
XXVII												
XXVII												

Le cose sono molto diverse nella prima tabella: le br. I, VI e XXIII in cui si racconta del processo alla volpe contengono rispettivamente diciassette, diciannove e ventisei allusioni a molte altre *branches*.

La lettura di alcuni dati nella tavola 1 sembra confermare la teoria del poema unico di Pierre de Saint-Cloud costituito dalle br. II e Va. Infatti le dieci allusioni presenti nella br. Va hanno tutte per oggetto la br. II. Quest'ultima riporta una sola allusione a sé stessa e non sembra collegata ad alcuna altra *branche* della tradizione renardiana. Al contrario gli autori delle br. I, Ia, Ib, IV, VI, VII, IX, XV, XVI, XVII, XXII e XXIII rimandano continuamente agli episodi raccontati nelle br. II-Va le quali risultano le più citate in assoluto (circa cinquanta allusioni alla br. II e quattro alla br. Va): il gruppo II-Va è dunque la fonte di circa la metà delle allusioni totali.

In generale si può dire che la rete intertestuale è presente solo nel gruppo di *branches* della prima tabella, cioé dalla I alla XIV. Il dato sembra confermare ancora una volta la suddivisione del *Roman de Renart* in due gruppi distinti la cui "linea di demarcazione" si situa nei pressi della br. XV con sporadiche deviazioni fino nella br. XVII. Si ricorderà che i motivi narrativi e le formule si concentravano nello stesso gruppo di *branches*.

La minore presenza (ma a questo punto direi assenza) delle allusioni nelle br. XII, XIII, XIV e nel gruppo di br. XVIII-XXVII era stata sottolineata anche dalla Suomela-Härmä che scrisse: «Contrairement à ce qu'on pourrait supposer, l'importance des analepses ne croît pas dans les branches postérieures, même si les méfaits de Renart s'accumulent sans cesse avec le temps».[40] La perplessità della studiosa è condivisibile e più avanti proveremo a spiegare questo fatto ricorrendo a un'interpretazione nuova dei fenomeni finora rilevati.

L'intertestualità è stata affrontata in queste pagine come un aspetto relativo alla fase di produzione del testo perché è innegabile che i legami tra le diverse *branches* sono voluti dagli autori. Abbiamo visto in che modi essi inseriscono i rimandi e si collegano a uno sfondo comune che non può essere limitato esclusivamente alla tradizione scritta del *Renart*;[41] soprattutto abbiamo visto quanto la concezione che si ha del *Roman de Renart* sia influenzata dall'intertestualità. Le *branches* sono state scritte da autori diversi e in tempi diversi, ma ancora oggi continuiamo a parlare di "cycle de Renart" esattamente come faceva Gaston Paris centotrent'anni fa.[42] Il motivo sta forse proprio nelle allusioni, segni inequivocabili di un'intenzione ciclica immanente nei testi, ma mai realizzata appieno. Nel *Roman de Renart* convivono elementi coesivi (personaggi, nomi propri, ambienti, motivi ricorrenti, formule, allusioni) ed elementi disgregativi (come le incongruenze messe in risalto dalle citazioni intertestuali, lo scambio di personaggi in alcuni episodi, ecc.); nelle allusioni intertestuali convergono gli aspetti coesivi e quelli disgregativi nella misura in cui queste collegano i testi tra loro e allo stesso tempo ne impediscono l'articolazione lineare dando al *Roman de Renart* una forma che non assomiglia né a un ciclo né a una raccolta di testi indipendenti. L'appartenenza del *Renart* al genere della zooepica è definito, oltre che da altri fattori che vedremo in seguito, dal suo modo tutto particolare di concepire l'intertestualità come una serie di ponti disseminati nel testo che sembrano voler avvicinare le singole *branches* e invece le separano.

Al termine di questa indagine su alcuni aspetti inerenti alla produzione del testo possiamo affermare che tra tutti gli autori del *Roman de Renart*, alcuni sembrano partecipare più di altri ai meccanismi compositivi come la ripetizione di motivi narrativi e di formule o l'instaurazione di legami intertestuali. Costoro sembrano accomunati da qualcosa che invece manca ai loro colleghi che composero le *branches* dalla XVIII alla XXVII.

Nelle prossime pagine si proverà a capire se questa dicotomia strutturale sia dovuta esclusivamente alle scelte stilistiche dei poeti, o se piuttosto sia legata alla fase successiva della vita del testo: la sua esecuzione.

40. Suomela-Härmä, *Les structures narratives*, p. 145.

41. A questo proposito Lodge e Varty scrivono: «These unexplained allusions are to be accounted for sometimes on the basis of simple narrative convenience, but more often on the basis of the audience's "shared knowledge" of the common stock of Reynardian tales and of the immutable characteristics of the protagonists». Cfr. *The earliest branches*, p. XXIX.

42. Alludo al brano riportato nell'introduzione.

3. L'esecuzione del testo

1. *Premessa*

Nei capitoli precedenti, le indagini su motivi, formule e intertestualità erano incentrate sul momento della produzione del testo e avevano come scopo l'individuazione di strategie compositive comuni agli autori del *Roman de Renart*. L'analisi dei testi e le tavole riassuntive hanno fatto emergere una diversa concentrazione di questi elementi nel *corpus* delle *branches*. Si è anche notato, però, che la maggiore incisività dei vari aspetti si riscontra negli stessi luoghi, vale a dire in un nucleo circoscritto di testi caratterizzati dalla ricorrenza di temi, formule e allusioni intertestuali.

Nelle prossime pagine si prenderanno in considerazione la seconda e la terza operazione della storia di un testo: la comunicazione e la ricezione, le due facce del momento dell'esecuzione. I dati fin qui raccolti saranno vagliati alla luce dei meccanismi tipici della diffusione del testo medievale, l'esecuzione pubblica affidata ai giullari. Secondo Paul Zumthor, l'esecuzione è

> c'est l'action complexe par laquelle un message poétique est simultanément transmis et perçu, ici et maintenant. Locuteur, destinataire(s), circonstances [...] se trouvent concrètement confrontés, indiscutibles.[1]

L'ipotesi di partenza è che le condizioni particolari della *performance* giullaresca abbiano influenzato la struttura interna dell'opera al momento della sua composizione. Le tracce di questi condizionamenti vanno trovate nei testi ed è proprio al loro interno che cercheremo sia gli indizi più evidenti di oralità (*verba dicendi*, le apostrofi dirette al pubblico, ecc.), sia altri elementi strutturali che rivelano le strategie cui gli autori e i giullari ricorrevano per creare l'illusione di una linearità e continuità narrative nel contesto frammentato e movimentato della *performance* pubblica.

I protagonisti della diffusione del testo sono, com'è noto, i giullari. Personaggi multiformi, dalle disparate competenze, chiassosi e impertinenti, vagabondi e opportunisti, sempre in cerca di denaro, senza scrupoli e ubriaconi. Perseguitati

1. Zumthor, *Introduction à la poésie orale*, p. 32.

dalla Chiesa, amati dal pubblico, riuniti in confraternite, questi mimi, saltimbanchi, giocolieri, mangiatori di fuoco, musicisti, cantanti, danzatori e, qualche volta, poeti, giocano un ruolo di primaria importanza nella vita culturale del Medioevo. È questo il ritratto che ci restituisce Edmond Faral[2] nel suo libro consacrato all'identità, alle origini e alla vita dei giullari nella Francia medievale.

Se i giullari fossero semplici esecutori al servizio di un troviero o se essi stessi a volte componessero canzoni proprie che poi divulgavano, rimane una questione aperta: dallo studio di Faral si evince che la distinzione tra giullari e trovieri non sempre è così netta e dai documenti emerge che, talvolta, i giullari erano anche gli autori delle opere che eseguivano. La questione non è secondaria[3] e, anzi, costituisce un argomento molto discusso. Le indagini sulle pratiche giullaresche, fin dalle origini, sono state legate a doppio filo con un'altra questione: l'origine dell'epica (omerica o medievale). Eppure le più importanti scoperte critiche che sono emerse da questi studi traggono la loro validità da argomenti che sembrano esulare dal rapporto diretto tra i due temi. All'ostinazione per un oggetto cercato si accompagna a volte la sottovalutazione di ciò che, lungo il percorso, si è scoperto.

L'interminabile dibattito sull'origine dell'epica non è forse giunto a una soluzione definitiva; nel frattempo molto è stato svelato sul funzionamento della letteratura medievale, e non solo della letteratura epica.

Queste sono le parole che, nel 1927, Joseph Bédier scriveva, a proposito delle varianti tradizionali nelle *chansons de geste*:

> Littérairement inintelligibles, nous dit-il, [ces faits] s'éclairent peut-être si on le considère d'un point de vue industriel: je veux dire si l'on admet que certaines chansons de geste pouvaient rapporter gros à leur auteurs et aux jongleurs qui les colportaient par les châteaux, les villes et les bourgs, dans les foires et aux étapes des grands pèlerinages: des conventions, des usages établis entre les jongleurs devait régler les modes de cette exploitation.[4]

Nel frattempo i pionieri degli studi sull'oralità consideravano quegli stessi «faits» come prove dell'origine orale dell'epica.[5] Senza entrare nei dettagli della

2. Faral, *Les jongleurs en France*.

3. Zumthor, al contrario, la considera una questione trascurabile. In *La lettre et la voix*, p. 77, scrive: «Peu leur importait en revanche la question souvent posée par les médiéviste des années 1900: quelle distinction faire entre auteur et interprète? où situer l'un et l'autre?».

4. Bèdier, *Commentaires*, p. 70.

5. Il dibattito nacque in seguito alla pubblicazione, nel 1929, del volume di M. Murko sui canti jugoslavi (*La poésie populaire épique en Yougoslavie*). Milman Parry, che si era già occupato dello stile formulare nell'epica omerica (*L'épithète traditionnelle dans Homère* e *Les formules et la métrique d'Homère*) collegandolo alle necessità dell'esametro, credette di aver trovato nel libro di Murka sui poemi slavi la soluzione: lo stile formulare nasce non per facilitare la composizione scritta dell'esametro, ma come tecnica legata all'improvvisazione. Nel 1930 allora pubblicò *Studies in the Epic technique of Oral Verse-Making*, in cui lanciò l'idea dello stile formulare come stile d'improvvisazione orale. In realtà, fa notare Maurice Delbouille in una lunga nota a p. 298 di *Les chansons de geste et le livre*, Murko non parla esplicitamente di poesia nata dall'improvvisazione,

diatriba, basterà qui ricordare le tappe principali della lunga discussione: il volume di Jean Rychner rappresenta senza dubbio un caposaldo della critica sulle pratiche dell'oralità e la teoria dell'improvvisazione, eppure anche questo lavoro è dedicato alla questione delle origini dell'epica. Gli indizi di oralità nei testi epici sono interpretati come prove di un'origine orale del genere formatosi a partire dalle improvvisazioni giullaresche sul campo, variate di volta in volta in base al contesto: le varianti testuali nei manoscritti testimonierebbero la *mouvance* dei testi nei loro continui assemblaggi e smembramenti a opera dei giullari. Rychner intendeva così negare l'origine letteraria della *chanson de geste* e il suo bersaglio diretto era proprio Bédier.[6] Alcune pagine di Rychner conservano intatta la loro validità, nonostante le critiche mosseglì da Maurice Delbouille un paio d'anni dopo l'uscita del libro. Nel convegno svoltosi a Liegi nel 1957, l'argomento era ancora quello delle origini dell'epica. La teoria dell'improvvisazione avanzata da Rychner venne scomposta e contestata in tutti i punti da Delbouille per dimostrare che la *chanson de geste* nacque come genere letterario a opera di chierici poeti che componevano per iscritto le canzoni e le affidavano ai giullari perché fossero divulgate. Si torna così alla teoria "industriale" di Bédier e ci si torna passando per Rychner. Gli artifici professionali dei giullari sarebbero strategie comunicative inserite da un autore (chierico-poeta) che compone senza mai trascurare di considerare la destinazione pratica della propria opera, ovvero la recitazione pubblica da parte di un giullare professionista. L'autore presenterebbe cioè al giullare un testo «prêt à l'exécution».[7] Le osservazioni che Delbouille espone nelle pagine di *Les chansons de geste et le livre,* rivelano l'equivoco di fondo che compromette la teoria di Rychner: la confusione di due figure nettamente distinte, il poeta e il giullare.[8]

ma di canti composti da poeti istruiti, diffusi tramite libri e cantati da esecutori che spesso improvvisavano modificando il testo che avevano imparato (ivi, pp. 24-26). Delbouille, così, fa emergere un equivoco che, forse per il tramite di Parry e Lord, si ritrova nel volume di Rychner, *La chanson de geste*. Le ricerche, nate in continuità con la questione delle origini dell'epica, proseguirono per tutto il corso del Novecento (e oltre), emancipandosi dalle indagini su un genere letterario e ritagliandosi un campo di studio autonomo in cui convergono la linguistica, l'antropologia, l'etnolinguistica e la sociolinguistica.

6. Cfr. Rychner, *La chanson de geste,* p. 154: «Plusieurs de nos chansons sont, en effet, de fabrication hâtive, articles de foire à débiter au milieu des culbutes, et bien qu'elles aient été composées une fois par quelqu'un qui avait un nom, il serait saugrenu, dans leur cas, d'insister sur la minute sacrée de la création poétique».

7. Cfr. Delbouille, *Les chansons de geste et le livre*, p. 335

8. La sovrapposizione delle due figure del poeta e del giullare ha causato non poca confusione. Luciano Rossi, in *Jean Bodel: des "Flabiaus" à la chanson de geste*, p. 9, scrive: «Trop souvent, en fait, on a confondu le statut littéraire du "narrateur-récitant" et les conditions sociales des prétendus "auteurs", en mélangeant des produits poétiques d'origine très différente. Par ailleurs, dans les textes les plus variés, les responsables des performances – les *vilains jougleres* – sont toujours vilipendés à cause de leur ignorance et maladresse. On leur oppose inlassablement un "maître" à qui revient l'architecture de l'œuvre aussi bien que la "competence" poétique des "paroles" qui, comme l'écrivait Adenet le Roi, "apartienent a noblement diter"».

Nella questione delle origini dell'epica, si tratta di un punto nodale in cui le due posizioni di Rychner e Delbouille sono inconciliabili. Invece a un livello di riflessione più astratto, cioè lasciando da parte l'origine della *chanson de geste*, le due teorie sembrano compatibili, se non complementari.

Ci si domanda infatti se le ricostruzioni degli studiosi non si possano applicare anche ad altri generi letterari del Medioevo. Il ruolo dei chierici poeti nella produzione letteraria del Medioevo francese è stato dimostrato, almeno per quanto riguarda l'agiografia; questa è un'osservazione che Delbouille non manca di far presente a Rychner, il quale nega, invece, ogni contributo di poeti alla nascita delle *chansons de geste*.

Nel capitolo III del libro sui giullari, Faral fa notare che un trattamento più tollerante da parte della Chiesa era riservato ai giullari che cantavano le vite dei santi o le gesta degli eroi, generi percepiti come affini e solidali dai contemporanei.[9] La continuità dei due generi è riaffermata dalla frase "sentenza" a conclusione del saggio di Delbouille: l'epica nacque il giorno in cui un poeta sostituì un santo con un eroe nazionale. Ci si domanda allora, con Delbouille, perché prodotti affini (epica e agiografia), il cui destino comune era la diffusione giullaresca, debbano avere origini differenti. La questione non sarà riaperta in questa sede, dove invece importa notare che certi meccanismi scoperti per l'agiografia e per l'epica sono estendibili anche ad altri generi.

Lucien Foulet ha dimostrato, per esempio, che le *branches* del *Renart* costituiscono i testi originali composti da chierici-trovieri tra la fine del XII secolo e l'inizio del XIII;[10] la loro diffusione, in molti casi, era affidata ai giullari. Si troveranno dunque nelle *branches* quei procedimenti stilistici che Rychner chiamava «artifices professionnels» dei giullari,[11] vale a dire i richiami e gli annunci e altre marche retoriche come la formularità del linguaggio, la ridondanza, ecc., segni interpretabili come prove di una pratica esecutiva di tipo orale. È vero, come ha fatto notare Duncan McMillan,[12] che certi stilemi si ritrovano anche in opere destinate alla lettura, come i romanzi cortesi. Di qui l'idea che a un certo punto questi stilemi tipici dell'oralità fossero divenuti *topoi* retorici, indipendenti dall'effettiva destinazione dei testi. Ma prima di diventare tradizione e/o abitudine retorica, queste marche di oralità dovevano avere un senso, corrispondere a una funzione reale. E la funzione è quella che attribuisce loro Rychner:

> Les conditions dans lesquelles il chante obligent le jongleur à lier explicitement les différentes parties de son récit. Fréquemment interrompu par les circonstances ou

9. Faral, *Les jongleurs en France*, pp. 45-46: «Les faits qui précèdent, même à eux seuls, suffisent à faire soupçonner que les contemporaines ne faisaient pas, entre l'esprit des chansons de geste et celui des Vies de saints, de différences essentielles: les premières circulaient parmi les clercs, les dernières parmi les laïques. Si, par surcroît, on relevait entre les deux genres un certain nombre de ressemblances internes, on serait amené à affirmer entre eux une parenté plus étroite encore et mieux déterminée».

10. Foulet, *Le Roman de Renard*.

11. Rychner, *La chanson de geste*, pp. 55, 66.

12. McMillan, *À propos d'un travail de M. Delbouille*.

> sa propre fatigue, anxieux surtout d'intéresser et de retenir sa clientèle mouvante, le jongleur va constamment lier ce qu'il chante à ce qu'il chantera et à ce qu'il a déjà chanté; il annonce ce qu'il chantera, pour piquer la curiosité du public, le retenir par l'attente d'événements sensationnels; il rappelle ce qu'il a déjà chanté, pour que tout badaud s'approchant du cercle soit rapidement au courant et s'attache à son tour aux péripéties, ou tout simplement pour rafraîchir la mémoire des auditeurs, faire le point, lier peut-être une séance à la précédente. Rappels et annonces concourent au même but: attacher le public au récit.[13]

Queste parole non sono in contraddizione con quelle di Delbouille, se non per un punto: gli artefici di queste strategie sono i giullari secondo Rychner, mentre per Delbouille sono i poeti.

Le posizioni inconciliabili sembrano convergere verso un quadro verosimile e coerente che ricostruisce parte dei meccanismi tipici della letteratura medievale. Alcuni chierici, divenuti poeti, componevano testi (epici, agiografici, narrativi, ecc.) destinati alla diffusione giullaresca; conoscendo bene le modalità della diffusione dei testi, essi, all'atto della composizione, vi inserivano alcuni artifici funzionali a chi effettivamente avrebbe recitato il testo, ovvero i giullari. In un'ottica "industriale" (Bédier) entrambe le figure, del poeta e del giullare, avevano da guadagnare da queste operazioni. Gli artifici professionali (Rychner) rintracciabili in molte opere medievali, quando non sono stilemi retorici consolidati, testimoniano lo sforzo dei poeti di adeguarsi alle procedure di esecuzione affidate ai giullari. La composizione delle opere risente di questi fattori extra-testuali e ne è condizionata al punto che i confini tra la figura dell'autore e quella dell'esecutore si confondono. La sovrapposizione delle due figure è il risultato di uno sforzo di mimesi attuato dai poeti al momento della composizione, esattamente come accade nella letteratura drammatica di ogni epoca, dove a parlare in prima persona è l'attore pur non essendo lui, evidentemente, l'autore delle parole che recita.[14] Madeleine Tyssens, in piena consonanza con le idee di Delbouille riguardo agli autori epici, scrive:

> Ils ont presque toujours tenu compte de cette situation au moment d'écrire les prologues ou les "interventions du narrateur". Pour les auditeurs, le narrateur se confond avec le jongleur qui est devant lui: le poète fait donc parler ce jongleur à la première personne. Lorsqu'il veut être nommé lui-même, il met encore le propos dans la bouche du jongleur: celui-ci parle donc de l'auteur comme d'un tiers.[15]

2. *«Ceste branche est bone et petite / Et bien faite, s'ele est bien dite»*[16]

Nel *Roman de Renart*, gli indizi di oralità sono presenti a molteplici livelli: non solo quelli più ovvi come l'uso di *verba dicendi* e apostrofi dirette dall'esecutore al pubblico, ma soprattutto in alcuni elementi strutturali dell'opera.

13. Rychner, *La chanson de geste*, pp. 54-55.
14. Delbouille, *Les chansons de geste et le livre*, p. 318.
15. Tyssens, *Le jongleur et l'écrit*, p. 688.
16. Sono i vv. 93-94 della br. XX.

L'obiettivo di questo capitolo è di proporre un'interpretazione dei fenomeni compositivi sinora affrontati alla luce del loro rapporto con la fase dell'esecuzione, fase in cui l'oralità ha un ruolo determinante. La presenza dei motivi narrativi, delle formule e delle allusioni intertestuali potrebbe essere così studiata in una prospettiva più ampia che non si limiti a quella del testo scritto e tramandato, ma sconfini nello spazio infinitamente più articolato della voce.

Si è provato quindi a far incontrare le teorie sull'oralità con il *Roman de Renart*, intravedendo nelle allusioni intertestuali il riflesso di quei *rappels* e *annonces* di cui parlava Rychner a proposito dell'epica. Le *branches* renardiane mi sono sembrate simili a quei canti isolati che Rychner credette di rintracciare nei poemi epici[17] poiché, ancor più di questi ultimi, le *branches* sono fruibili singolarmente e qualora dovessero unirsi, formerebbero un'opera più vasta, un *roman* appunto. Ogni *branche* costituirebbe così il testo, di lunghezza certo molto variabile, di una seduta pubblica, autonoma e conclusa, ma potenzialmente prolungabile in avanti o all'indietro tramite il racconto di una nuova avventura. Il giullare poteva guadagnarci; il poeta ne era consapevole.

Il fenomeno dell'intertestualità troverebbe così una spiegazione nell'ottica di una strategia compositiva funzionale alla diffusione dei testi e non solo come procedimento poetico puro. Le inesattezze e le incongruenze messe in luce tra le allusioni e le loro probabili fonti si spiegherebbero con il fatto che all'esecutore interessava prima di tutto mettere al corrente continuamente il pubblico di ciò che stava raccontando e di ciò che avrebbe potuto raccontare. Non era importante che l'episodio a cui si alludeva fosse collocato, nella biografia della volpe, prima o dopo la storia che si stava recitando in un dato momento, piuttosto importava far sapere che quella storia il giullare la conosceva ed era compresa nel suo repertorio. Le incongruenze e gli spostamenti nella successione delle azioni si trovano anche nelle *chansons de geste* e Rychner le spiega così:

> Qu'importe que l'épisode de Baligant vienne rompre l'ordonnance tripartite et si dramatique du *Roland*, si cet épisode, détaché de la chanson, fait l'objet d'une déclamation particulière? L'occasion manquera de voir en quoi cet épisode abîme la chanson.[18]

Gli autori inseriscono nelle *branches* continue analessi e prolessi sia interne che esterne perché sanno che i giullari dovranno recitare i loro testi di fronte a un

17. Rychner, nel capitolo sulla composizione dei testi, aveva avanzato l'ipotesi che le *chansons de geste* fossero il risultato dell'assemblaggio postumo di canti isolati, che costituivano ciascuno il testo narrabile in una singola *séance* del giullare. Le condizioni della diffusione dunque sono all'origine della formazione dei poemi: «la chanson de geste, diffusée *dans* ces conditions, doit avoir été composée *pour* ces conditions» (*La chanson de geste*, p. 48). Delbouille ha fatto notare che se fosse vera questa ricostruzione, allora nei poemi epici si dovrebbero poter riconoscere episodi isolati (*Les chansons de geste et le livre*, p. 345). Così non è, come dimostra Delbouille, ma come lo stesso Rychner riconosceva ribadendo il carattere del tutto ipotetico della sua ricostruzione e avanzando lui stesso le prime obiezioni e i primi dubbi (*La chanson de geste*, p. 48).

18. Rychner, *La chanson de geste*, p. 46.

pubblico scomposto, distratto, rumoroso. Un pubblico che non avrà l'occasione di verificare la pertinenza di alcune allusioni rispetto alle loro fonti. Anche Paul Zumthor dice qualcosa di molto simile:

> Les formes longues, en revanche, se constituent, relativement à la donnée traditionnelle, à la fois par contraction et par expansion, sans que se marque une progression nécessaire: l'art du poète consiste non seulement à tirer le fil du récit sans le rompre; mais à en adapter la matière et les nuances à la demande fuyante, instable, à tout moment distraite, de l'auditoire; à maintenir l'intérêt tout en soulageant l'effort physique qu'exige des participants la durée de la performance. D'où les accumulations, les digressions, les glissements associatifs, les passages au gnomique, au lyrique, une technique, tantôt raffinée tantôt relâchée, de fugue. Le récitant, à chaque moment de la performance, se concentre sur l'épisode en cours, et perd plus ou moins de vue l'ensemble: d'où son indifférence à la chronologie et, en général, sa difficulté à conclure.[19]

Un'interpretazione del genere deve tenere conto, tuttavia, dell'altro percorso di ricerca intrapreso nella prima parte di questo volume: la differente concentrazione di motivi, formule e allusioni nella totalità delle *branches* renardiane. Se il primo gruppo di testi (br. I-XVII) presenta caratteristiche compatibili con l'interpretazione legata alle pratiche della *performance* orale, il secondo (br. XVIII-XXVII) appare invece molto diverso. Si tratta di una dicotomia notevole confermata anche dall'indagine sugli indizi di oralità presenti nei testi, come si vedrà. Come spiegare la coesistenza nelle raccolte di questi "due *Romans de Renart*"? Forse l'indagine sulle componenti riconducibili all'oralità ci aiuterà a riconoscere in cosa consiste quella linea di demarcazione tra i due gruppi di testi.

I testi del *Roman de Renart* conservano le tracce dei diversi momenti della vita dell'opera e, anche dove appaiono ormai stilemi retorici consolidati, ci svelano le pratiche da cui questi stilemi scaturiscono.

Vedremo di seguito alcuni brani suddivisi in base alle informazioni che offrono su tre momenti distinti della vita del *Roman de Renart*: produzione, esecuzione e circolazione.

2.1. *La produzione*

I commenti metatestuali sulla composizione si trovano specialmente nei prologhi e gli epiloghi delle *branches*. Qui i poeti si presentano, si relazionano con i loro predecessori, annunciano la propria materia. Non sorprende, dopo gli interventi di Maurice Delbouille e di Madeleine Tyssens, che questi commenti extradiegetici siano affidati spesso alla voce del giullare e che il poeta sia menzionato solo in terza persona.

Di seguito l'elenco dei brani (prologhi e poi epiloghi) in cui gli autori parlano del momento della composizione dei testi:

19. Zumthor, *Introduction à la poésie orale*, pp. 114-115.

Br. I:
Perrot, qui son engin et s'art
Mist *en vers fere* de Renart
Et d'Isengrin son cher conpere,
Lessa le meus de sa matere
(vv. 1-4)

Il brano esordisce con la menzione del primo autore del *Roman de Renart*, Perrot, nel quale Foulet ha riconosciuto Pierre de Saint-Cloud. Di lui si dice che mise tutto il suo ingegno per comporre in versi la storia di Renart e del suo compare Ysengrin, tralasciando però la parte più importante: il processo che sarà appunto argomento della br. I.

Br. IX:
Un prestre de la Croiz en Brie,
Qui damledex doint bone vie
Et ce que plus li atalente
A mis sun estude et s'entente
A *fere* une novele branche
De Renart qui tant sout de ganche.
L'estoire temoinne a vraie
Uns bons *conteres*, c'est la vraie,
(Celui oï *conter* le conte)
Qui tos les conteors sormonte
Qui soient de ci jusqu'en Puille:
Si set molt de force de guille.
Cil temoigne l'estoire a voire,
Et por ce la devoms meus croire
(vv. 1-14)

Anche in questo prologo al primo verso compare il nome di un autore, il prete della Croix-en-Brie.[20] Chi parla si riferisce a lui in terza persona presentandolo come uno dei migliori narratori conosciuti al quale dobbiamo la composizione di questa «novele branche» su Renart. Il giullare afferma di averla sentita raccontare lui stesso. La distinzione tra il «conteres», cioè l'autore della storia, e la voce narrante del giullare (che parla in prima persona), è netta.

Br. XII:
Oez une novele estoire
Qui bien devroit estre en memoire.
Lontans a este adiree:
Mes or l'a un mestres trovee
Qui l'a translatee en romanz.
Oez comment ge la comanz
(vv. 1-6)

20. Piccolo comune francese attualmente compreso nella regione dell'Île-de-France.

Il narratore annuncia una nuova storia dicendo che per molto tempo era stata smarrita fino a che un «mestres» non l'ha trovata e tradotta in lingua romanza. Anche qui l'autore, il «mestres» appunto, è nominato in terza persona in contrapposizione con il pronome «ge» riferito alla voce narrante del giullare.

Br. XVI:
Pierres qui de Saint Clost fu nez,
S'est tant traveilliez et penez
Par priere de ses amis
Que il nous a en rime mis
Une risee et un gabet
De Renart, qui tant set d'abet
(vv. 1-6)

Troviamo qui la seconda menzione di Pierre de Saint-Cloud; su richiesta dei suoi amici ha messo in rima un'avventura su Renart. Poco dopo si aggiunge:

Des or conmencerai le conte,
Se il est qui i veille entendre
(vv. 10-11)

Il giullare annuncia di voler raccontare la storia composta da Pierre. La falsa attribuzione di un racconto a un autore famoso è un procedimento *standard* nella retorica utile a rivestire di maggiore autorevolezza il testo e a richiamare l'attenzione del pubblico. La distinzione tra l'autore e l'esecutore è anche in questo caso evidente.

Br. XXII:
'Mainz hon puet tel chose tesir
Qui autrui venroit a plesir,
S'ele ert conue et descoverte.
Por ce est fous qui done a perte
Bele avanture, quant il l'ot.
Estraire en doit aucun bon mot
Dont il puise ces resbaudir
Qui son conte volent oïr.
G'en di por ce une avanture
Ou ge ai mis toute ma cure.
Ge l' oï dire a un veillart
Qui sages iert et de grant art.
Li contes est traiz dou gorpil,
Ne l'aiez pas por ce plus vil:
Car toute en est l'estoire voire
Si conme en le nos fait acroire
(vv. 1-16)

Il prologo della br. XXII si differenzia dagli altri per il fatto che l'autore della storia e il narratore coincidono. Dopo un'introduzione generica, la voce narrante afferma di aver profuso tutto il suo impegno per comporre un'avventura che si appresta a raccontare. Aggiunge di aver ascoltato la storia da un vecchio saggio, secondo un altro *topos* tipico dei prologhi, quello della fonte autorevole. A differenza degli altri brani manca la figura del puro esecutore.

Br. XXIV:
Or oiez, si ne vos anuit!
Je vos conterai par deduit
Conment il vindrent en avant,
Si con je l'ai trouve lisant,
Qui fu Renart et Ysengrin.
Je trovai ja en un escrin
Un livre, Aucupre avoit non:
La trovai ge mainte raison
Et de Renart et d'autre chose
Dont l'en doit bien parler et ose.
A une grant letre vermoille
Trovai une molt grant mervoille.
Se je ne la trovasse ou livre,
Je tenisse celui a ivre
Qui dite eüst tele aventure:
Mes l'en doit croire l'escriture
(vv. 1-16)

Il celebre prologo delle *Enfances Renart* è stato oggetto di molti studi per la menzione esplicita della fonte: il misterioso libro di Aucupre.[21] Il libro cui si fa riferimento avrebbe contenuto molte storie, tra le quali il racconto leggendario della nascita di Renart e Ysengrin. Qui il narratore non pare distinto dall'autore, benché si appoggi su un testo scritto. Il narratore insiste sulla natura scritta della sua fonte, garanzia di veridicità,[22] inserendo nel prologo espressioni legate all'ambito della scrittura: «je l'ai trouve lisant, un livre, letre vermoille, l'en doit croire l'escriture». La particolare insistenza sulla veridicità della fonte sfocia in un abuso dei *topoi* e degli espedienti retorici tipici dei prologhi rivelandone tutta l'artificiosità.

Br. XXV:
'Signor, oï aves asses,
Et ans et jors a ja passes,
Les aventures et le conte
Que Pierre de Saint Cloot conte'
(vv. 1-4)

21. Si vedano per esempio Batany, *Scène et coulisses du Roman de Renart*, pp. 74 e 102; Scheidegger, *Le "Roman de Renart" où le texte de la dérision*, pp. 176 ss.; Bonafin, *Le malizie della volpe*, pp. 15-16.

22. Sui valori simbolici e sacrali attribuiti alla scrittura e sul rapporto con l'oralità si veda, per esempio, il cap. 5 di Zumthor, *La lettre et la voix*, in cui si accenna al rapporto fittizio che lega in alcuni testi l'opera a una fonte scritta, chiaro segnale di una mentalità che attribuisce al *libro* la garanzia di veridicità della parola.

'Mais jel cont par rime et par vers'
(v. 16)

Come nei due ultimi brani, in questo prologo l'autore e il narratore coincidono. Non c'è più traccia della distinzione netta tra le due figure del poeta e del giullare. La terza menzione di Pierre de Saint-Cloud come autore di avventure (al plurale) e del racconto (singolare)[23] su Renart serve al poeta per inserirsi nella tradizione dell'epopea renardiana rivendicandone l'appartenenza in anticipo. Nell'ultimo verso del prologo l'autore afferma che racconterà l'avventura in rima e in versi.

Anche negli epiloghi troviamo qualche informazione sulla composizione dei testi:

Br. IX:
'De Renart encor vos contasse
En bon endroit, mes moi ne loist:
Qar autre besoingne me croist.
A autre romanz voil entendre
Ou l'en porra greingnor sens prendre'
(vv. 2200-2204)

L'autore (il prete della Croix-en-Brie) esprime, alla fine del racconto su Renart e Lietard, il desiderio di dedicarsi alla stesura di un altro romanzo dal quale trarre un maggiore significato. La br. IX è provvista di prologo, epilogo e firma, come raramente accade. È ribadita la coincidenza tra autore ed esecutore.

Br. XII:
'Ce vos dis Richart de Lison
Qui conmenche a ceste fable
Por doner a son connestable:
Se il i a en rien mespris,
Il n'en doit ja estre repris,
Se il i a de son langaje:
Que fox naïs il n'iert ja sage
N'il ne vout gerpir sa nature,
Que dex nostre sire n'a cure.
Toz jorz siet la pome el pomer.
Ne vos veil avant rimoier'
(vv. 1476-1486)

In questo epilogo abbiamo la firma dell'autore e il dedicatario dell'opera. Nel prologo si alludeva a un testo latino tradotto in romanzo da un «mestre». Non è chiaro se il «mestre» in questione sia Richard de Lison o qualcun altro. Anche nell'epilogo, l'autore si auto-menziona usando la terza persona singolare, salvo poi, nell'ultimo verso, usare la prima persona. In questa *branche* le figure dell'autore, del giullare, del traduttore e del «mestres» si confondono tra loro.

23. Elemento importante perché il poema di Pierre de Saint-Cloud, secondo la ricostruzione di Foulet, comprende le cinque avventure oggetto delle br. II e Va.

Br. XVI:
Ici fet Pierres remanoir
Le conte ou se voult traveillier,
Et lesse Renart conseillier
(vv. 1504-1506)

Anche nel prologo, il narratore aveva attribuito la storia a Pierre de Saint-Cloud.

Br. XX:
Ceste branche est bone et petite
Et bien faite, s'ele est bien dite
(vv. 93-94)

Interessante la contrapposizione tra i due piani della scrittura e della recitazione: la bellezza della *branche* emergerà solo se sarà raccontata bene; una buona esecuzione è indispensabile perché si apprezzi appieno la storia scritta.

Spogliando i prologhi degli inserti topici e retorici (la pretesa veridicità della storia garantita da una fonte scritta o dalla voce di un qualche vecchio saggio, oppure la falsa attribuzione di storie al poeta più celebre, cioè Pierre) s'intravedono indizi significativi riassumibili in pochi punti: nella maggior parte dei casi la voce narrante è quella del giullare, distinta dall'autore della *branche*; alcuni degli autori sono chiamati per nome, come il prete della Croix-en-Brie e Richard de Lison, oltre a Pierre. I racconti sono denominati *branches* e in un caso si accenna a una fonte latina.

I brani ci restituiscono un quadro abbastanza preciso delle modalità di produzione: un poeta, che in genere conosce l'opera di Pierre de Saint-Cloud, mette in versi una nuova storia su Renart; in molti testi, gli autori parlano di se stessi in terza persona, mentre la prima persona è riservata all'esecutore, il giullare.

2.2. *L'esecuzione del testo: interventi del narratore*

I seguenti brani rappresentano indizi di oralità, come Paul Zumthor li definisce, ovvero «‹‹tout ce qui, à l'intérieur d'un texte, nous renseigne sur l'intervention de la voix humaine dans sa *publication*».[24] La voce è quella del giullare che si rivolge direttamente al pubblico per richiamarne l'attenzione o per invitarlo all'ascolto. I verbi utilizzati rientrano tutti nel campo semantico dell'ascolto della voce: «oir», «entendre», «escouter», «prester les oreilles», «taiser», da un lato e dei *verba dicendi* come «dire», «conter», «parler», dall'altro. Non mancano i veri e propri rimproveri verso chi fa troppo rumore e non presta attenzione al racconto.

Br. Ia:
'*Oiez* con par fet grant merveille!'
(v. 2181)

24. Zumthor, *La lettre et la voix*, p. 37.

Br. Ib:
‘*Oiez* con li maufez l’enconbre’
(v. 2258)

Br. II:
‘Des or commencerai l’estoire.
Or *oez* le commencement’
(vv. 18-19)

Br. III:
‘Or *oiez* con il les desvoie!’
(v. 42)

Br. IV:
‘Or me convient tel chose *dire*
Dont je vos puisse fere rire.
Qar je sai bien, ce est la pure,
Que de sarmon n’aves vos cure
Ne de cors seint *oïr* la vie.
De ce ne vos prent nule envie,
Mes de tel chose qui vos plese.
Or gart chascun que *il se tese*:
Que de bien *dire* sui en voie
Et bien garniz, se dex me voie.
Se vos me volieez *entendre*’
Tel chose porrieez aprendre’
(vv. 1-12)

‘Or *escoutez* le bautestal!’
(v. 346)

‘Seigneurs, or *oiez* des renduz
Conme il perdirent leur vertuz’
(vv. 369-370)

Br. X:
‘Se or vos voliez *taisir*,
Seignor, ja poriez *oïr*,
S’estiez de bone memoire,
Une partie de l’estoire
Si con Renart et Ysengrin
Guerroierent jusqu’en la fin.
Se vos me *prestes vos oreilles*
Ja vos voldrai *dire* merveilles’
(vv-1-8)

Br. XII:
‘*Oez* une novele estoire
Qui bien devroit estre en memoire’
(vv. 1-2)

‘*Oez* comment ge la comanz’
(v. 6)

Br. XIII:
'Une estoire voil conmencier
Qui durement feit a proisier:
Et grant bien i porroiz aprendre,
Si il vos i plest a *entendre*.
Or *m'escotes sans noise fere,*
Que nus contes ne porroit plere
A home qui est trop *noisouz*:
Mes de l'*oïr* soit covoitous,
Celi qui *oïr* la voudra.
Or *oez* que l'en vos dira'
(vv. 1-10)

Br. XIV:
'Or vos doi d'un prestre *conter*'
(v. 202)

Br. XVI:
'Des or conmencerai le conte,
Se il est qui i veille *entendre*'
(vv. 10-11)

Br. XXI:
'Ge vos voil uns vers comencier,
Mais je vos criem molt anoier.
Se vos volez, je *me tairai*,
Et se vos plaist, je vos *dirai*'
(vv. 1-4)

Br. XXIII:
'Or poez *oïr* belle fable'
(v. 1540)

Br. XXIV:
'Or *oiez*, si ne vos anuit!
Je vos *conterai* par deduit'
(vv. 1-2)

'Or ai *parle* outre mesure'
(v. 174)

'Or *avez* bien *oï* atant
Conment sont venu avant
Renars et Ysengrin li leus.
Or redevez *oïr* des deus,
Si vos *conterai* de lor vie
Ce que j'en sai une partie'
(vv. 213-218)

Riporto anche un altro tipo di intervento extradiegetico attribuibile al compositore o all'esecutore indifferentemente. Classificabile come uno dei cliché entrati nella retorica narrativa del XII secolo, questi sintagmi però «qui ne peuvent avoir d'efficacité – et remplir leur fonction dans l'ordre de la composition – que portés par la voix et soulignés ou commentés par le geste».[25]

Br. Ia:
'Qu'iroie je fesant lonc conte?'
(v. 1699)

'N'avoit que fere de lonc conte'
(v. 2149)

Br. XI:
'Qu'iroie lonc conte contant?'
(v. 1587)

'Qu'iroie lonc conte fesant?'
(v. 2119)

'Qu'iroie lonc conte faisant?'
(v. 3103)

Br. XIII:
'Ne vos ferai si longe fable'
(v. 167)

'Mes or le voil laissier ester,
Que le conte voil abreger'
(vv. 195-196)

Br. XVI:
'Que vous feroie plus lonc conte?'
(v. 966)

Br. XXV:
'Que vous feroie jou lonc conte?'
(v. 271)

2.3. *La circolazione*

Talvolta si allude a un personaggio o a una vicenda che si presuppongono già noti al pubblico; le espressioni utilizzate (per esempio: «bien oï dire») sottolineano la proliferazione delle storie su Renart e l'ampia circolazione dei testi:

Br. Ib:
'Une tombe d'une martire
Dont vos avez *bien oï dire*'
(vv. 2911-2912)

Br. IV:
'C'est de Renart, *bien le savez*,
Et *bien oï dire* l'avez'
(vv. 21-22)

25. Zumthor, *La lettre et la voix*, p. 183.

Br. VII:
'*Tant* home *ont* de Renart *fable*,
Mes j'en dirai la verite'
(vv. 191-192)

Br. XXIV:
'Si com l'en *parole d'autrui*
Con vos porrez *oïr* ancui'
(vv. 183-184)

Br. XXV:
'Signor, *oï aves asses*,
Et ans et jors a ja passes,
Les aventures et le conte
Que Pierres de Saint Cloot conte'
(vv. 1-4)

'Car la *matere est large et ample.*
Tout cil qui en content sans rime
Ne sevent pas vers moi la dime'
(vv. 12-14)

'Maintes fois *l'aves oï dire*'
(v. 164)

Abbiamo cercato nei testi alcuni indizi che rivelano la vita del *Roman de Renart* nelle tre operazioni iniziali della sua storia: produzione, esecuzione e circolazione. I brani del primo gruppo sembrano testimoniare l'alternanza di almeno due fasi: una nella quale il giullare parla in prima persona e annuncia di raccontare una storia composta da qualcun altro (br. I, XI, XII e XVI) e una seconda fase in cui l'autore e la voce narrante coincidono (br. XXII, XXIV e XXV). Gli interventi extradiegetici della voce narrante (indizi sull'esecuzione) non sembrano confermare la distinzione tra queste due fasi, trovandosi in dodici *branches* (Ia, Ib, II, III, IV, X, XII, XIII, XIV, XVI, XXIII e XXIV) disseminate per tutto il *Roman de Renart.* Tra gli interventi metadiegetici abbiamo incluso anche alcuni brani riferiti alla fase della circolazione del *Renart* durante il Medioevo.

In tutti i casi si tratta di brani in cui gli indizi di oralità sono più evidenti per il fatto che l'intervento diretto della voce narrante (del poeta o del giullare) interrompe l'intreccio per commentare e fornire informazioni metatestuali. Certo è difficile discernere con sicurezza gli indizi di oralità pura dagli stilemi retorici entrati nella scrittura letteraria, ma in generale i segmenti testuali sin ora visti sono compatibili con il quadro sopra proposto di un poeta che inserisce nei testi elementi funzionali alla recitazione pubblica componendo per un giullare.

3. *Le «ingerenze del corporeo nel grammaticale»*[26]

Ancora più interessanti sono gli indizi di queste operazioni rinvenibili più in profondità nella struttura interna del *Roman de Renart.* La ricorrenza di temi

26. Da Zumthor, *La lettre et la voix*, p. 182..

e motivi, le formule ripetute e soprattutto le allusioni imprimono all'opera renardiana una struttura tutta particolare tipica del genere zooepico. Il *Renart* è "potenzialmente" un romanzo ed è "potenzialmente" un ciclo. Nella realtà però i singoli racconti non si organizzano né per divenire un romanzo, né per costituire un ciclo.[27]

Ciò dipende certamente dal fatto che non era nelle intenzioni degli autori costruire un'opera strutturata e coerente in cui le varie parti si agganciassero perfettamente; era forse nelle intenzioni dei compilatori delle collezioni, specialmente in alcuni di loro,[28] ma l'impresa si è scontrata con una struttura interna incompatibile con l'idea di opera conchiusa. Lo studio dell'intertestualità ha messo in evidenza quanto sia difficile vedere nelle singole *branches* le parti di un tutto perfettamente organizzato perché le allusioni, nella maggior parte dei casi, non hanno una fonte precisa e riconoscibile, ma evocano il ricordo vago e impreciso di un'avventura già sentita. È il momento di verificare se gli elementi compositivi analizzati in precedenza possano trovare una spiegazione soddisfacente alla luce delle teorie sull'esecuzione orale dei testi. È evidente che un tentativo di questo tipo parte dal presupposto che il momento della produzione di un testo è un'operazione non solo precedente la comunicazione, ma un atto che contiene in sé, nella consapevolezza degli autori, le altre fasi della vita di un'opera.

Nell'articolo *Élaboration des textes et modalités du récit*,[29] Alberto Varvaro si domanda di quali appigli avesse bisogno il pubblico per comprendere una storia di cui ascoltava solo una porzione; oltre ai presupposti culturali più generali, una parte delle informazioni più specifiche doveva essere contenuta nel testo recitato. E se le allusioni nelle *branches* avessero questa stessa funzione? Se rappresentassero cioè i tentativi di fornire informazioni implicite all'ascoltatore che non era a conoscenza dell'intero poema? Il paragone che Varvaro fa con le moderne soap opera appare particolarmente calzante se si pensa alla semplicità narrativa degli episodi a cui corrisponde una maggiore agevolezza di comprensione da parte di un pubblico che non conosce la storia per intero. Tutte le caratteristiche riscontrabili nel *Roman de Renart* (e in molti altri testi medievali) come l'assenza di unità, l'autonomia delle singole parti, i contorni sfumati delle frontiere testuali o anche le "sviste" e gli "annunci senza oggetto" acquistano un loro senso nella *performance*.

Indagini di questo tipo sono state eseguite sui testi epici in molte occasioni, ma un'analisi sistematica degli indizi di oralità nel *Roman de Renart* rivelerebbe una convergenza di problemi e di interpretazioni. È con questa intenzione che si propone di seguito una sorta di esperimento in cui il testo di una *branche* sarà scomposto e commentato. Il punto di vista non sarà quello del lettore davanti a un testo scritto, ma quello di un ascoltatore intento ad assistere a una *performance*

27. Cfr. Zumthor, *Introduction à la poésie orale*, p. 64: «Tutte le culture posseggono dei "cicli" di leggende, di epiche, di canzoni, sovrunità virtuali la cui caratteristica è di non attualizzarsi che in parte».

28. Per esempio, i compilatori dei manoscritti C ed M mostrano un chiaro intento organizzativo della materia renardiana. La successione delle *branches* segue una logica precisa, come è stato dimostrato anche dallo studio di Keith Busby sulle miniature e le rubriche. Cfr. Busby, *Codex and context*, pp. 225-253.

29. Varvaro, *Élaboration des textes et modalités du récit*, pp. 55-56.

giullaresca. Ricostruendo virtualmente la situazione performativa di una *branche* e la voce del suo esecutore, si cercheranno nel testo i residui delle strategie comunicative, delle «ingerenze del corporeo nel grammaticale».

3.1. *La* branche I *nella performance giullaresca*

Prenderemo come campione il testo della br. I, più volte incontrato sia nella sezione dedicata ai motivi e alle formule ricorrenti sia in quella dedicata alle allusioni intertestuali. Si tratta di un testo esemplare per le modalità compositive, nonché di una delle *branches* più note e costanti (sia per presenza che per posizione) nelle collezioni. Segmenteremo il testo in porzioni corrispondenti alle principali unità narrative o episodi che lo costituiscono e in ciascuna di loro metteremo in evidenza le strategie usate per instaurare un legame con il pubblico, per ricapitolare le vicende, per annunciare nuove avventure.

Prologo
Perrot, qui son engin et s'art
Mist en vers fere de Renart
Et d'Isengrin son cher conpere,
Lessa le meus de sa matere:
Car il entroblia le plet
Et le jugement qui fu fet
En la cort Noble le lion
De la grant fornicacion
Que Renart fist, qui toz maus cove,
Envers dame Hersent la love
(vv. 1-10)

Il nome del primo troviero renardiano apre la *branche*: il nuovo autore si colloca dunque nella tradizione inaugurata dal poeta più celebre, Pierre de Saint-Cloud. A quest'ultimo si accompagna la tipica dittologia epitetica «engin et art»[30] (FORMULA), normalmente attribuita alla volpe. Al secondo verso in *enjambement* con il terzo, compaiono i nomi dei due protagonisti della storia, Renart e il suo compare Ysengrin. Un *enjambement* lega anche i versi 5 e 6 (ANNUNCIO), in cui l'autore anticipa l'argomento della *branche*: l'udienza e il giudizio. Segue l'indicazione del luogo in cui si svolgerà la vicenda e la sintesi (RICHIAMO), in 3 versi, dell'antefatto: la violenza della lupa Hersent perpetrata da Renart «qui toz maus cove» (v. 9).

Nei versi 12-272 troviamo la prima sequenza narrativa:

vv. 12-15 Esordio primaverile con indicazione temporale della vicenda: i giorni vicini alla festa dell'Ascensione.

vv. 16-21 Sintesi dell'antefatto: il re Noble ha convocato a corte i suoi baroni i quali non hanno esitato a obbedire al re. Si trovano tutti al palazzo di Noble, tranne la volpe.

30. Vedi *supra*, cap. 1.

v. 23 La seconda menzione di Renart seguita dalla connotazione «Le mal lere, le soulduiant».[31]

Nell'arco dei primi 23 versi l'autore ha ricordato l'antefatto, ha annunciato la sua materia, ha fornito le indicazioni spazio-temporali per collocare la vicenda, ha introdotto Ysengrin definendolo «cher conpere» di Renart, ha connotato la volpe già due volte con espressioni incentrate sulla sua malizia e cattiveria.

Definito lo scenario, si entra nella vera narrazione: i personaggi non sono introdotti dalla voce narrante, ma si presentano tramite i loro discorsi. Ysengrin è il primo a prendere la parola e a definire il suo ruolo di antagonista; accusa pubblicamente la volpe di aver violentato la lupa Hersent e urinato sui lupacchiotti.

vv. 29-35 RICHIAMO. Il lupo allude alla violenza sessuale di Hersent, episodio narrato nella br. II e all'origine dell'ostilità tra Renart e Ysengrin. Il richiamo serve al narratore per aggiornare quella parte di pubblico che poteva non conoscere l'antefatto. L'argomento della *branche* è il processo alla volpe ed è necessario che tutti sappiano da quali accuse la volpe dovrà difendersi.

vv. 37-42 RICHIAMO. La fugace allusione di Ysengrin al giuramento mancato, raccontato nella br. Va, rievoca la scena dell'*escondit*, in cui Renart con la complicità di Grimbert riesce a sfuggire e rifugiarsi nella sua tana. Il discorso del lupo riassume gli episodi all'origine della guerra tra i due: la violenza sessuale di Hersent e il giuramento mancato.[32]

vv. 45-54 MOTIVO RICORRENTE n. 1: parzialità di Noble. Il re minimizza la faccenda ed esorta il lupo a lasciar perdere. Come abbiamo visto nel cap. 1, il comportamento accondiscendente del re verso Renart, pur sembrando spesso inspiegabile, è la cifra dell'intera epopea renardiana. Il garante della giustizia si mostra iniquo e la volpe non è mai punita per le sue malefatte. L'inserzione di un motivo tipico all'interno della *branche* struttura la vicenda secondo schemi prevedibili che aiutano il pubblico a orientarsi nella narrazione. Il pubblico probabilmente conosce Noble, sa che non punirà la volpe e che la storia dovrà proseguire per altre vie.

vv. 55-74 Un altro discorso diretto introduce il personaggio dell'orso: Brun chiede al re che si tenga un regolare processo per giudicare la volpe.

vv. 75-78 ANNUNCIO. L'orso si offre di andare a Malpertuis a chiamare Renart e domanda al re di affidargli l'incarico. La missione dell'orso sarà oggetto della III sequenza narrativa della *branche* (vv. 433-720).

31. L'uso degli epiteti connotativi è uno stilema tipico dell'oralità. Rimando ancora una volta alle parole di Ong, *Oralità e scrittura*, p. 67: «Il pensiero e l'espressione a base orale tendono a comporsi non tanto di unità discrete, quanto di gruppi di elementi come gli epiteti, i termini paralleli od opposti e le frasi parallele od opposte. Chi è immerso in una cultura orale preferisce, specialmente in un discorso non quotidiano, sentir parlare non del soldato, ma del soldato coraggioso; non della principessa, ma della bella principessa».

32. I due episodi si susseguivano, secondo la ricostruzione di Foulet, nel poema di Pierre de Saint-Cloud, sebbene nelle collezioni manoscritte siano separati e oggetto di due *branches* diverse (parte finale della br. II e br. Va).

vv. 79 ss. Introduzione di un altro personaggio, il toro Bruiant a cui è affidata l'espressione del sentimento comune: Renart non ha diritto a un processo, il suo reato è talmente evidente che bisogna condannarlo sedutastante.

vv. 83-102 RICHIAMO. Il toro ricorda lo stupro di Hersent. Trattandosi dell'episodio scatenante della saga renardiana in generale e di questa *branche* in particolare, è bene ricordare di tanto in tanto la vicenda.

vv. 103-133 discorso del tasso Grimbert. L'unico amico di Renart si presenta con un discorso in cui esplicita la propria posizione di difensore della volpe. Il pubblico probabilmente sa che il tasso aveva aiutato Renart durante il giuramento (br. Va) e quindi conosce già il suo ruolo di "aiutante dell'eroe". Se così non fosse, il poeta costruisce il personaggio del complice Grimbert attraverso un discorso diretto; le parole del tasso anticipano la versione di Renart secondo cui non si trattò di stupro, ma di un rapporto sessuale voluto anche dalla lupa.

vv. 134-179 Hersent si difende dalle accuse del tasso, giurando la propria fedeltà a Ysengrin.

vv. 181-218 discorso dell'asino Bernart in difesa dell'onore di Hersent.

vv. 219-272 MOTIVO RICORRENTE n. 1: parzialità di Noble. Noble non accetta la decisione del consiglio dei baroni e sostiene che, essendo stato decretato il periodo di pace giurata, non è possibile processare e condannare alcuno.

La seconda sequenza narrativa copre i versi 273-432 e racconta l'arrivo a corte di Chantecler e Pinte:

v. 273 FORMULA RICORRENTE: «Or est Renart bien avenu». Il poeta commenta la scena appena narrata dicendo che per questa volta a Renart è andata bene. La formula funge spesso da ritornello[33] nel *Roman de Renart* o meglio da attrazione sensoriale per l'ascoltatore[34] e costituisce un verso di transizione tra due scene importanti. La ripetizione di questa espressione stereotipata mette in allerta il pubblico: una scena si è conclusa e un'altra sta per iniziare, bisogna prestare attenzione.

vv. 279-344 RICHIAMO. Chantecler e Pinte giungono a corte portando la bara di Coupee. La famiglia dei polli racconta la strage appena avvenuta in cui la volpe ha divorato i fratelli e le sorelle di Pinte.

v. 346 INTERVENTO DEL GIULLARE: «Si con nos en escrit trovons». La voce narrante allude a una fonte scritta per avallare la veridicità dei fatti straordinari che sta per raccontare.

vv. 367-377 MOTIVO RICORRENTE n. 1: parzialità di Noble. Noble si era rifiutato di processare la volpe nonostante le richieste del consiglio. Ora invece, impietosito dalle parole della gallina Pinte, decide di mandare a chiamare la volpe per processarla.

vv. 408-432 veglia funebre in memoria di Coupee. Si tratta di uno dei molti siparietti topici di cui gli autori intessono i propri testi per parodiare alcuni aspetti del folklore religioso.

33. Vedi *supra*, cap. 1, § 2.2.
34. Zumthor, *Introduction à la poésie orale*, pp. 116 e *passim*.

La terza sequenza narrativa (vv. 433-720) racconta la missione di Brun (vv. 433-447: raccordo con la scena precedente).

vv. 439-441 ANNUNCIO. Noble affida a Brun l'incarico di condurre Renart a corte.

vv. 442-443 RICHIAMO. Noble detta un messaggio a Brun: «'Dites Renart de moie part / Q'atendu l'ai trois jors enters'». Il messaggio riassume a chi avesse perso la prima parte del racconto, il motivo della convocazione a corte di Renart.

vv. 448-468 RICHIAMO. L'autore apre una parentesi per raccontare i miracoli avvenuti sulla tomba di Coupee. La scena si svolge contemporaneamente al viaggio di Brun verso Malpertuis. La descrizione dei poteri miracolosi della gallina, oltre ad arricchire l'intreccio con un inserto comico-satirico, ricorda uno dei motivi per cui Renart dovrà presentarsi al cospetto della corte: la strage nel pollaio.

vv. 497-498 FORMULA RICORRENTE: «Or se conmence a porpenser / Con se porra vers lui tenser». La volpe sa che Brun è venuto a prenderlo per condurlo a corte e deve escogitare un piano per evitarlo. La formula, come abbiamo visto nel primo capitolo, introduce l'inganno della volpe e richiama l'attenzione del pubblico su un momento centrale della narrazione.

v. 608 FORMULA RICORRENTE: «Or est li las a mal repos». Il narratore commenta la scena appena descritta. L'orso è rimasto intrappolato nel tronco di un albero per colpa di Renart e ora si trova in una situazione difficile.

v. 614 FORMULA RICORRENTE: «Que quierez art et engien». Renart sta prendendo in giro l'orso intrappolato. La dittologia «art et engien» è una formula tipica in tutto il *Roman de Renart* ed è stata trattata nel primo capitolo nella sua forma invertita «engin et art».

v. 684 FORMULA RICORRENTE: «Or est Renarz pris a la trape». La formula sottolinea il capovolgimento di situazione; poco prima era l'orso a trovarsi in pericolo, ora, invece, Renart teme che Brun, riuscito a sopravvivere alla disavventura del tronco, si vendichi.

vv. 692-701 RICHIAMO. Una nuova presa in giro della volpe verso Brun che si ritrova con la testa spelata a causa della trappola del cuneo sfilato dal tronco. Le parole di Renart ripetono quanto è appena successo.

La missione del gatto Tibert occupa i versi 721-921 e costituisce la quarta sequenza narrativa della *branche*.

vv. 760-763 ANNUNCIO E INTERVENTO DEL GIULLARE: «Or vos di que ce fu la chosse / Qui plus l'esmaie et plus le donte. / Son cuer dit que il aura honte / Et grant ennui et grant vergoigne». Il poeta annuncia che la missione del gatto Tibert fallirà e la vittima ne ricaverà solo onta e vergogna.

vv. 785-791 RICHIAMO. Il messaggero Tibert spiega a Renart il motivo del suo arrivo; così facendo, il narratore ha l'occasione di ricapitolare la situazione: il re lo manda a chiamare per processarlo, alla corte tutti lo odiano fuorché il tasso Grimbert. Su questo particolare artificio professionale, Rychner scrive: «Mais les messages ont souvent un caractère plus nettement utilitaire, en insérant dans la narration un rappel de situation général, utile aux auditeurs nouveaux ou distraits».[35]

vv. 899-916 RICHIAMO. Il monologo di Tibert riassume i momenti salienti della disavventura appena vissuta. Il gatto parla tra sé e sé e menziona tutti i protagonisti della scena: Renart, l'ideatore dell'inganno, il prete cattivo, la sua donna, Martinet. Nel resoconto ricorda anche la scena dell'evirazione del prete.

Ai vv. 922-1200 troviamo la quinta sequenza narrativa: la missione del tasso Grimbert.

vv. 975-989 RICHIAMO. Il tasso ha trovato Renart, gli spiega perché è venuto a prenderlo e gli riferisce il messaggio del re. Di nuovo il narratore racconta l'antefatto del re che manda a chiamare Renart per sottoporlo a un processo. Alle accuse di Ysengrin ora si sono aggiunte quelle dei due precedenti ambasciatori ingannati, Brun e Tibert.

vv. 1000-1004 RICHIAMO. Di nuovo il tasso riferisce il messaggio del re. Questa volta le parole di Grimbert ricalcano esattamente quelle pronunciate dal re ai vv. 732-736.

vv. 1023-1028 MOTIVO RICORRENTE n. 3: richiesta di confessione. Renart chiede al tasso Grimbert di confessarlo prima di essere condotto al cospetto del re.

vv. 1029-1096 *RÉCLAME*. Confessione di Renart. Le confessioni sono uno degli espedienti più usati dai poeti per ripercorrere la leggendaria biografia della volpe. In questo brano sono contenuti richiami a molti episodi tra cui la violenza sessuale della lupa, la pesca nel ghiaccio, l'episodio dei prosciutti, il riflesso della luna nella fontana, la carretta delle platesse, l'assedio di Malpertuis, ecc.[36] La confessione di Renart ha molteplici scopi: attraverso l'elenco dei suoi ingannevoli trascorsi, la volpe si presenta al pubblico; tra le malefatte confessate si menziona ancora una volta l'episodio all'origine della guerra infinita col lupo. L'autore intende in questo modo collegare il proprio *récit* alla leggenda di Renart («la matere est large et ample», dice il v. 12 della br. XXV) e offre l'occasione al giullare di pubblicizzare il proprio repertorio. In base alla nostra ipotesi di ricostruzione, l'elenco di altre *ruses* della volpe avrebbe potuto suscitare la curiosità del pubblico e di conseguenza innescare la richiesta di una nuova *performance*.

La sesta sequenza narrativa occupa i vv. 1201-1422 e racconta, finalmente, quanto annunciato sin dall'inizio della *branche*: il processo.

v. 1204 FORMULA RICORRENTE: «Or est Renart pres de confondre». Il verso di transizione chiude la scena appena descritta della missione del tasso e la collega a quella seguente, quando la volpe è ormai giunta a corte e vede tutti gli animali schierati e pronti ad accusarlo. La formula introduce quindi il momento principale della *branche*: il processo.

vv. 1223-1225 RICHIAMO. Renart rivolgendosi a Noble, dice: «Or ont tant fet li losenger / Qui de moi se volent venger, / Que vos m'aves juge a tort». La volpe espone il suo punto di vista accusando i baroni di essere menzogneri; il narratore approfitta di queste parole per ricapitolare i fatti dal principio.

35. Rychner, *La chanson de geste*, p. 61.

36. Il brano è già stato analizzato *supra* nel cap. 2 per le numerose allusioni intertestuali.

vv. 1243-1245 RICHIAMO. Renart allude alla disavventura dell'orso raccontata nei versi precedenti. L'allusione contiene le tre parole chiave per rievocare la trappola: «Brun», «miel», e «Lanfroi».

vv. 1249-1252 RICHIAMO. Renart rievoca la trappola a Tibert, anche qui inserendo le parole chiave «chaz», e «raz».

vv. 1253-1258 RICHIAMO. Renart rievoca lo stupro di Hersent e l'ira di Ysengrin. Tutti questi richiami ragguagliano l'uditorio su quanto è appena stato raccontato.

v. 1331 FORMULA RICORRENTE: «Or est Renart en mal randon». L'udienza è terminata e il re chiede al consiglio di prendere una decisione sulla condanna. La formula chiude l'udienza e introduce la decisione definitiva: l'impiccagione di Renart.

vv. 1381-1394 MOTIVO RICORRENTE n. 2: promessa di penitenza. Renart scampa alla morte per impiccagione promettendo al re di espiare le proprie colpe combattendo al fianco dei Crociati.

v. 1396 MOTIVO RICORRENTE n. 1: parzialità di Noble. Il re s'impietosisce e lascia libero Renart.

L'epilogo si trova ai versi 1423-1620.

vv. 1435-1462 la regina Fière dona un anello a Renart. La scena, apparentemente gratuita, delinea invece l'atteggiamento della regina Fière nei confronti della volpe. In questa *branche* l'argomento è solo introdotto senza essere sviluppato, ma il rapporto particolare tra la volpe e la leonessa farà scaturire vicende raccontate in altre *branches*.[37]

vv. 1545-1550 ANNUNCIO. Noble, accortosi di essere stato ingannato da Renart (che nel frattempo si era spogliato degli abiti da crociato) emette un bando: «'Segnors' fet il, 'or apres tuit, / Que ge le voi ou il s'enfuit: / Par le cuer be s'il nos estort, / Vos estez tuit pendu et mort. / Et cil de vos qui le prendra, / Toz ses lignages franc sera». I baroni si mettono all'inseguimento di Renart che però riesce a rifugiarsi nella sua tana. Nel bando di Noble si può leggere un annuncio della materia della br. Ia tutta incentrata sull'assedio di Malpertuis. Non è un caso, forse, che la br. I è seguita, in molte collezioni proprio dalla storia del *Siège de Maupertuis* che ne costituisce una prosecuzione naturale tanto più che la br. I termina con le parole di Noble che incitano alla cattura della volpe. Anche in questo caso, il bando di Noble, potrebbe essere interpretato come una *réclame* del repertorio giullaresco.

Tabella 1. Sinossi degli artifici giullareschi

	Richiami	Annunci	Motivi	Formule	Interventi	*Réclame*
Prologo	1	1		1	1	1
I Sequenza	3	2	1			
II sequenza	1		1	1	1	

37. Per esempio nella br. Ia, dopo essere stata violentata da Renart, la regina si pente di avergli donato l'anello. Ancora, nella br. XI sposa Renart credendo che Noble sia morto in guerra; piange la morte (apparente) della volpe nella br. XVII.

III sequenza	3	1		4		1
IV sequenza	2	1			1	
V sequenza	2		1			
VI sequenza	4		2	2		
VII sequenza		1				

Se ricollocato nella situazione della *performance* giullaresca, il testo della br. I appare costellato di stilemi richiesti dalle necessità di conservazione della parola parlata, tracce più o meno evidenti che l'oralità lascia nella scrittura. Lo sviluppo della narrazione non segue un filo continuo e lineare, ma è interrotto da continui passi indietro e salti in avanti. Eppure ogni sequenza narrativa è dotata di una relativa autonomia che consente la recitazione a prescindere dal resto della *branche*: si tratta della caratteristica principale del *Roman de Renart*, immanente in molte *branches* e cifra stilistica dell'opera che la colloca appunto tra la raccolta di testi indipendenti e il ciclo. Non solo le *branches* possono essere fruite singolarmente, ma anche le sequenze contenute in esse si possono scomporre e ricomporre a piacimento.

L'analisi svolta è utile per inquadrare i fenomeni dell'intertestualità e della ricorrenza di motivi e formule in una nuova prospettiva. La composizione dei testi risente enormemente dei condizionamenti dell'oralità. Per penetrare le leggi che sono alla base della struttura del *Roman de Renart* è necessario ricollocare i testi nel loro spazio fatto di comunicazione orale, di esecuzioni pubbliche di fronte a un uditorio certamente più distratto e rumoroso di quello che oggi si siede a leggere un'edizione del *Renart*.

4. La conservazione del testo

Questo capitolo è dedicato alla ricostruzione della storia editoriale del *Roman de Renart*. Si ripercorreranno i principali studi critici sulla tradizione manoscritta per avere un quadro generale della situazione all'interno del quale inserire una nuova ipotesi sulla natura dell'archetipo di tutti i testimoni.

Il *Roman de Renart* è trasmesso da quattordici raccolte antologiche e diciannove frammenti che saranno brevemente descritti in un *excursus* introduttivo. La descrizione si limita ad alcune informazioni basilari; si danno in nota i principali riferimenti bibliografici relativi ai singoli codici e alle versioni del testo di ciascun testimone. Nel secondo paragrafo si riassumeranno le ragioni e le conclusioni che hanno portato critici ed editori a classificare i testimoni in tre famiglie.[1] Ognuna delle tre famiglie ha generato alcune raccolte di cui si parlerà nel paragrafo successivo per arrivare poi alle discussioni sull'archetipo (X). Incrociando i dati forniti dagli studiosi e gli elementi raccolti nel corso della mia ricerca si proporrà infine una ricostruzione alla luce di una nuova ipotesi.

1. La classificazione dei testimoni in tre raggruppamenti α, β e γ si deve a Martin. Nel suo *Examen critique des manuscrits*, p. 11, scrive: «En observant la différence du nombre et de l'ordre des branches, on remarquera tout d'abord trois classes principales de manuscrits plus complets, qu'on peut aisément subordonner aux trois manuscrits A, B, C». Nel 1887 nelle *Observations*, p. 9, precisa: «je comprends sous la lettre α le texte qui est conservé dans AE(F)G et qu'on retrouve encore, mais avec des légères altérations dans DN; la lettre β désignera le texte commune aux mss. BKL, quoique ce dernier manuscrit paraisse en même temps remonter à une source plus pure et avoir suffert plus d'altérations particulières que les autres de la classe β; enfin je donne la lettre γ au texte qui est reproduit par les mss CMn et dans lequel les deux textes α et β ont été combinés en quelque sorte». Si veda anche Nieboer, *Classes et familles*, p. 125, in cui si evidenzia un problema di ambiguità terminologica presente negli studi della tradizione renardiana: «Il n'est pas toujours clair quels sont les critères sur lesquels cette classification repose: a-t-on pris comme point de départ l'organisation, l'architecture des différents manuscrits, ou bien le degré plus ou moins élevé de parenté entre les textes qu'ils offrent? Ou bien les deux?» e si propone di indicare con "famiglia" i raggruppamenti di manoscritti derivanti da una fonte comune e con "classe" quelli che invece seguono lo stesso ordine nella successione delle *branches*.

1. *I testimoni*

Le quattordici raccolte antologiche sono state siglate da Ernest Martin[2] con le lettere ABCDEFGHIKLMNO, mentre le testimonianze parziali sono indicate con le minuscole abcdefghiklmnopqrst.

1.1. *I manoscritti antologici*

Il testimone A (Paris, BnF, fr. 20043), datato al XIII secolo e localizzato in area piccarda si compone di 146 carte più un frammento della c. 147. Dalla c. 24 inizia la trascrizione, a tratti lacunosa, del *Roman de Renart* consistente nelle *branches* I, II (vv. 23-1024), III, IV, V, Va, VI, VII, VIII, XII, IX, XIV, XIII, X e XI. Non ci sono miniature né titoli per segnalare l'inizio di una *branche*, ma in qualche caso un'iniziale più grande segna l'inizio di alcune sequenze. Il testo riportato da questo testimone è alla base dell'edizione Martin[3] essendo il testimone più antico e importante della classe α.

Il testimone B (Paris, BnF, fr. 371)[4] della fine del XIII secolo, proveniente dalla zona dell'Île-de-France, riporta le *branches* I, IV, II (vv. 1-22), XXIV, II (vv. 23-842), XV, XX, XXI, II (843-1396), Va, VI, VIII, IX, XII, III (1-376), III (377-510), XXII, VII, XVIII, XIX, V, Va (vv. 247-255), XVI, X e XI. Mario Roques ha utilizzato questo manoscritto come base della sua edizione del *Roman de Renart*.[5] Il ms. B rappresenta il testimone principale della classe β della quale fanno parte, in base alle ricostruzioni di Martin e Büttner, anche i codici K e L.

Il testimone C (Paris, BnF, fr. 1579),[6] datato alla fine del XIII o inizi del XIV secolo e localizzato nella zona dell'Île-de-France, è un codice attribuibile a un'unica mano alla quale si devono anche le numerose rubriche e le trentuno grandi iniziali che marcano l'inizio delle sequenze maggiori. Attualmente il codice conta 159 carte, ma mancano la c. 4, in cui era trascritta una parte della br. II, e alcune carte dopo la 159 che dovevano contenere la fine della br. XVII. Alla c. 1 è presente una miniatura con il re Noble sul trono e gli altri animali in piedi di fronte a lui. Le *branches* riportate sono: II (vv. 1-22), XXIV, II (vv. 1025-1396), Va (vv. 247-288), III, II (vv. 23-468 e vv. 665-842), XV (vv. 1-304), XIV, Va (vv.

2. Martin, *Examen critique des manuscrits*, pp. 3-7.

3. *Le Roman de Renart* (ed. Martin), I, p. XXV.

4. Le riproduzioni fotografiche del ms. sono disponibili in Gallica. Alcune informazioni sul codice si trovano, oltre che negli studi di Martin e Büttner, in Legrand d'Aussy, *Le Renard, poëme héroïco-comique*, p. 294 e in *Bibliothèque impériale*, p. 29, n. 371; Careri *et al. Album de manuscrits français du XIII*e *siècle*, pp. 23-26 (n. 5).

5. *Le roman de Renart. Première branche* (ed. Roques) e *Le roman de Renart, branche XX et dernière* (ed. Lecoy); un'edizione parziale si trova in Subrenat, *Trois versions du jugement*, pp. 623-643. Di recente è apparsa una nuova edizione integrale del manoscritto a cura di Dufournet *et al.*, *Le roman de Renart.*

6. Anche questo ms. è disponibile in Gallica. Cfr. Legrand d'Aussy, *Notices et extraits des manuscrits*, p. 294-320 (n. a p. 294) e *Bibliothèque impériale*, pp. 257-258 (n. 1579).

289-1272), I, XVI, XV (vv. 365-522), XX, XXI, II (vv. 843-1024), XVIII, XIX, II (vv. 469-664), V, IV, VII, VIII, VI, XXII, IX, X, XI, XVII. Il testo di C è alla base dell'edizione Fukumoto[7] e fa parte della terza famiglia dei testimoni, γ, caratterizzata da un chiaro intento di organizzazione ciclica della materia renardiana.[8]

Il testimone D (Oxford, Bodleian Library, ms. Douce 360) è datato 1339 (*post scriptum* alla c. 167) e proviene dalla zona dell'Île-de-France; è dotato di quindici miniature e diverse rubriche.[9] Contiene le *branches* I, II (vv. 1-842), XV, II (vv. 1025- 1396), III, VI, IV, V, Va, XII, VII, VIII, IX, XIV, XIII, X, XI, XVI e XVII. È stato classificato con i testimoni della famiglia α ed è utilizzato come manoscritto base dell'edizione Martin per le *branches* mancanti nel testimone A.

Il testimone E (London, British Library, Additional 15229) è del XIV o XV secolo Contiene le *branches* I (mutila dei primi 2280 versi), II (vv. 1-842), XV, IX, II (vv. 843-1396), III, VI, IV, V, Va, XII, VII, VIII, XIV, XIII, X e XI. Fa parte della famiglia α.

Il testimone F (New York, Pierpont Morgan Library, M. 932) è del XV o XVI secolo. Si tratta di un *descriptus* di E con proliferazione di errori come per esempio la soppressione di molte particelle linguistiche con evidenti conseguenze sulla versificazione. Anche questo testimone fa chiaramente parte della famiglia α.

Il testimone G (Paris, BnF, fr. 1580)[10] della seconda metà del XIV secolo è probabilmente anch'esso un *descriptus* di E. Le rubriche che dovevano accompagnare le miniature all'inizio delle *branches* sono state lasciate in bianco.

Il testimone H (Paris, Bibliothèque de l'Arsenal, 3334)[11] risale alla fine del XIII secolo ed è localizzato in area piccarda; si compone di 170 carte. La versione del *Roman de Renart* trasmessa da questo codice si caratterizza per la sua posizione intermedia tra le diverse classi di testimoni[12] ed è pertanto definito "manoscritto composito"[13] attestando una versione vicina alla famiglia α per quanto concerne la struttura e alla famiglia β per il testo.[14]

7. *Le Roman de Renart d'après les manuscrits C et M* (a cura di Fukumoto, Harano, Suzuki). Fukumoto aveva presentato un'edizione parziale già nel 1974: *Le roman de Renart. Branches I et Ia* .

8. Cfr. Bellon, *De la chaîne au cycle?*, pp. 27-44; Busby, *Codex and Context*, I, pp. 225-253 e Sunderland, *Old French narrative cycles*, specialmente il cap. 4 *Ethical Evil: The* Roman de Renart, pp. 138-175, dove si parla appunto del manoscritto C come latore di una versione in cui si realizza il potenziale ciclico immanente alla tradizione renardiana.

9. Cfr. Barre, *Marges ou marginalia dans le manuscrit D.*

10. Il codice è digitalizzato in Gallica. Cfr. anche *Bibliothèque impériale*, p. 258 (n. 1580).

11. Cfr. H. Martin, *Catalogue des manuscrits de la Bibliothèque de l'Arsenal*, pp. 331-333 (n. 3334).

12. Cfr. Martin, *Observations,* p. 4 e Büttner, *Studien zu dem Roman de Renart*, pp. 56-80.

13. Si veda l'introduzione all'edizione di Strubel, p. LXXVI.

14. Della versione tràdita dal manoscritto H, si sono occupati Strubel, *Ordre et désordre dans un recueil renardien: l'exemple du manuscrit H*, pp. 487-496; Harano, *Sous quel nom désigner une partie du ms. H* e Bellon, "*Renart empereur*".

Le *branches* riportate sono: I, VI, VII, VIII, IV, V, Va, XII, II (vv. 1-842), XV, II (vv. 843-1396), III, XXV (in unica attestazione), IVbis (in unica attestazione),[15] IX, XIV, XIII (in una redazione interpolata e più lunga di quella dei testimoni della famiglia α),[16] X, XI, XVI e XVII (lacunosa per la caduta delle sei carte finali). La versione del manoscritto H è edita da Armand Strubel.[17]

Il testimone I (Paris, BnF, fr., 12584),[18] piccardo e del XIV secolo, si compone di 157 carte e riporta una versione del *Roman de Renart* vicina a quella di H, ma non dipendente;[19] è considerato anch'esso un testimone composito. Le *branches* riportate sono: I, VII, VIII, IV, V, Va, XII, II (vv. 1-842), XV, II (vv. 843-1396), III, VI, IX, XIV, XIII,[20] X, XI e XVI (le ultime due *branches* presentano lacune consistenti); si nota la tendenza ad abbreviare i testi.

Il testimone K (Chantilly, Musée Condé, 472),[21] della metà del XIII secolo è un codice composito di 260 carte.[22] Sulle ultime sedici carte sono trascritte sei *branches* del *Renart*: II (vv. 1-842), XV, II (vv. 843-1396), Va, VI, VII e IV. Il testo di K è abbastanza vicino a quello della versione di B[23] e fa parte anch'esso della famiglia β; nell'edizione di Strubel alcune lezioni sono tratte da questo manoscritto.

Il testimone L (Paris, Bibliothèque de l'Arsenal, 3335),[24] del XIV secolo, consta di 124 carte ed è ornato con iniziali dorate o colorate e decorazioni marginali. Riporta le seguenti *branches*: II (vv. 1-842), XV, II (vv. 843-1396), Va, VI, XII, VIII, I, XVIII, XIX, XX, XXI, XXVI (in attestazione unica), XXII, XVI,

15. Il testo della seconda versione dei «Puits» conta 426 versi e si trova alle cc. 76-78. Secondo Varty, questa versione corta è più antica di quella *standard* èdita da Martin; la trama è identica, nonostante la variazione di alcuni dettagli. Il testo è stato pubblicato in appendice all'edizione Strubel alle pp. 1032-1037. Si vedano anche: Strubel, *Deux versions de Renart dans le puits*; Varty, *Renart et Isengrin dans le puits*; Strubel, *Ordre et désordre dans un recueil renardien*.

16. La versione della br. XIII tràdita da H si caratterizza per l'aggiunta di alcuni episodi non attestati altrove. In alcuni casi, il copista di H sostituisce alcuni versi (della redazione maggioritaria) inventandone di nuovi che però ripetono avventure raccontate nella br. II. Per la ricostruzione dettagliata di questa versione della br. XIII, si veda Martin, *Observations*, p. 77.

17. *Le roman de Renart* (a cura di Strubel).

18. Le foto a colori del manoscritto I sono consultabili in Gallica. Cfr. Omont, *Bibliothèque nationale. Catalogue général*, p. 568 (n. 12584). Sulle miniature presenti in questo codice, cfr. Gathercole, *Illustrations of the Roman de Renart*.

19. Cfr. Martin, *Observations*, p. 5.

20. Il testo della br. XIII nel testimone I è una versione abbreviata della redazione interpolata tràdita dal solo ms. H. Cfr. Martin, *Observations*, p. 77.

21. Cfr. *Chantilly. Le cabinet des livres*, II, pp. 38-44 (n. 472). Si veda anche Gingras, *La triste figure des chevaliers*.

22. Questo il contenuto dell'intero codice: f. 1ra-55vc: Jehan, *Les merveilles de Rigomer*; cc. 57ra-77vc: *Atre perilleux*; cc. 78ra-99vc: Chrétien de Troyes, *Erec et Enide*; cc. 100ra-122rc: Guillaume le Clerc, *Fergus*; cc. 122rc-133vc: *Hunbaut*; f. 134ra-153bis ra: Renaut de Beaujeu, *Le bel inconnu*; cc. 154ra-173vc: Raoul de Houdenc, *Li contes de la Vengance Raguidel*; f. 174ra-195vc: Chrétien de Troyes, *Yvain ou le chevalier au lion*; cc. 196ra-213va: Chrétien de Troyes, *Lancelot ou le chevalier de la charrette*; cc. 214ra-243va: *Perlesvaus*.

23. Walters si è occupato della versione di K a più riprese: *Chantilly Ms. 472 as a cyclic work*; *Parody and moral allegory in Chantilly MS 472* e *Dé-membrer pour remembrer*.

24. H. Martin, *Catalogue des manuscrits*, III, pp. 333-335 (n. 3335).

VII, IV, X, IX, III (vv. 377-510 e vv. 1-376) e XI. Il testo si avvicina a quello di B di cui conserva talvolta lezioni più antiche, ma in generale appare molto corrotto.[25] Fa parte, insieme ai testimoni B e K, dei manoscritti della famiglia β.

Il testimone M (Torino, Biblioteca Reale, varia 151) risale alla fine del XIII o agli inizi del XIV secolo Si tratta di un testimone particolarmente interessante per la sua versione "ciclica" del *Roman de Renart.*[26] Il compilatore di quest'antologia ha rielaborato la materia renardiana smembrando e dislocando parti di testi con lo scopo di ordinarle secondo una successione logico-cronologica che risulta accentuata anche grazie al corredo di numerose rubriche e iniziali per marcare l'inizio di ciascuna unità narrativa (unità che spesso non corrispondono a quelle delle altre versioni). La versione di M inizia con la *branche* XXIV, ovvero *Les enfances Renart* e si chiude con la *branche* XVII, *La mort de Renart*; in mezzo troviamo le altre *branches* in quest'ordine: II (vv. 1025-1396), Va (vv. 247-288), III, II (vv. 23-468 e vv. 665-842), XV (vv. 1-304), XIV, Va (vv. 289-1272), I, XVI, XXIII (in attestazione unica), XXII, XV (vv. 365-522), XX, XXI, II (vv. 843-1024), XIX, XVIII, II (vv. 469-664), V, IV, VII, VIII, VI, IX, X e XI. Il testo è vicino a quello di C, ma a volte se ne discosta per avvicinarsi a quello di B oppure di O.

Il testimone N (Vaticano, BAV, Reg. Lat. 1699), del XIV secolo, è composto di 181 carte. Martin ha annotato alcune particolarità del codice come l'uso dell'inchiostro nero alla fine di molte *branches* e l'interruzione brusca della trascrizione della br. XV al v. 116 seguito da una coppia di versi aggiunti da uno dei copisti: «Or vous en soufise atant / Que plus nen dirai maintenant». Inoltre un'altra mano s'inserisce per trascrivere la br. XII fino al v. 123. La caratteristica principale di questo testimone è che alcune *branches* vi compaiono duplicate in redazioni diverse di cui la prima segue la versione del testimone A e l'altra quella del testimone C. Questa peculiarità ha portato Martin a distinguere le due parti del codice indicando con la lettera N una parte del codice e con la minuscola n l'altra.[27] Le *branches* contenute in N (+ n)[28] sono: I, II (vv. 1-842), XV, II (vv. 843-1396), XVI, XVII, XIII, *II* (vv. 1-22), XXIV, *II* (vv. 1025-1396), Va (vv. 247-288), III, *II* (vv. 23-468 e vv. 665-842), *XV* (interrotta), Va (vv. 289-1272), IX, XII (interrotta), X, XI, XIV, VIII.

Il testimone O (Paris, BnF, fr. 12583)[29] è del XV secolo ed è stato localizzato in area piccarda. Si tratta di un codice di 48 carte, incompleto della fine. Le *branches* contenute in questo testimone sono: I, VI, II (vv. 1-842), XV, II (vv. 843-1396), III, IV, V, Va, VII, IX, XII (fino al v. 86). Una miniatura alla c. 1 rap-

25. Cfr. Martin, *Observations,* p. 7.

26. Sull'organizzazione del testo nella versione di M, si vedano, per esempio, Bellon, *De la chaîne au cycle?*; Vitale Brovarone, *Testo e attitudini del pubblico nel Roman de Renart*; Varty, *Le Roman de Renart e le manuscrit de Turin*; Lodge, Varty, *The earliest branches*; Busby, *Codex and Context*, I, pp. 225-253.

27. Cfr. Martin, *Examen critique des manuscrits*, p. 5, e *Le Roman de Renart*, I, pp. XVII-XX.

28. Indico con il corsivo le *branches* duplicate.

29. Le riproduzioni fotografiche del manoscritto O sono consultabili in Gallica.

presenta la scena della Processione di Renart.[30] Un'edizione del testo di O è stata realizzata da Aurelie Barre.[31]

1.2. *I testimoni parziali*

Il frammento *a* si trova nel manoscritto Paris, BnF, nouv. acq. fr., 10035,[32] un codice di 54 carte datato al XIII secolo e contenente la trascrizione, su una sola colonna, della br. I.

Il frammento *b* si trova ai ff. 46vb-49rb del celebre manoscritto 837 della BnF di Parigi.[33] La *branche* trascritta è la numero VIII intitolata dal compilatore (f. 46vb) *La Confession Renart*.[34]

Anche il frammento *c* riporta la trascrizione della br. VIII preceduta dal titolo «Ci commence la confession Renart et son pelerinage»; questa si trova ai ff. 21v-24v del manoscritto Paris, BnF, fr. 25545,[35] una raccolta di 167 carte con *fables*, *fabliaux* e altri testi narrativi brevi.[36]

Il frammento *d* riporta ugualmente la trascrizione della br. VIII su quattro carte del manoscritto 1598 della Biblioteca Casanatense di Roma. Si tratta di un codice del XIV secolo composto di 200 carte e contenente il *Roman de la Rose* e trentasette altri testi più brevi tra i quali appunto la br. VIII del *Roman de Renart*.

Con la lettera *e* si indica un frammento di 100 versi contenuto in un manoscritto della Bibliothèque de Saint-Omer del XIII secolo Il frammento copiato su due foglietti riporta una parte della br. X (a partire dal v. 1327).

Il frammento *f* si trova all'interno di una raccolta di opere di Philippe de Beaumanoir copiate nel manoscritto 1588 della BnF di Parigi risalente al XIII secolo. Una mano negligente[37] ha inserito su un foglio bianco (96v) i primi 24 versi della br. XIV.

Il frammento *g* attesta la versione italianizzata della br. XX intitolata «Rainardo e Lesengrino».[38] Tra i testimoni del *Renart* è l'unico manoscritto in carta,

30. Secondo Aurélie Barre, la presenza di questa miniatura suggerisce che il codice originariamente avrebbe dovuto contenere anche la br. XVII («Morte e processione di Renart»). Cfr. Barre, *L'image du texte*, pp. 17-31 e *Renart à Plaincourault*, pp. 23-38. La circostanza d'altronde, era già stata notata da Martin, *Observations,* p. 8 e ribadita da Foulet, *Le Roman de Renard*, p 102.

31. Barre, *Édition critique et étude littéraire du manuscrit O* e *Le roman de Renart, édité d'après le manuscrit O*. Della stessa autrice si veda anche *Petite introduction au manuscrit O*.

32. Cfr. Omont, *Catalogue général des manuscrits français*, p. 7.

33. L'intero codice è consultabile sul sito Gallica. Si tratta della più importante raccolta di *fabliaux* e contiene numerosi altri testi di vario genere (*salutz*, *dits*, *lais*, ecc.). La *branche* del *Renart* si trova precisamente tra il *Lai de l'oiselet* e il *De sire Hain et de dame Anieuse* di Hue Piaucele.

34. Conviene precisare, a scanso di equivoci, che la *branche* che si suole indicare con questo titolo è la numero VII dell'ed. Martin, mentre la VIII è comunemente designata con il titolo «Le Pèlerinage Renart».

35. Il manoscritto è consultabile sul sito Gallica della BnF.

36. Tra cui alcuni proverbi di Seneca, 63 *fables* dall'*Ysopet* di Maria di Francia, *La Châtelaine de Vergy*, le *Bestiaire* de Richard de Fournival, ecc.

37. Cfr. Martin, *Examen critique des manuscrits*, p. 6.

38. Cfr. Teza, *Rainardo e Lesengrino* e Caboni, *Note e correzioni al Rainardo e Lesengrino*. Nell'edizione Martin è la br. XXVII e si trova affiancata al testo, anche questo italiano, del frammento *i* con il quale ha in comune alcuni versi, nonostante le due redazioni differiscano molto.

vergato nel XIV secolo e conservato oggi alla Biblioteca Bodleiana di Oxford con segnatura canon. Ital. XLVIII.

Il frammento *h* consiste nella trascrizione sulla metà superiore (sia sul *recto* che sul *verso*) di una delle coperte del ms. BR.II.139 della Bibliothèque Royale de Bruxelles di 72 versi della br. XI.[39] Il testo si discosta da quello delle tre famiglie di testimoni renardiani, anche se sembra leggermente più vicino a quello di B.

Il frammento *i* riporta la trascrizione in francoveneto della br. XXVII in una versione differente da quella che si trova nel frammento *g*.

Con *k* ci si riferisce al testo trascritto su un doppio foglio utilizzato come coperta di un manoscritto quattrocentesco conservato ad Angers negli Archives départementales de Maine-et-Loire.[40] Vi troviamo la trascrizione di 179 versi (vv. 2565-2703 e vv. 2994-3135) della br. XI.

Il testimone parziale *l* consiste nella trascrizione frammentaria di alcuni passi delle br. II, XIV e XV su un codice della fine del XIII secolo conservato a Saluzzo.

Con *m* si indicano due frammenti delle br. II e XIX trascritti sul foglio di guardia del manoscritto trecentesco 257 della Bibliothèque de Sainte-Geneviève a Parigi.

Il frammento *o* si trova ai ff. 11-13 del manoscritto di Parigi, BnF, nouv. acq. fr. 5237[41] del XIII secolo. Il testo riporta alcuni frammenti delle br. Ia, Ib e VII. Il testo delle br. Ia e Ib è vicino a quello della versione attestata da CMklm, mentre quello della br. VII è più vicino alla versione di HI.[42]

Il testimone *p* riporta un frammento della br. VIII e si trova in un manoscritto della Bibliothèque Royale de Bruxelles segnato II.6336.

Dalla stessa biblioteca proviene il manoscritto (IV.852.fragm. 4) all'interno del quale si trova il frammento *q* con parti delle br. VIII e XIII.

Il testimone *r* (fragm. 9 del ms. II.139. della Bibliothèque Royale de Bruxelles) riporta alcuni frammenti delle br. II e XXI.

Dalla Biblioteca Comunale di Siena (ms. K.IV.50) proviene il frammento *s* con parti delle br. II, III e IV.[43]

L'ultimo frammento, *t*, riporta passi delle br. II e III e si trova all'interno di un manoscritto duecentesco conservato nella biblioteca dell'Università di Hiroshima.

39. Cfr. Paris, *Un fragment de "Renart"*.

40. Cfr. Meyer, *Fragments de manuscrits français*.

41. Si tratta di una raccolta *factice* in cui sono stati riuniti, nel 1890, molti frammenti di manoscritti in versi e in prosa di varia provenienza. Cfr. Roques, *Fragments d'un manuscrit du Roman de Renart*.

42. Cfr. Roques, *Fragments d'un ms. du Roman de Renart* e *Le Roman de Renart, fragment o* (a cura di Fukumoto).

43. Su questo testimone si veda Rossi, Asperti, *Il Renart di Siena: nuovi frammenti duecenteschi*.

	A	B	C	D	E	F	G	H	I	K	L	M	N	O	a	b	c	d	e	f	g	h	i	k	l	m	o	p	q	r	s	t
I	x	x	x	x	x	x	x	x	x		x	x	x	x	x												x*					
II	x*	x	x	x	x	x	x	x	x	x	x	x*	*xx*	x											x*	x*				x*	x*	x*
III	x	x	x	x	x	x	x	x	x		x	x	x	x																	x*	x*
IV	x	x	x	x	x	x	x	*xx*	x	x	x	x		x																	x*	
V	x	x	x	x	x	x	x	x	x			x		x																		
Va	x	x	x	x	x	x	x	x	x	x	x	x	x	x																		
VI	x	x	x	x	x	x	x	x	x	x	x	x		x																		
VII	x	x	x	x	x	x	x	x	x	x	x	x		x													x					
VIII	x	x	x	x	x	x	x	x	x		x	x	x			x	x	x										x*	x*			
IX	x	x	x	x	x	x	x	x	x		x	x	x	x																		
X	x	x	x	x	x	x	x	x	x		x	x	x						x*													
XI	x	x	x	x	x	x	x	x	x		x	x	x									x*		x*								
XII	x	x		x	x	x	x	x	x		x		x	x																		
XIII	x			x	x	x	x	x	x				x																x*			
XIV	x		x	x	x	x	x	x	x			x	x							x*					x*							
XV		x	x	x	x	x	x	x	x	x	x	x	*xx*	x											x*							
XVI		x	x	x				x	x		x	x	x																			
XVII			x	x				x				x	x																			
XVIII		x	x								x	x																				
XIX		x	x								x	x														x*						
XX		x	x								x	x																				
XXI		x	x								x	x																		x*		
XXII		x	x								x	x																				
XXIII												x																				
XXIV		x	x									x	x																			
XXV								x																								
XXVI											x																					
XXVII																					x*i*		x*i*									

Fig. 1. Le branche nei manoscritti. Le *branches* contrassegnate dal carattere grassetto sono quelle in attestazione unica. L'asterisco di fianco alla *x* segnala una lacuna nella trascrizione. Il carattere corsivo indica che una *branche* si trova in un dato testimone in due redazioni. Quando la *x* è seguita da una *i* indica che si tratta di un testo italianizzato.

La prima osservazione che si può fare riguarda la br. VIII che, oltre a essere trasmessa da dodici manoscritti antologici ha avuto una notevole diffusione anche come *récit* indipendente trovandosi in ben cinque testimonianze parziali, in quattro casi da sola e in uno insieme alla br. XIII. Questo dato ci fa riflettere sull'autonomia dei testi renardiani che, se anche si trovano più spesso all'interno di antologie, posseggono comunque tutte le caratteristiche per essere lette come testi singoli e indipendenti dal ciclo. La questione sarà ripresa nelle prossime pagine relative alla particolare struttura del *Roman de Renart*, che assume la forma intermedia tra la raccolta di *récits* indipendenti e il ciclo.

Le br. II e Va (ovvero il supposto poema di Pierre de Saint-Cloud) sono copiate in tutte le raccolte, anche se non sono mai trascritte nella forma ricostruita dai critici, cioè una di seguito all'altra. La br. II è inoltre tràdita da cinque testimoni parziali al contrario della Va che si trova solo nelle raccolte.

Le br. I, III, IV, VI, VII, IX, e XV si trovano in tredici delle quattordici raccolte; le br. V, VIII, X e XI in dodici raccolte; la br. XII in undici antologie e la br. XIV in dieci.

La br. XIII manca in tutti i testimoni della famiglia β (BKL) e della famiglia γ (CM) e nel testimone composito O, per cui compare solo otto volte nelle antologie, ma in tre redazioni differenti: una maggioritaria copiata in tutti i testimoni della famiglia α, una interpolata e più lunga tràdita dal testimone H e un'altra basata sulla versione di H, ma abbreviata dal copista del ms. I.

2. *Classificazione dei testimoni*

Nelle pagine precedenti si è fatto riferimento alle tre famiglie in cui sono stati classificati i testimoni del *Roman de Renart*. La classificazione si deve agli studi di Ernest Martin e poi di Hermann Büttner in base a cui la tradizione manoscritta del *Roman de Renart* si dispiega su uno stemma che prevede due famiglie distinte di testimoni (famiglia α e famiglia β) dalla combinazione delle quali risulta una terza famiglia γ. I due studiosi sono giunti a conclusioni simili partendo da criteri di classificazione diversi. Le argomentazioni sono molto complesse e sarebbe impossibile sintetizzarle in poche righe; rimando quindi ai volumi dei due studiosi per una conoscenza dettagliata. In questa sede basterà riassumere schematicamente alcune delle loro conclusioni per orientarci nella complessa vicenda tradizionale del *Roman de Renart*: il ramo α, da cui deriva il ms. A, è quello più vicino alla prima raccolta di *branches* compilata prima del 1205; i testimoni DEFGHIN fanno parte della stessa famiglia condividendo con A la presenza delle br. XIII e XIV e l'assenza delle *branches* dalla XVIII alla XXII oltre che il criterio simile nell'organizzazione interna delle antologie (la br. I a inizio di raccolta, la divisione interna della br. II in due parti, ecc.).

Il ramo concorrente β contiene le br. dalla XVIII alla XXII, ma non le br. XIII e XIV, e rappresenta il modo alternativo di combinare insieme le *branches*.

I testimoni di questa seconda classe sono BL e K, anche se quest'ultimo attesta solo sette *récits*.

Tra le due famiglie α e β troviamo il terzo ramo γ, derivante dalla combinazione dei primi due e rappresentato dai manoscritti C, M e n che contengono sia le *branches* dalla XVIII alla XXII che la br. XIV (ma non la XIII e neanche la XII che è invece presente nelle altre due classi di testimoni). Infine i testimoni H e O sono definiti "testimoni compositi" non essendo imparentati con nessuna delle tre famiglie in modo diretto.

Di seguito lo *stemma codicum* di Ernest Martin:[44]

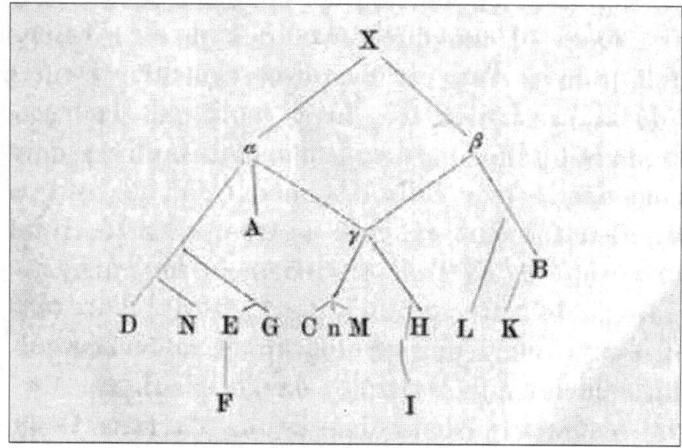

Questo, invece, lo *stemma codicum* di Büttner:[45]

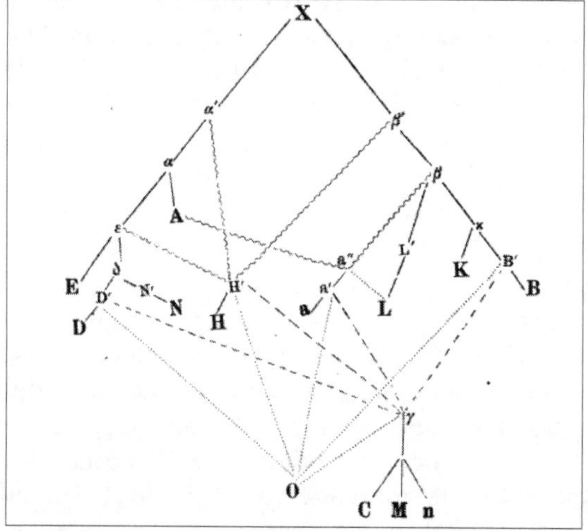

44. Martin, *Observations*, p. 9.
45. Büttner, *Studien zu dem Roman de Renart*, p. 128.

E infine lo stemma di François Zufferey:[46]

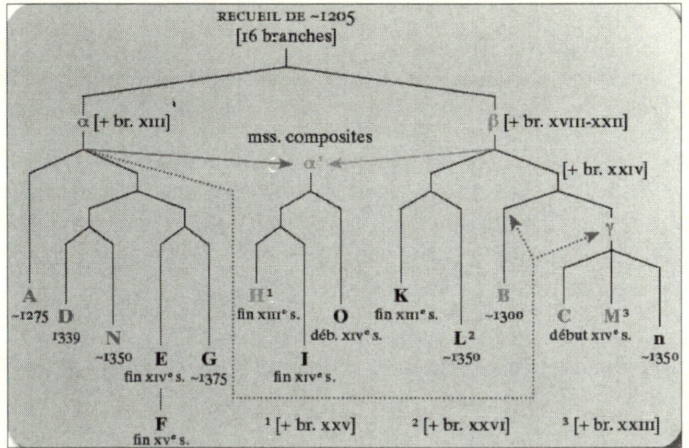

3. *Le raccolte antologiche*

Dai fatti sinora esposti si evince che alla base di tutti i nostri testimoni c'è un archetipo comune (X). A partire da questo archetipo e attraverso numerosi passaggi, si arriva alle quattordici raccolte antologiche classificate nelle tre famiglie α, β e γ che riflettono l'operazione, ripetuta almeno tre volte, di raccogliere e assemblare le *branches* in modi diversi.

L'organizzazione relativamente migliore è quella che ci forniscono i testimoni della famiglia β, ma è stato dimostrato che non si tratta dell'ordine originale, bensì di una riorganizzazione dei materiali del modello finalizzata a fornire un testo più leggibile: vale a dire che l'ordine giudicato come il migliore non costituisce affatto l'ordine originale.[47] Il subarchetipo α, invece, da cui derivano i testimoni ADEFGHI(N), appare come quello il cui ordinamento si avvicina maggiormente alla prima raccolta di testi renardiani, un ordinamento giudicato come illogico e incoerente, ai limiti della leggibilità.[48]

Dopo la costituzione della prima edizione del *Roman de Renart* (archetipo X), altri compilatori sono intervenuti sul modello per sistemare i singoli testi in successioni più o meno significative. Alberto Varvaro descrive questi procedimenti, molto diffusi nel XIII secolo, con l'espressione «phagocytation d'un texte en un texte plus large».[49] Si tratta di un caso limite di manipolazione dei testi da parte dei copisti i cui comportamenti rivelano «une faible conscience de l'indi-

46. Zufferey, *Genèse et tradition*, p. 176.

47. Cfr. Büttner, *Studien zu dem Roman de Renart*, pp 14-15.

48. Foulet discute a lungo su questo punto (pp. 19-31) giungendo alla conclusione che il vero colpevole di questo "disordine" è il compilatore della prima raccolta renardiana.

49. Varvaro, *Élaboration des textes et modalités du récit*, pp. 43.

vidualité du texte narratif».[50] Discutendo il modo di essere (e quindi di essere concepito) del *récit* narrativo nel XII secolo, Varvaro afferma che:

> l'habitude de l'écouter/le lire par sections, chapitres, épisodes est assez forte pour affaiblir le lien interne d'individualité du texte comme un tout et pour permettre, à l'extérieur, sa réabsorption dans le macrotexte, dans le cycle ou dans la tradition légendaire.[51]

In un'altra sede, Varvaro include il *Roman de Renart* nella categoria delle raccolte cicliche in cui l'intento dell'editore è di mettere a disposizione del lettore una "narrazione totalizzante", come accadde per esempio nel caso del *Ciclo di Guillaume d'Orange* o per il *Roman d'Alexandre*.

> In modo analogo, le diverse e successive *branches* del *Roman de Renart* sono state non solo collezionate in raccolte tanto ampie da mettere insieme, visibilmente, tutto ciò che era accessibile all'editore, ma anche ordinate secondo una qualche progressione significativa.[52]

Le edizioni delle singole raccolte iniziano a essere pubblicate anche sulla scia del crescente interesse per il fenomeno della *mise en recueil*. Oltre alle edizioni del testo secondo ciascuna delle tre redazioni principali (abbiamo l'ed. Martin per la famiglia α, l'ed. Roques per β e l'ed. Fukumoto per γ) finora sono state pubblicate edizioni del testo di H, di O e di B.[53]

Tralasciando l'importanza che hanno i fattori legati alla *mise en recueil* per un editore, quello che emerge chiaramente dai dati sopra elencati è che i compilatori delle antologie hanno intenzionalmente modificato il proprio modello per costruire un testo più coerente e leggibile. Sui manoscritti della famiglia γ, per esempio, Fukumoto scrive: «Un des principaux interêts des manuscrits du groupe γ réside dans l'intention des copistes».[54] Anche Foulet aveva evidenziato questo aspetto:

> Le copiste de γ s'était évidemment donné la mission de rassembler et coordonner les branches de Renard qui couraient de son temps: ou plutôt il avait voulu introduire dans une collection déjà constituée, mais mal agencée, un ordre plus satisfaisante. Il est très curieux de le suivre à l'œuvre: il rapproche les récits qui ont de l'analogie, à l'aide de retouches habiles il soigne la transition d'une branche à l'autre, multiplie les renvoies, bref, i s'ingénie à donner aux hommes de son temps une édition du Roman qui fût attrayante et lisible.[55]

Questa constatazione comporta almeno due riflessioni: la prima è che ai compilatori delle raccolte delle famiglie β e γ (e, in parte, di α) interessava pre-

50. *Ibidem.*

51. Ivi, pp. 43-44.

52. Varvaro, *Il testo letterario*, p. 397.

53. Si veda oltre la *Bibliografia* con l'elenco di tutte le edizioni disponibili.

54. Alla p. 54 dell'introduzione all'edizione. Si vedano anche gli studi già citati nella nota sul testimone C.

55. Foulet, *Le Roman de Renard*, p. 98.

sentare il *Roman de Renart* come un'opera dotata di un'organizzazione interna, se non proprio lineare, almeno relativamente logica e soprattutto "leggibile". La seconda considerazione è che, invece, al compilatore della prima raccolta (ovvero l'archetipo di tutti i manoscritti) non interessava affatto presentare le *branches* in una successione logica e coerente. Di questo punto ci occuperemo nei paragrafi seguenti.

4. *L'archetipo di tutti i nostri manoscritti*

Gli studi di Martin, Büttner e Foulet hanno dimostrato che alla base di tutti i testimoni del *Roman de Renart* c'è un archetipo comune; questo, secondo Foulet, conteneva le seguenti *branches* così articolate: I, Ia, Ib, II (vv. 1-842), XV, II (vv. 843-1396), III, IV, V, Va, VI, XII, VII, VIII, IX, X, XI, XIV, XVI e XVII. Rispetto a Büttner, Foulet inserisce nella prima raccolta anche le br. XIV e XVII.[56] Per ciò che concerne la br. XIV, essa si trova nei mss. ADEFGHIN, ma non in B e L. Si presuppone dunque che o fosse stata scartata dal compilatore della fonte comune di BL o aggiunta dalla fonte comune agli altri manoscritti. Büttner scarta la *branche* dalla raccolta primitiva basandosi su un ragionamento: trattandosi di una collezione di poemi è più verosimile pensare all'aggiunta di *branches* piuttosto che alla loro soppressione, pertanto la br. XIV costituisce un'aggiunta dovuta al compilatore della fonte comune dei mss. ADEFGHIN. L'argomento non convince Foulet che porta altri esempi di soppressione ingiustificata di *branches* (la br. XV nel ms. A, la br. V in L, la XII in CM) che sono invece incluse da Büttner nella raccolta primitiva. Riguardo invece alla br. XVII il discorso è più semplice: Büttner la scarta perché essa non si trova nei mss AEFG, ma Foulet la reintegra nella raccolta primitiva perché questa si trova alla fine della collezione, come dimostrano i testimoni DNHCM; trattandosi quindi delle ultime carte, si può presumere che queste siano accidentalmente cadute. La situazione è identica a quella della br. XVI che Büttner stesso aveva deciso di considerare come facente parte della collezione primitiva. Anche lo studio di François Zufferey conferma che nella prima raccolta renardiana erano presenti queste sedici *branches*.[57]

Dunque Foulet ricostruisce il contenuto dell'archetipo e data la sua formazione a prima del 1205. Ci dice anche che probabilmente si trattava dell'opera di un collezionista che aveva provato a riunire tutti i poemi circolanti sulla volpe al suo tempo[58] e aggiunge: «il est possible que la première collection qui a rassemblé en un tout des fragments peut-être assez differents, n'ait guère fait que les

56. Ivi, pp. 27-29.

57. Zufferey, *Genèse et tradition*, p. 159.

58. Foulet, *Le Roman de Renard*, p. 31: «Probablement l'oeuvre d'un collectionneur qui avait recherché avec un soin curieux et rassemblé en un même corps tous les poèmes de son temps où l'on contait de Renard. Il y a là véritablement la première édition du Roman, et qui eut du succès, puisque c'est d'elle que dérivent tous nos manuscrits. Mais elle se fondait elle-même sur des manuscrits antérieurs, provenant peut-être de sources fort différents»

juxtaposer».[59] Con questo giustifica la scelta editoriale di Ernest Martin che nella sua edizione critica del *Roman de Renart* utilizza come testo base il manoscritto A (e D per le *branches* assenti in A), testimone che tramanda un testo incoerente nella sua struttura interna e a tratti illeggibile.[60] Si tratta però della forma più vicina a quella in cui dovette presentarsi la prima raccolta di testi sulla volpe Renart.

Il *Roman de Renart* ha vissuto per un certo tempo in questa forma prima di essere arricchito dall'intervento di altri copisti e collezionisti che hanno via via ampliato la raccolta aggiungendo le cosiddette *branches* tardive o addizionali: XIII,[61] XVIII, XIX, XX, XXI, XXII, XXIII, XIV, XXV, XXVI e XXVII.[62]

5. *Il primo "editore" del* Roman de Renart

Ricostruito l'archetipo e il suo contenuto, rimane da capire chi ne fosse l'artefice. Il responsabile della prima raccolta, come abbiamo visto, si è limitato a giustapporre una serie di testi copiandoli l'uno dopo l'altro senza preoccuparsi di dar loro un ordine coerente. Perché? Chi era? A differenza di Foulet, dubito che si trattasse di un collezionista: lo studio della tradizione manoscritta rivela le

59. Ivi, p. 24.

60. Ivi, p. 30.

61. La br. XIII merita un'attenzione particolare poiché essa è tràdita da tutti i testimoni della famiglia α oltre che dai mss. H, I e q. Inoltre è l'unica *branche*, tra quelle contenute nel ms. A che, secondo gli studiosi non fa parte della prima raccolta. La sua datazione tardiva è stata sostenuta da Büttner su base ecdotica, da Foulet su altre argomentazioni (cfr. Foulet, *Le Roman de Renard*, pp. 101-104, e pp. 475-477). In *Genèse et tradition*, p. 158 e pp. 162-165, Zufferey, pur non negando l'ipotesi che si tratti di una *branche* tardiva, contesta uno degli argomenti di Foulet, cioè l'allusione alla processione della volpe e riapre la discussione in proposito: «Si l'on souhaite lui attribuer une datation tardive (ce qui paraît très probable), il foudra avancer une autre argumentation que celle reposant sur une allusion à la br. XVII, car la référence est loin d'être évidente. On pourra retenir le fait incontestable que la première partie du récit (vv. 11-846) est constitué par une triple chasse au goupil, où l'anthropomorphisme ne joue aucun rôle, même si l'animal s'appelle Renard. Mais encore faudra-t-il prouver que le fait de renoncer à ce procédé littéraire plaide en faveur d'une datation récente» (p. 165). Tuttavia gli argomenti di Foulet a sostegno della datazione tardiva della br. XIII non si riducono alla presunta allusione alla br. XVII, ma riguardano altri aspetti del testo, come la rielaborazione maldestra di intrecci noti, nello specifico la trappola del fieno e dell'uccello narrata nella br. VII, l'appropriazione di una barca a scapito di un villano (br. XIV), l'*escamotage* di tingersi di nero per rendersi irriconoscibile (br. Ib) e altri per i quali rimando alle pp. 475-477 del suo volume. Ciò detto, mi pare che non sussistano dubbi sul fatto che la br. XIII non potesse far parte della prima raccolta e se le perplessità che avanza Zufferey in merito alla questione dell'allusione alla processione di Renart sono condivisibili, queste riguardano la datazione della br. XVII e non della XIII. A tutte queste prove, Zufferey ne aggiunge un'altra, ovvero la rinuncia alla componente antropomorfica della volpe che mi pare un argomento centrale e in linea con le argomentazioni proposte in questo studio in base alle quali le *branches* della prima raccolta riflettono una fase precisa della tradizione renardiana, influenzata dal rapporto con la zooepica (e quindi con tutti i tratti tipici del genere, *in primis* l'antropomorfismo) e con l'oralità.

62. Foulet, *Le Roman de Renard*, cap. XIX. Cfr. inoltre Zufferey, *Genèse et tradition*, pp. 160 ss.

operazioni di manipolazione dei modelli finalizzate alla presentazione di un testo relativamente strutturato, cosa che non appare evidente nella forma che dovette avere l'archetipo o prima edizione del *Renart*.

Per rispondere alla domanda su chi fosse il responsabile della prima raccolta renardiana, potrebbe essere utile tornare agli elementi raccolti nei capitoli precedenti. Si noterà infatti che le *branches* designate come facenti parte della prima edizione del *Roman de Renart* coincidono con quelle che presentano una maggiore concentrazione di indizi di oralità. La seguente tabella riassuntiva lo mostrerà più chiaramente:

Tabella 1. Sinossi complessiva

Branches	Motivi	Formule	Allusioni	Episodi oggetto di allusioni	Interventi della voce	Testimoni
I	5	5	17	31	2	ABCDEFGHILMNOao
Ia	2		8	3	3	ABCDEFGHILMNOao
Ib	3		3		2	ABCDEFGHILMNOao
II	6	4		50	1	ABCDEFGHIKLMNOlmrst
III	4	1		8	1	ABCDEFGHILMNOst
IV	2	4	2	2	4	ABCDEFGHIKLMOs
V	4	3				ABCDEFGHIMO
Va	5		10	4		ABCDEFGHIKLMNO
VI	4	2	19			ABCDEFGHIKLMO
VII	3	2	4		1	ABCDEFGHIKLMOo
VIII	1		3			ABCDEFGHILMNbcdpq
IX	3	2	3		5	ABCDEFGHILMNO
X	5	4	1	9	1	ABCDEFGHILMNe
XI	3	4	3	8		ABCDEFGHILMNhk
XII	4	1			4	ABDEFGHILNO
XIII	8	5			3	ADEFGHINq
XIV	5	3	1	5	2	ACDEFGHIMNfl
XV	1	1	4			BCDEFGHIKLMNOl
XVI	3	5	2	1	3	BCDHILMN
XVII	5		13	1		CDHNM
XVIII	1					BCLM
XIX			1			BCLMm
XX						BCLM
XXI					1	BCLMr
XXII		1	1		1	BCLM

XXIII	2	3	26		3	M
XXIV		1			5	BCMN
XXV	1	5			5	H
XXVI						L
XXVII						gi

* In grassetto i numeri delle *branches* contenute nell'archetipo secondo le ricostruzioni degli studiosi.

Nelle *branches* dalla XVIII alla XXVII, i motivi ricorrono solo quattro volte: nelle br. XVIII e XXV incontriamo il motivo n. 4 (colpo mancato), mentre nella XXIII abbiamo il motivo n. 2 (promessa di penitenza) e il motivo n. 7 (finta morte). Rispetto alle *branches* contenute nell'archetipo si registra quindi un improvviso calo della frequenza. Per le formule stereotipate accade lo stesso anche se in misura meno sensibile.

Il dato più interessante è senza dubbio quello concernente le allusioni intertestuali: le br. XIX e XXII contengono nel complesso due allusioni: la prima si trova ai vv. 20-25 della br. XIX nei quali Ysengrin racconta a una giumenta di essere appena sfuggito a una trappola tesagli dal prete Martin riferendosi chiaramente all'avventura narrata nella br. XVIII. Il peso di questo riferimento intertestuale va ridimensionato se si considera che nelle *branches* XVIII, XIX e XX la critica ha riconosciuto la segmentazione a posteriori di un poemetto unico ispirato al *Sacerdos et lupus.*[63] Nella br. XXII si trova invece una fugace allusione al «viol d'Hersent»[64] (vv. 274-281). Le ventisei allusioni attive nella br. XXIII ci lasciano perplessi poiché questo *récit* si trova solo nel manoscritto M e secondo Foulet il compilatore di questa raccolta sarebbe anche l'autore della *branche.* Che la br. XXIII facesse parte della prima edizione del *Renart* è senz'altro da escludere in base allo stemma, ma si potrebbe azzardare l'ipotesi che il responsabile di M si sia voluto cimentare nella scrittura di una *branche*, per così dire "ricapitolativa", in cui le avventure della volpe sono riscritte all'interno di una nuova cornice e arricchite dall'inserzione di episodi originali. Una sorta di microtesto in cui il compilatore riproduce in piccolo quello che avrebbe voluto offrire con la sua raccolta: un testo ricco, completo e ordinato.

63. Nello specifico è ormai certo che le br. XVIII e XIX sono opera dello stesso autore (nelle raccolte si trovano sempre vicine anche se in M la XIX precede la XVIII) e ci sono molti indizi che fanno pensare che anche la br. XX, che nelle raccolte non si trova mai vicina alla XVIII e alla XIX, ma segue sempre la br. XV, facesse parte di questo poemetto indipendente segmentato in seguito dai compilatori delle raccolte. Cfr. Martin, *Observations*, p. 91; Sudre, *Les sources*, pp. 324-325 e Foulet, *Le Roman de Renard*, p. 486. Si noti che le tre *branches* si trovano tutte nei mss. BCLM, ma che la br. XIX è stata copiata da sola nel frammento m.

64. Il «viol d'Hersent» è l'episodio da cui ha origine l'antagonismo tra Renart e Ysengrin; moltissimi autori vi alludono anche se è difficile determinare con certezza se le allusioni si riferiscono alla scena narrata nella br. II o all'episodio generico.

Per quanto riguarda gli episodi oggetto di allusioni si sarà notato che sono completamente assenti nelle *branches* dalla XVIII alla XXVII: nessun autore accenna mai a un episodio raccontato in una delle undici *branches* tarde. È il momento di discutere l'osservazione di Elina Suomela-Härmä sull'assenza di allusioni nelle *branches* aggiuntive a cui abbiamo accennato nel capitolo 3. Scrive la studiosa:

> Contrairement à ce qu'on pourrait supposer, l'importance des analepses ne croît pas dans les branches postérieures, même si les méfaits de Renart s'accumulent sans cesse avec le temps.[65]

È proprio questo il punto: se le allusioni intratestuali e intertestuali sono interpretate come espedienti legati alla modalità di diffusione (*rappels* e *annonces)*, la loro presenza nelle *branches* della prima raccolta sarà ovviamente più consistente. Il loro diminuire, fino al dileguo totale, nelle *branches* tardive si spiega con il fatto che queste si erano ormai "emancipate dalla voce" e la loro composizione fa a meno di quegli espedienti giudicati come fondanti delle *branches* a diffusione orale e giullaresca. Quindi, se anche i misfatti di Renart continuano ad accumularsi via via che la collezione di *branches* si arricchisce, i riferimenti intertestuali a questi e ad altri episodi narrati nel primo gruppo di *récits* diminuiscono in concomitanza con l'allentarsi dei vincoli dettati dalla diffusione orale. Cioè, cambiata la destinazione, mutano i meccanismi compositivi e la forma finale che avranno i testi.

Se la diffusione tramite la voce del giullare aveva condizionato la composizione dei testi, nel XIII secolo gli autori delle nuove *branches* scrivono *récits* che condividono con il primo gruppo elementi importanti (personaggi, ambienti, nomi, ecc.), ma se ne discostano per quanto concerne la struttura narrativa che si presenta come molto meno condizionata dalla ripetizione di motivi ricorrenti e immune dall'esigenza di inserire continuamente *rappels* e *annonces.*

La destinazione di queste *branches* tarde doveva essere la lettura contestualizzata nell'antologia. Lo scopo delle raccolte, manifestato più o meno chiaramente a seconda dei compilatori, è quello di offrire una collezione totalizzante di *récits* sulla volpe Renart al di là delle differenze di stile, qualità e destinazione originaria dei singoli testi.

La raccolta, forma libraria prevalente per i testi medievali, orienta la concezione che noi moderni lettori abbiamo di un certo testo: così il *Roman de Renart* ci appare come una raccolta di storie che ruotano attorno alle avventure di una volpe e che tendono alla realizzazione ciclica. Quest'impressione induce però a trascurare il fatto che nella fase iniziale, le *branches* circolavano indipendentemente le une dalle altre – come dimostrano per esempio le testimonianze di singole *branches* all'interno di raccolte di altri testi – e che la loro articolazione in antologia o pseudo-ciclo è una conseguenza dettata in parte da un fattore tecnico come la trasmissione manoscritta. La sovrastruttura della raccolta antologica nasconde i contorni delle varie fasi causando la perdita della prospettiva storica.

65. Suomela-Härmä, *Les structures narratives*, p. 145.

Le osservazioni proposte nei capitoli precedenti hanno messo in luce alcuni elementi strutturali che, se non sono in grado di restituire la cronologia minuziosa della composizione delle *branches,* distinguono almeno due grandi periodi della storia renardiana: una prima fase testimoniata dalla prima edizione del *Roman de Renart* (archetipo X) e una seconda fase, attestata dalle raccolte che da quella prima edizione derivano.

Questa sorta di dicotomia strutturale, emersa sin dalle pagine iniziali di questo lavoro, è stata confermata da altri indizi e adesso sappiamo che le *branches* del primo gruppo sono quelle che si trovavano nell'archetipo.

6. *Ipotesi sulla natura dell'archetipo*

Dall'incrocio di tutti i dati raccolti e delle interpretazioni fornitene, mi sembra ipotizzabile che alla base di tutte le raccolte ci fosse, se non proprio un *manuscrit de jongleur* la cui esistenza sarebbe difficile da dimostrare, qualcosa di molto affine, vale a dire un libro o una raccolta di carte assemblate in codice o in rotoli che un giullare si portava dietro come supporto alla memoria durante le *performances* pubbliche.

L'esistenza di una particolare categoria di manoscritti detti *de jongleurs* fu proposta per la prima volta da Léon Gautier[66] e, a parte le discussioni sulla definizione della categoria,[67] nessuno ha più messo in dubbio che gli interpreti della letteratura medievale si appoggiassero a un supporto scritto.

Nelle discussioni sull'epica specialmente, la questione dei *manuscrits de jongleurs* è stata spesso al centro dell'interesse degli studiosi poiché connessa al problema delle origini orali o scritte della *chanson de geste*. Per decenni per esempio, dopo il volume di Léon Gautier, la critica ha considerato il codice Digby 23 della *Chanson de Roland*[68] come un manoscritto di giullare in base alle sue caratteristiche materiali. Ormai è assodato che la negligenza nella scrittura, la bassa qualità della pergamena e le dimensioni ridotte di un codice non bastano a farne un manoscritto di giullare.[69]

66. Gautier, *Les épopée françaises*.

67. Penso per esempio alle pubblicazioni di Taylor: *The Myth of the Minstrel Manuscript* e *Fragmentation, Corruption, and Minstrel Narration* oltre che alle riflessioni di Hasenohr sui criteri fallaci di definizione dei *manuscrits de jongleurs* esposte nell'introduzione all'*Album de manuscrits français du XIII*e *siècle*. Tra gli altri si veda anche Collet, *Du manuscrit de jongleur au recueil aristocratique*.

68. Léon Gautier infatti aveva inserito il più importante testimone della *Chanson de Roland* (Oxford, Bodleian Library, ms. Digby 23) nella tipologia dei manoscritti di giullare per la trascuratezza materiale del volume e la negligenza della scrittura. Andrew Taylor ha riaperto la questione basandosi sulle analisi codicologiche di Charles Samaran per dimostrare che il codice Digby 23 non può affatto essere annoverato tra i *manuscrits de jongleurs*. Cfr. Taylor, *The Myth of the Minstrel Manuscript*.

69. Olivier Collet nell'articolo *Du manuscrit de jongleur au recueil aristocratique*, propone un nuovo punto di vista: dopo aver concluso che l'analisi sia codicologica che contenutistica delle

Al di là della difficile identificazione dell'oggetto, tuttavia, i manoscritti a uso dei giullari dovettero esistere, come testimoniano alcuni testi e molte raffigurazioni nei manoscritti. Secondo Maurice Delbouille, i «manuscrits portatifs à l'usage des récitants» altro non erano che degli strumenti pratici affittati o comprati dai giullari che se ne servivano momentaneamente per imparare a memoria i testi.[70] Clanchy fa un discorso simile sui *rotuli* che certamente circolavano a migliaia come promemoria di ogni sorta destinati alla distruzione una volta che il loro contenuto fosse stato copiato su libri più formali.[71]

Inoltre ci sono testimonianze sia testuali sia iconografiche sul fatto che i giullari, durante le *performances*, tenessero davanti a loro un libro in cui erano scritti i versi che stavano cantando o recitando. Segre riporta alcuni esempi tratti da testi epici del XII e XIII secolo in cui il giullare stesso si riferisce al libro che ha sotto gli occhi come garanzia delle sue parole.[72] Sarebbe poco verosimile, aggiunge Segre, pensare che i giullari apprendessero a memoria migliaia e migliaia di versi senza affidarsi alla scrittura.[73]

raccolte francesi di testi datate tra il 1225 e il 1325 non permette di individuare i destinatari della letteratura francese delle prime fasi, suggerisce di attenuare il rapporto diretto tra l'oggetto libro e il suo eventuale possessore o destinatario e di orientare la ricerca piuttosto su una concezione plurale che tenga conto delle realtà corporative del Medioevo in cui un libro poteva essere una sorta di piccola biblioteca a uso di un'intera comunità sociale e non di un solo individuo.

70. Delbouille, *Les chansons de geste et le livre*, pp. 323-324: «L'existence d'un certain nombre de volumes de plus petit format ne contenant qu'une œuvre importante ou que quelques poèmes plus courts, montre pourtant qu'avant la constitution des grands recueils, la littérature narrative à dire ou à chanter a connu le temps des manuscrits portatifs à l'usage des récitants et des chanteurs professionnels. La rareté actuelle des ouvrages de ce genre et l'absence dans nos collections de tout manuscrit littéraire antérieur au XIII siècle s'explique conjointement, de toute évidence, par le rôle que tenait le parchemin dans la diffusion orale des poèmes. Avant le XIII siècle, à l'époque où l'on lisait pas encore des yeux les œuvres narratives, mais où on les écoutait de la bouche des jongleurs, les manuscrits n'étaient que les outils de ces derniers, qui les achetaient ou les louaient pour y trouver le texte à apprendre ou à lire».

71. Clanchy, *From memory to written record*, p. 143: «An even smaller and earlier roll (less than 8 cm wide and 56 cm long) has written on one side of it The Song of the Barons in French (composed in c. 1263) and on the other side the oldest secular play extant in English, the *Interludium de Clerico et Puella*. (BL, Add. 23986) Very probably this roll was made so small so that it could be carried by a wandering minstrel in his pouch as part of his repertoire. Its chance survival (until 1971 when it went missing from the British Museum) is a reminder of the thousands of little rolls of parchment, containing memoranda of all sorts, which supplied the material for more formal books».

72. Segre, *Dalla memoria al codice*, p. 8: «Il giullare teneva sott'occhio un testo o memorizzava? Depongono per un testo scritto attestazioni come quella che s'incontra in un racconto del *Moniage Rainouart*: 'Plus n'en dirai, mais a qui il plaira Ens en ce livre l'estoire trouvera [...] Or entendez': dunque si enuncia una contrapposizione tra gli ascoltatori, che sono condizionati da ciò che il giullare vorrà cantare, e viceversa la possibilità che c'è di riscontrare sul libro il contenuto del testo».

73. Ivi, p. 10: «Comunque, l'evento della memorizzazione integrale d'un testo di migliaia di versi, anche tenuto conto della memoria del tempo, molto più esercitata, sembra poco economico, quando esisteva ed era relativamente diffusa la scrittura anche di testi volgari. Si aggiunga che un giullare non poteva vivere eseguendo una sola chanson, ma aveva repertori ben più ampi».

Quello che si può dedurre dalle discussioni sull'argomento è che, senza dubbio, i giullari si affidavano per la memoria a un libro che raccoglieva per iscritto il loro repertorio; che questi oggetti siano giunti sino a noi è difficile da credere a causa della loro funzione prettamente pratica e quindi effimera. Ciononostante, in molte raccolte di testi francesi del XIII secolo si possono vedere le copie di seconda o ennesima generazione dei cosiddetti *manuscrits de jongleurs*.

Al riguardo Michel Zink ha scritto:

> Or, ces jongleurs que nous voyons surgir de partout, cet univers jongleresque que nous voyons de plus en plus occuper une place immense dans l'univers littéraire du temps, ne sont nullement du côté d'une oralité qui s'opposerait à l'écrit. Si, au sens où l'expression a été longtemps entendue, il n'y a pas de manuscrits de jongleurs – même le chansonnier de Saint-Germain-des-Prés –, ce n'est pas que les jongleurs n'avaient pas de besaces assez grandes pour les y fourrer, mais c'est qu'ils travaillaient sans doute assis à leur pupitre. Ces jongleurs, dont les interprétations étaient bien entendu orales, sont certainement responsables pour une assez large part de la transmission écrite des textes. Ceux qui aujourd'hui détectent leurs traces, les trouvent sur les pages des manuscrits.[74]

Di qui l'ipotesi, già avanzata da Bonafin,[75] che alla base della prima raccolta renardiana ci fosse una sorta di raccolta d'occasione realizzata probabilmente da un giullare (o più d'uno) che potrebbe aver radunato i testi alla rinfusa, senza preoccuparsi di ordinarli, perché la successione logica e cronologica delle *branches* non rientrava nelle sue esigenze.

Questo libro dovette esistere attorno al 1205 nella forma ricostruita dai critici;[76] la giustapposizione dei *récits* senza la pretesa di una progressione signi-

74. Zink, *Contorsions jongleresques*, pp. 7-8.

75. Come ha suggerito Bonafin in *Il racconto*, è possibile che un processo simile a quello della formazione delle grandi sillogi di lirica trobadorica abbia presieduto anche alla costituzione di raccolte come quella su Renart: «Nella tradizione della lirica trobadorica si ammette tuttora che gli attuali codici miscellanei rappresentino il punto d'arrivo di un processo di trascrizioni, che muovono dai rotuli, fogli volanti con una o poche poesie scritte o dettate dal trovatore stesso, passano attraverso i *manuscrits de jongleurs* e i canzonieri di un autore e approdano alle raccolte miscellanee d'occasione, con molti testi di diversi poeti, che sono alla base delle più ordinate sillogi che ci sono pervenute. Certo non dico che la lirica trobadorica sia assimilabile all'epopea degli animali, diversa per localizzazione, lingua, utenti, *Weltanschauung* e finalità, ma soltanto che una tipologia paragonabile di trasmissione e costituzione delle testimonianze può aver presieduto a entrambe» (p. 453).

76. Ricordo la successione delle *branches* nell'archetipo ricostruito da Foulet (*Le Roman de Renard*, p. 27): I, Ia, Ib, II (vv. 1-842), XV, II (vv. 843-1396), III, IV, V, Va, VI, XII, VII, VIII, IX, X, XI, XIV, XVI e XVII. In *Genèse et tradition*, pp. 165-169, Zufferey propone una diversa ricostruzione della successione delle *branches* basandosi su ciò che egli definisce il «précieux critère codicologique observable dans A» (p. 167), vale a dire la quadripartizione delle unità codicologiche in A, messa già in evidenza da Martin nell'introduzione alla sua edizione (*Le Roman de Renart*, I, p. V). Secondo Zufferey, le quattro unità codicologiche riflettono lo sforzo compiuto nella seconda metà del XIII secolo dai copisti di uno *scriptorium* piccardo (dove è stato confezionato il ms. A) di riprodurre la distribuzione delle *branches* del loro esemplare normanno organizzandola in quattro unità codicologiche. Attraverso una serie di passaggi, Zufferey ricostruisce la successione delle

ficativa si spiega con il fatto che il libro era un semplice strumento pratico e non ambiva a diventare una raccolta organizzata. Così, la prima *branche* copiata può raccontare il processo alla volpe, anche se i misfatti da lei commessi si trovano in testi copiati dopo. La moglie di Renart può morire in una *branche* e tornare viva e vegeta in quella successiva. Renart può confessare i suoi peccati nella prima *branche* anche se, stando all'ordine in cui si susseguono i testi, non li ha ancora commessi.

Non importa: il giullare reciterà comunque una *branche* alla volta e difficilmente l'uditorio potrà verificare la congruenza degli episodi citati. Al giullare l'ordine non serve, il suo libro deve soltanto contenere le storie che racconterà in una successione sempre nuova a seconda delle esigenze.

A un certo punto qualcuno deve aver copiato su un altro libro il contenuto di questa prima raccolta dando vita alle prime fasi della trasmissione del *Roman de Renart* attestate nelle raccolte della famiglia α. Solo in questo momento, cioè dopo il 1205, le *branches* renardiane diventano testi destinati alla lettura e la composizione di nuove storie sulla volpe si svincola dalle esigenze dettate dall'oralità.

Le *branches* non contenute nel supposto repertorio[77] si presentano così molto diverse dalle altre: i motivi ricorrenti diminuiscono e le allusioni (o *annonces* e *rappels*) svaniscono quasi del tutto. Al di là di questi aspetti, le *branches* tardive si distinguono dalle altre sotto diversi punti di vista, primo fra tutti l'assenza di Renart nelle br. XXI, XVIII, XIX e XX, l'attenuazione della componente antropomorfica della volpe (br. XIII); si fanno più stringenti, invece, i rapporti con la tradizione favolistica classica e mediolatina per esempio nelle br. XVIII-XIX e XX, che costituiscono un poemetto unico ispirato al *Sacerdos et Lupus* e anche, in parte, nella br. XXII in cui la storia del «Labourage en commun» è ispirata a una favola di Fedro.[78] Sempre nella XXII inoltre, l'autore fa collaborare Renart, Ysengrin e Brichemer alla coltivazione di un campo e non c'è traccia delle antiche e sedimentate inimicizie fra i tre personaggi: questo, fa notare bene Foulet,[79] non sarebbe stato possibile nelle *branches* del primo gruppo dove le relazioni tra i personaggi sono chiare e costanti e Ysengrin non avrebbe mai accettato di mettersi in società con il suo nemico Renart. Insomma, allentandosi il legame con

branches nella raccolta primitiva, successione che seguiva un ordine logico-cronologico (cfr. tavola I a p. 169) perfettamente congruente con la sua ricostruzione della genesi e della cronologia dei singoli testi (ivi, pp. 128-148). La proposta è indubbiamente affascinante, anche se molto complessa da dimostrare e in questa sede le sue conclusioni non possono essere accettate dato che non se ne condividono i presupposti, come già dichiarato *passim* nel presente volume, specialmente nel cap. 2.

77. Sono le br. XIII, XVIII, XIX, XX, XXI, XXII, XXIII, XXIV, XXV, XXVI e XXVII.

78. Cfr. Foulet, *Le Roman de Renard*, p. 482: «C'est le point de vue de la fable qui reparaît: Phèdre nous montrait de même le lion, la vache, la brebis s'en allant chasser de compagnie». Foulet si riferisce alla favola I, V «Vacca et capella, ovis et leo» in cui il leone, in virtù della sua prepotenza, si appropria dell'intera preda catturata con l'aiuto degli altri tre soci, appunto la vacca, la capra e la pecora. Cfr. *Favole di Fedro e Aviano*, pp. 146-148.

79. Foulet, *Le Roman de Renard*, pp. 481-482.

le esigenze dettate dalla *performance* orale, si dileguano man mano anche i tratti principali del genere zooepico.

I compilatori delle antologie, consapevoli del loro lavoro di tramiti culturali, tentano di sistemare le *branches* sulla volpe Renart in una sorta di ciclo, ma nessuno ci riesce perché il modello su cui si basano (l'archetipo X) è estraneo a qualsiasi ambizione ciclica.

Conclusioni

Ripercorrerò brevemente le argomentazioni esposte in ognuno dei quattro capitoli in modo da evidenziare il percorso seguito per giungere alle conclusioni.

Il primo capitolo, dedicato alla fase di produzione del testo, comprende due parti: i motivi narrativi ricorrenti e le formule stereotipate. Inizialmente, questa sezione doveva essere uno spoglio dei testi finalizzato alla catalogazione e allo studio dei motivi narrativi e ai loro rapporti con la tradizione folklorica. I sette motivi narrativi selezionati come esempi di catalizzatori diegetici nel *Roman de Renart* sono quasi tutti derivati da un patrimonio folklorico internazionale, come mostrano le corrispondenze con i tipi del repertorio ATU.

Immediatamente un secondo filone di ricerca si è innestato sul primo: la notevole variazione nella frequenza dei motivi e delle formule, all'interno delle *branches* del *Roman de Renart*. Quello che emergeva dalle tabelle riassuntive era che solo alcuni degli autori, nel comporre i propri testi, si sono sentiti "vincolati" all'uso di motivi narrativi e formule fisse comuni.

Nel secondo capitolo mi sono occupata dell'intertestualità contando le allusioni presenti nelle *branches* agli episodi dell'esistenza narrativa della volpe; lo spoglio e l'analisi di alcuni brani hanno condotto ad almeno due osservazioni: la prima è che anche sotto questo punto di vista, il *Roman de Renart* sembra diviso in due parti di cui l'una appare molto più ricca di allusioni e citazioni rispetto all'altra. La seconda osservazione riguarda invece la pertinenza di questi riferimenti: solo in pochi casi il rimando a un episodio della storia di Renart è direttamente dipendente da un altro testo riconoscibile nelle raccolte; generalmente, invece, le allusioni sembrano riscrivere il *Roman de Renart* secondo versioni sempre diverse di cui talvolta non troviamo riscontro dentro i testi.

Questi fatti paiono invitare a una maggiore cautela nel considerare il *Roman de Renart* un'opera che possiamo leggere integralmente nei manoscritti. Molto è andato perso per sempre pur lasciando tracce visibili nei testi conservati. L'individuazione di queste tracce può aiutarci a capire il testo che leggiamo, ma non può restituirci una tradizione stratificata e complessa come quella del *Roman de Renart*.

Il fatto che le *branches* copiate nelle raccolte costituiscono i testi originali dei poeti e non i loro rimaneggiamenti, come ha dimostrato sempre Foulet,[1] ha

1. Cfr. Foulet, *Le Roman de Renard*, specialmente il cap. 4, pp. 49-74.

comportato che ci si concentrasse quasi esclusivamente su ciò che possediamo, trascurando però una serie di fattori che invece, nello studio dell'epica per esempio, sono considerati fondamentali. Non a caso penso all'epica: come si è visto, molto spesso ho attinto dagli studi sulla *chanson de geste* per interpretare aspetti del *Roman de Renart* e l'impressione che se ne ricava è che i due generi non siano poi così diversi. Più d'una volta il *Roman de Renart* e il *Ciclo di Guillaume d'Orange* sono stati accostati: Jean Frappier ha scritto che per comprendere la genesi e lo sviluppo del *Guillaume* bisognava confrontarlo con il *Renart*;[2] Varvaro ha avvicinato le due opere per il modo in cui i testi sono stati rielaborati per entrare nelle grandi raccolte a soggetto unitario.[3] Non si negherà che il *Renart* condivide con l'epica eroica alcuni aspetti, tra i quali, come messo in luce nel capitolo 3, la destinazione. L'esecuzione orale dei testi renardiani, come di molte *chansons de geste*, ha condizionato la loro scrittura.

Non solo. La ripetizione dei motivi e delle formule studiata nel primo capitolo può essere considerata un fenomeno affine. La diffusione orale del *récit* per *séances* distinte accentua di molto l'individualità di quelle che Varvaro chiama le situazioni narrative,[4] tanto che queste sono paragonabili alle formule stereotipate dell'epica. Secondo Varvaro l'abitudine del pubblico ad ascoltare o leggere i testi in episodi distinti influisce sul modo stesso di concepire i testi e quindi sulla loro forma. Ciò spiega non solo la varianza delle copie, ma anche la composizione dei testi tramite agglutinazione di situazioni narrative topiche e prevedibili. È un meccanismo per cui il modo di diffusione influenza la concezione del testo e questa a sua volta detta le regole della composizione.[5] In quest'ottica alcune *branches* articolate per successione di motivi ricorrenti sono state interpretate come *branches* destinate alla diffusione giullaresca.

2. Cfr. Frappier, *Les chansons de geste du cycle de Guillaume d'Orange*, II, p. 9: «Pourtant, répétons-le, on ne saurait parler à leur propos d'unité organique; cette vaste construction cyclique, en dépit de certaines apparences, n'est comparable ni à la Comédie humaine ni à l'histoire des Rougon-Macquart; c'est d'une œuvre médiéval qu'il convient de la rapprocher quand on essaie de comprendre sa genèse et son développement: elle constitue un ensemble analogue au Roman de Renart dont les branches successives, d'auteurs différents, ont été rassemblées dans des manuscrits collectifs, sans qu'elles s'agencent exactement les unes avec les autres».

3. Varvaro, *Il testo letterario*, p. 396: «In modo analogo [alle canzoni del *Ciclo di Guillaume* e alle *branches* del *Roman d'Alexandre*], le diverse e successive *branches* del *Roman de Renart* sono state non solo collezionate in raccolte tanto ampie da mettere insieme, visibilmente, tutto ciò che era accessibile all'editore, ma anche ordinate secondo una qualche progressione significativa». Seguendo le intuizioni di Frappier e di Varvaro, l'argomento è stato ripreso in un contributo di chi scrive: Lacanale, *L'opera come riflesso del personaggio*.

4. Scrive Varvaro alla p. 39 di *Élaboration des textes et modalités du récit*: «Qu'est-ce qui fait qu'au XII s., le "situations narratives" acquièrent une individualité comparable à celle de la formule épique, de la figure rhétorique ou du paradigme grammatical? Précisement le fait que le texte narratif était diffusé par sections ou épisodes, correspondant à des séances différentes, ce qui enlevait toute nécéssité à la construction de longue haleine du récit, ou en atténuait la fonctionnalité, là où elle existait».

5. Ivi, pp. 55-56.

Il fatto che i motivi e le formule ricorrenti si trovino in numero maggiore nelle *branches* in cui le allusioni sono più frequenti contribuisce a isolare questo gruppo differenziandolo dai restanti testi.

Così, alla fine del secondo capitolo, apparivano due *Romans de Renart*, l'uno costituito da sedici testi caratterizzati dall'uso di motivi, formule e allusioni, l'altro caratterizzato da uno stile più "libero" di composizione. Leggendo il *Renart* in una qualsiasi edizione moderna, questa differenza tende a sfuggire per molte ragioni: la prima è senz'altro che la giustapposizione di testi indipendenti, attuata dai primi compilatori sin dal XIII secolo, ha appiattito i differenti strati della storia redazionale mettendo sullo stesso piano *récits* nati per destinazioni diverse. Inoltre tutte le *branches* presentano elementi superficiali coesivi e questo basta a ricavare l'impressione che si tratti di un'opera, tutto sommato, coerente. La presenza degli stessi personaggi con i loro nomi propri, la costanza delle relazioni reciproche tra i protagonisti, le loro caratterizzazioni psicologiche, come anche la ricorrenza delle stesse ambientazioni scenografiche (regno di Noble/foreste intorno alla corte) e la condivisione da parte degli autori di un intento tra il parodico e il satirico crea l'illusione di un'opera unitaria al di là delle differenze di stile, qualità letteraria ed estensione delle *branches*. Sia le somiglianze sia le divergenze si situano però a un livello superficiale: è nella profondità della struttura narrativa e del sistema dell'intertestualità che si intravedono i due diversi *Romans de Renart*.

Ripercorrere alcuni degli studi principali sulle teorie dell'oralità nel terzo capitolo, ha consentito di inserire gli elementi raccolti in un panorama teorico, necessario a dare supporto metodologico a uno studio che, nelle parti iniziali, si presentava come una semplice raccolta di dati. Solo grazie alle acquisizioni critiche consolidate a cui si è fatto riferimento è stato possibile fornire un'interpretazione delle ipotesi avanzate sulla base di meri dati statistici.

La ripetizione di motivi narrativi e di formule stereotipate è, secondo Rychner, la prova che le *chansons de geste* sono nate dall'improvvisazione giullaresca. I suoi contestatori, pur rendendo il giusto merito alla descrizione dei fenomeni che caratterizzano i poemi epici, si sono opposti su un punto: non sono i giullari che producono questi fenomeni, ma gli autori dei testi. Le canzoni nascono come testi scritti dalla penna di poeti consapevoli della destinazione delle loro opere.[6] Per questo tutti gli espedienti retorici e compositivi, perfettamente compatibili con la modalità di esecuzione giullaresca e diffusione orale, si devono imputare agli autori e non ai giullari. È la modalità di diffusione che influisce sul modo di composizione perché il modo di ricevere i testi orienta gli autori nel modo di concepirli e scriverli. Così, reinserito nel suo contesto culturale, il *Roman de Renart* riprende vita dalla voce di quei giullari preposti alla sua diffusione. Ora, quelle

6. Una conclusione cui giunge anche Varvaro nell'articolo citato sull'elaborazione dei testi. Alle pp. 55-56, scrive infatti: «Elles [les modalités de la réception] se reflètent aussi sur celles de la production, dans la mesure où les auteurs, qui savent comment leurs œvres seront diffusées et reçues, en tiennent probablement compte».

che erano state definite allusioni nel capitolo 2, diventano *rappels* e *annonces* alla luce delle teorie di Rychner e il loro frequente ricorrere si spiega con le esigenze dettate dai modi di esecuzione. Di conseguenza, l'altro *Roman de Renart* risulta poco influenzato dalle pratiche giullaresche di diffusione orale.

Un quadro simile doveva essere però supportato da riscontri di tipo materiale e codicologico. Cercando nelle quattordici raccolte manoscritte le tracce di questa "dicotomia strutturale" è emersa qualche conferma. L'archetipo comune a tutti i testimoni costituito dalla giustapposizione di sedici *branches* contiene i testi del primo gruppo, o primo *Roman de Renart.* Le altre *branches*, che gli studiosi chiamano "aggiuntive", sono state raccolte dopo la formazione, avvenuta attorno al 1205,[7] di questa prima edizione dell'opera. Di qui l'ipotesi che a una prima fase in cui i testi erano diffusi oralmente sia seguita una fase in cui le *branches* erano scritte per essere lette. La raccolta è la forma tipica di conservazione dei testi medievali e per questo non stupisce il fatto che sin dall'inizio del XIII secolo qualcuno abbia voluto riunire i testi circolanti sulla volpe Renart per farne un'antologia. Quello che stupisce però è che il primo compilatore, responsabile della forma che doveva avere l'archetipo, non si sia interessato di ordinare secondo una progressione significativa i testi raccolti. I quattordici manoscritti delle tre famiglie invece testimoniano l'intento organizzativo, più o meno accentuato, dei compilatori che hanno manipolato il proprio modello, segmentando le originarie unità narrative in più *récits* distaccati o riunendo testi diversi sotto una sola unità. Ce lo dicono i codici e non soltanto l'inserzione di titoli che creano sotto-*branches*, ma anche l'organizzazione materiale del libro. Miniature, rubriche e iniziali strutturano il *Roman de Renart* in modi diversi legati ai meccanismi che la critica fa rientrare nel processo della *mise en recueil*[8] e probabilmente alle esigenze pratiche connesse alla lettura con gli occhi.

Keith Busby analizza la *mise en texte* del *Roman de Renart* nei codici C e M e scrive: «Althoug they share certain sequences with other groups of manuscripts, they are sufficiently idiosyncratic as to suggest that the arrangement and rubrication was done with a purpose».[9]

La tentazione dei compilatori di dare un'organizzazione di tipo ciclico alle differenti *branches* deriva in parte dal fatto che i testi, sebbene composti indipendentemente da autori diversi, presentano omologie di vario genere. Leggendo le *branches* ci si accorge che una qualche "ambizione ciclica" è immanente in molte di loro: la ricorrenza degli stessi personaggi, dei nomi propri, la costanza delle relazioni reciproche, l'ambientazione nel contesto feudale, i luoghi delle scene e la presenza di un tronco comune a cui si legano i rami del *Renart* sono tutti elementi intrinseci che non hanno nulla a che vedere con la realizzazione delle

7. Sulla data della prima raccolta Lucien Foulet e François Zufferey concordano.

8. Si veda, tra gli altri, lo studio di Busby sui mss. C e M in Busby, *Codex and Context*, I, pp. 225-253. «Despite a few common sequences, the order of branches, sub-branches, and even individual episodes within the manuscript corpus varies disconcertingly» (p. 228).

9. *Ibidem.*

antologie avvenuta oltre un secolo più tardi la composizione dei singoli testi da parte dei poeti. Ciò vuol dire che nella fase stessa della composizione, gli autori hanno manifestato l'intenzione, comune e condivisa, di usare una tradizione "di genere" zooepico già configurata.

Una forma simile, situata a metà tra la raccolta di testi indipendenti e il ciclo compiuto, non è una prerogativa esclusiva del *Roman de Renart*, ma si ritrova in altre opere che col *Roman de Renart* condividono l'appartenenza a un genere a sé stante che affonda le sue radici in un passato antichissimo e risulta dalla commistione di tradizioni colte e popolari: la zooepica. Si tratta di una particolare rielaborazione delle *Tiermärchen* (ovvero dei racconti zoomorfici) che si definisce tramite la partecipazione di alcuni costituenti tipici: la presenza di eroi animali, la struttura compositiva derivante dalla combinazione di intrecci e motivi semplici (come è emerso anche dallo studio sui motivi ricorrenti), la narrazione incentrata sull'incontro-scontro di due figure complementari (l'astuto e lo sciocco) e, specialmente, la tendenza a organizzare gli elementi narrativi di base in unità più ampie o cicli. In questo senso si parla di «epos fiabistico di animali»,[10] o di *Tierepos,* proprio per la tendenza, immanente alle singole fiabe, di organizzarsi in ciclo. Nel Medioevo questo genere è rappresentato dal *Roman de Renart*, ma anche da poemetti latini come l'*Ysengrimus* e, se si guarda fuori dalla Francia, dal *Reinhart Fuchs*. I tratti che definiscono la zooepica come genere a sé stante, al contempo la disgiungono da un altro tipo di rielaborazione del racconto zoomorfico che è alla base delle favole classiche di Esopo e Fedro e delle loro continuazioni mediolatine e romanze come il *Romulus* o l'*Aesopus*. Il *Roman de Renart*, preso a rappresentante della zooepica medievale in volgare, non presenta in effetti evidenti indizi di derivazione dalla favolistica antica: solo la presenza di protagonisti animali e la ricorrenza di alcuni intrecci sembrano suggerire una qualche dipendenza; tuttavia, a ben guardare, si tratta di elementi riconducibili a uno sfondo comune sia al *Renart* sia alla favolistica classica: quello del racconto zoomorfico, di cui il primo rappresenta una realizzazione in chiave zooepica e l'altra una forma di letterarizzazione.[11]

Nel primo capitolo si è visto che quasi tutti i motivi analizzati per il *Renart* si ritrovano nel repertorio di letteratura folklorica ATU e vi si trovano come modelli schematici ricorrenti in molte manifestazioni del racconto zoomorfico, comprese le forme di matrice "più letteraria" come la favolistica classica greca e latina. Paradossalmente il *Roman de Renart* si trova a veicolare contenuti antichissimi rispetto alle favole classiche di Esopo e la loro arcaicità è documentata dai legami evidenti che le storie sulla volpe e il lupo hanno con le *trickster stories*, cicli di racconti incentrati sull'eroe protagonista *trickster* conosciuti alle più svariate culture da tempo immemore.[12] Il *trickster*, figura archetipica dell'eroe imbroglione,

10. Nell'espressione usata da Propp in *La fiaba russa*, p. 355.

11. Cfr. Bonafin, *Le malizie della volpe*, p. 242.

12. Un altro elemento contribuisce a vedere nelle *branches* del *Renart* veicoli di contenuti arcaici: l'attribuzione di nomi propri a personaggi zoomorfi che, secondo alcuni etnologi, è legato alle

demiurgo e civilizzatore, astuto e sciocco al contempo, è secondo Meletinskij «le personnage stadialment le plus archaïque dans l'art verbal du monde».[13]

La volpe Renart, ma in generale la figura della Volpe nel folklore europeo,[14] riattualizza questo modello arcaico coniugando nella sua essenza l'astuzia e la stupidità, gli elementi scatologici, la sessualità sfrenata, la fame esagerata e il perpetuo vagabondare alla ricerca di cibo e di avventure che si configurano come *tricks* appunto,"tiri" giocati ai danni di altri personaggi, gli antagonisti sciocchi della volpe. Un *fil rouge* attraversa l'intera storia della cultura universale collegando i vari eroi *trickster* presenti in aree geograficamente distanti: dall'Africa all'India, dalla Cina al Nordamenrica. Wakdjũnkaga, eroe delle storie dei Winnebago del Nebraska,[15] per esempio, altro non è che una delle epifanie del modello tricksterico, come anche il Prometeo della mitologia greca o il Corvo presso i paleosiberiani. Questi eroi civilizzatori dalla fisionomia zooantropomorfa, più o meno in relazione con il totemismo,[16] tendono a imprimere una particolare forma alle storie che li riguardano, le quali non sono orientate progressivamente, ma articolate in modo da costituire una sorta di catena potenzialmente illimitata e senza una linearità logicocronologica. Il nesso tra il *trickster* e la struttura episodica-aneddotica delle storie di cui è protagonista è stato sottolineato da Anna Lomazzi:

> Ad una narrazione lineare, in progressivo sviluppo, immersa in un preciso tempo storico, il mito [...] oppone la circolarità del raccontare, che può (anzi deve) sempre ripetersi in molteplici episodi, che si coagulano volta per volta intorno a un'unica immutabile figura, quella dell'eroe. Altrimenti detto, la coerenza e l'estensibilità del mito implicano una nozione: quella di episodio.[17]

e ribadito da Massimo Bonafin:

> Che sia il personaggio a determinare l'intreccio attraverso uno o più dei suoi modi di essere, il caso del *trickster*, lo esemplifica assai bene: la sua comparsa suscita una trama fatta di aneddoti indipendenti, connessi non tramite relazioni causali bensì tramite il rinnovarsi delle astuzie e l'incessante vagabondare dell'eroe imbroglione.[18]

credenze mitiche per cui s'imponeva il divieto (tabù) di pronunciare il nome. Si veda a tal proposito il paragrafo sugli zoonimi in ivi, pp. 225-236.

13. Meletinskij, *Les mythes et contes sur le Corbeau*, a p. 84.

14. Kerényi, parlando della mitologia dei Wichita, scrive: «Non è il caso di chiederci se il Coyote fosse adatto ad assumere agli occhi degli indiani la dignità di un "signore e re degli animali", e se non fosse adatto piuttosto a rappresentare, come la Volpe in Europa, i tratti caratteristici del briccone e dell'ingannatore» (Radin *et al.*, *Il briccone divino*, p. 225).

15. I Winnebago sono una popolazione di lingua Sioux, scoperta dai Francesi nel XVII secolo. Le loro storie ruotano attorno a un personaggio chiamato Wakdjũnkaga (Briccone), un essere dall'aspetto indefinito che vagabonda continuamente portando con sé una scatola contenente il proprio pene e una coperta di pelle di ratto. Le storie del Briccone sono state raccolte e tradotte in inglese per la prima volta dall'etnologo Paul Radin nel 1912. Una traduzione italiana dei 49 brevi racconti si legge alle pp. 31-106 del volume di Radin, Jung, Kerényi, *Il Briccone divino.*

16. La dipendenza dagli antichi miti sugli antenati totemici è proposta da Meletinskij, *Introduzione alla poetica storica dell'epos e del romanzo*, p. 427.

17. Lomazzi, *L'eroe come trickster nel "Roman de Renart"*, p. 56.

18. Bonafin, *Prove di un'antropologia del personaggio*, p. 4.

Per questo, seppure le numerose omologie intrinseche ai testi singoli hanno portato i compilatori a voler raccogliere le storie circolanti sulla volpe per farne una sorta di ciclo, i loro sforzi si sono rivelati fallimentari perché le *branches* sono in realtà testi molto differenti, dotati di un'autonomia esplicita e provata materialmente anche dall'esistenza indipendente di alcune di loro in manoscritti non antologici. È un'autonomia parziale, di molto inferiore a quella che caratterizza altri testi narrativi brevi come i *lais* e i *fabliaux* o anche le favole di animali di Esopo, Fedro e Maria di Francia (volendo rimanere su un soggetto affine), ma pur sempre un'autonomia che impedisce ai singoli testi di agganciarsi perfettamente a costruire un ciclo compiuto. Il *Roman de Renart*, sotto l'aspetto della coesione interna, è quindi più di una raccolta, ma meno di un ciclo: si situa in una posizione intermedia tra le due forme e costituisce una terza opzione, un genere preciso, la zooepica appunto.

Tornando al discorso sulle raccolte antologiche e sui meccanismi della *mise en recueil*, si noteranno sensibili differenze nell'ordine e nella segmentazione dei testi originali. La fluidità dei confini tra una *branche* e l'altra e tra un'avventura e un'altra all'interno del *Renart,* come appare dalla tradizione manoscritta, è legata non soltanto al modo di "ricevere" questi testi, cioè per episodi distaccati, ma al modo in cui questi testi sono concepiti in fase di composizione. Se è vero, come ha detto Varvaro, che la composizione per episodi è un riflesso legato alla modalità di esecuzione/ricezione degli stessi, è però altrettanto vero che il *Roman de Renart* risente in modo molto particolare di questa struttura episodica per le ragioni appena viste. Le parole di Varvaro sulla fagocitazione di testi in un macrotesto richiamano l'idea stessa delle situazioni narrative distinte e agglomerate. Il testo, nel nostro caso la *branche* composta da un poeta, non è sentito come un'unità inviolabile nei suoi confini, ma come la giustapposizione di episodi parzialmente autonomi che unendosi strutturano il racconto. L'individualità di ciascun episodio indebolisce i legami con le altre unità narrative della stessa *branche.*

L'appartenenza al genere zooepico (che di per sé è strutturato per episodi relativamente sconnessi) risulta una concausa della segmentazione dei testi secondo unità indefinite dovuta alle pratiche esecutive medievali; la convergenza di questi due aspetti rende impossibile imprigionare il *Roman de Renart* in una qualsiasi forma organizzata. Allo stesso tempo, per la sua destinazione prevalentemente orale, l'articolazione lineare o ciclica non era fondamentale ed è quello che si evince dalla prima edizione del *Roman de Renart* realizzata attraverso il puro accostamento di *branches* sconnesse e confluita nell'archetipo di tutte le raccolte.

Solo in una fase successiva, quando le *branches* non erano più (o non esclusivamente) divulgate oralmente e avevano perso quel legame così diretto con la tradizione folklorica universale, i compilatori si sono illusi di poterle organizzare in ciclo perché come un ciclo volevano che fosse letto e tramandato il *Roman de Renart*. Non ci sono riusciti e noi sappiamo ora i motivi del loro fallimento; anzi, proprio nelle incongruenze e nelle difficoltà che essi hanno incontrato, noi abbiamo potuto intravedere una lunga, lunghissima stratificazione della tradizione renardiana di cui, all'inizio dell'indagine avevamo solo qualche indizio.

Pertanto, alla fine del nostro percorso abbiamo trovato due spiegazioni diverse ma convergenti. L'analisi dei testi e le interpretazioni dei fenomeni attraverso le teorie della critica hanno mostrato che l'uso dei motivi ricorrenti, delle formule fisse e delle allusioni intertestuali rientrano in meccanismi pienamente giustificabili e giustificati con le esigenze legate alla diffusione orale.

I motivi non sono altro che quelle «situations narratives»[19] che Varvaro imputa all'influenza dei modi di esecuzione/ricezione sulla concezione e produzione dei testi medievali.

Le formule fisse, come abbiamo visto, introducono le scene cruciali delle *branches* (situazione di pericolo per la volpe, elaborazione della *ruse*, senza considerare la formula epitetica *engin et art* che accompagna il protagonista e lo ripresenta continuamente al pubblico) per richiamare l'attenzione dell'uditorio sui momenti *clou* della narrazione.

Parallelamente questi stessi fenomeni trovano una spiegazione nelle parole di Propp citate nel primo capitolo:

> La maggior parte delle fiabe (di animali) non presenta intrecci autonomi, ma solo motivi combinabili insieme, oppure intrecci che tendono a contaminarsi con altri; e benché in certi casi possano essere narrati anche autonomamente, di fatto questo non accade quasi mai. Si può affermare che una parte dell'epos degli animali rappresenta un tutto unico che nel popolo non giunge mai all'unificazione completa, ma, tutt'al più, si unifica parzialmente. [...] Di qui deriva la possibilità di costruire romanzi e epopee che hanno avuto una eccezionale fioritura nel Medioevo in Europa occidentale.[20]

Grazie alle teorie mutuate dagli studi etnoantropologici e sulla mitologia, nonché dagli studi sul patrimonio folklorico, è stato possibile individuare quel filo conduttore che lega il *Roman de Renart* al genere zoocpico, espressione particolare del racconto zoomorfico presente in molte culture preletterarie.

Per quanto riguarda il fenomeno delle allusioni intertestuali abbiamo dapprima trovato una spiegazione nelle teorie critiche sull'oralità, interpretandolo come il risultato di espedienti compositivi tipici della diffusione giullaresca; i continui andirivieni all'interno della singola *branche* e i rimandi tra una *branche* e le altre aiutavano l'esecutore a tenere sempre alta l'attenzione dell'uditorio, a informarlo su quanto aveva già raccontato e ad anticipare l'argomento successivo.

Anche in questo caso, la partecipazione del *Renart* al genere zooepico, fornisce un'ulteriore spiegazione: la tendenza a creare unità narrative più ampie fino al ciclo è rivelata dalla permanenza di isotopie che non si risolvono solamente nella ricorrenza degli stessi personaggi, stessi nomi propri o ambientazioni simili, ma esigono legami strutturali più profondi. Le allusioni diventano così l'espressione

19. Varvaro, *Élaboration des textes et modalités du récit*, p. 39.
20. Propp, *La fiaba russa*, p. 159.

concreta e visibile di quella tendenza ciclica che accomuna le opere zooepiche delle più svariate culture.

Una prima conclusione di carattere generale si può riassumere in questi termini: i fenomeni che caratterizzano il *Roman de Renart* e la sua struttura intermedia tra il ciclo e la raccolta si devono alla componente fondamentale dell'oralità, che presiede alla modalità di diffusione del testo ed è, in una prospettiva storica profonda, l'elemento fondante del genere zooepico, di cui il *Renart* rappresenta un'espressione letteraria.[21]

Il secondo filone di ricerca, quello dedicato all'indagine sulla presunta dicotomia strutturale o sui due *Romans de Renart* che trapelavano dalle raccolte manoscritte, si è rivelato alla fine collegato al primo.

Il primo *Roman*, quello definito da una struttura comune fatta di motivi, formule ricorrenti e da un'alta concentrazione di allusioni intertestuali è il *Roman* come si presentava intorno al 1205, data approssimativa della prima edizione (o archetipo di tutti i testimoni). La successione delle *branches,* che non sembra soggetta ad alcuna ambizione ciclica ordinata, riflette la consapevolezza del primo compilatore della natura orale delle storie; la componente dell'oralità, presente nello statuto del genere zooepico e centrale nella modalità di diffusione, sopravvive alla loro messa per iscritto e appare a noi più evidente perché le *branches* non sono ancora state sottoposte al processo di ciclizzazione intenzionale. Da qui l'ipotesi che la prima raccolta fosse qualcosa di simile ai *Gelegenheitssammlungen* di cui Gustav Gröber[22] parla a proposito delle raccolte di canzoni di diversi trovatori trascritte alla rinfusa da amici o estimatori dei trovatori oppure dai giullari stessi che si servivano di queste raccolte d'occasione durante le loro *performances.*[23]

I testimoni della famiglia α, più fedeli a questa prima raccolta, modificano solo parzialmente il loro modello; per questo Martin si è basato sul principale rappresentante della famiglia (il ms. A) per pubblicare il "suo" *Roman de Renart* ed è per questo che la sua edizione è il testo di riferimento del presente studio. La successione delle *branches* nell'edizione Martin è la più prossima all'ordine ricostruito per l'archetipo e le ventisette *branches* èdite risultano divise in due sezioni all'altezza della br. XVII. Da quanto emerge nelle tavole, le *branches* dalla XVIII alla XXVII sono quasi prive di quelle omologie strutturali (a questo punto è forse il caso di chiamarle indizi di oralità), che contraddistinguono il primo gruppo.

21. Kerényi, *Il briccone divino*, p. 230: «L'eroe-briccone può essere la fonte di una letteratura, prima di una letteratura "pre-letteraria", e poi anche di una letteratura raffinatissima, dotata di piena coscienza artistica. Il dio-briccone è la fonte super-individuale di una particolare concezione del mondo».

22. Gröber, *Die Liedersammlungen der Troubadours*, pp. 377-670.

23. Ivi, p. 355: «Einen weit grösseren Antheil an der Forterhaltung der Troubadourpoesie als die Liederbücher, haben die Gelegenheitssammlungen, Liederhefte im Besitz von Gönnern der Troubadours, wohl auch in den Händen von Joglars die sie bei ihrem Vortrag benutzen, oder von Liebhabern, Freunden und Sammlern provenzalischer Poesie angelegt».

Per concludere, i due *Romans de Renart* hanno assunto contorni più definiti e si sono mostrati come espressioni di due fasi distinte della storia dei testi renardiani. Su questa considerazione si propone una ricostruzione, per larghe linee, della vicenda redazionale del *Roman de Renart*: in una prima fase,[24] un gruppo di poeti, attingendo a un patrimonio di fonti scritte e orali, compone una serie di storie sulla volpe inserendosi in una tradizione precisa: la zooepica. Le circa sedici *branches* composte da costoro presentano infatti tutte le caratteristiche del genere: presenza di eroi zoomorfi, antagonismo tra la figura dello sciocco e quella del furbo, nomi propri attribuiti agli animali, stessa ambientazione, relazioni reciproche costanti e coerenti, intento burlesco, combinazione di motivi tipici del racconto zoomorfico, tendenza a combinare unità narrative semplici in unità più ampie e complesse e tendenti al ciclo.

La circolazione di queste realizzazioni medievali del codice zooepico era affidata ai giullari, in continuità con la matrice orale del genere. Verso il 1205 qualcuno, probabilmente un giullare deve aver raccolto le prime storie circolanti sulla volpe all'interno di un libro, in cui questi testi fortemente orientati alla *performance* vengono copiati l'uno dietro l'altro alla rinfusa. Questo libro non ci è pervenuto, ma il suo contenuto è stato ricostruito dalla critica grazie alla comparazione di tutti i testimoni del *Roman de Renart* dei quali rappresenta l'archetipo. A partire da questa prima edizione, altri hanno copiato i testi sui manoscritti tramandati stravolgendone, chi più chi meno, l'ordine impresso dal primo raccoglitore. I compilatori delle raccolte ADEFG si sono limitati a copiare le *branches* del loro modello apportando minime variazioni nella loro successione.

A un certo punto, verosimilmente all'altezza dei primi decenni del XIII secolo, il successo delle storie sulla volpe divulgate dai giullari fino a quel momento, si affievolisce e il *Roman de Renart* diventa una raccolta di testi da leggere e conservare in manoscritti antologici. I poeti (o i compilatori stessi delle raccolte) continuano a comporre storie inserendosi nella compagine di quel primo *Roman* (antecedente al 1205) e ripetendone parzialmente i contenuti.

Le nuove *branches*, però, non sono più rigidamente dipendenti dalla diffusione giullaresca e la loro composizione si libera in parte dalle esigenze dettate dall'oralità; perdendo la componente predominante, vale a dire il forte orientamento alla dimensione performativa, decisiva per il primo gruppo di testi, le *branches* perdono anche i legami più diretti con la tradizione zooepica: pur conservando alcuni dei tratti (i personaggi, gli ambienti, i nomi propri) le loro narrazioni non sono più articolate attraverso la combinazione dei motivi ricorrenti, le formule fisse tendono a scomparire e le allusioni intertestuali si fanno sempre più rare. La tendenza alla ciclizzazione si evince dalla manipolazione dei materiali

24. Le due ipotesi concorrenti sulla data del primo poema renardiano (1170-1175 per Foulet e 1186 per Zufferey) sono entrambe plausibili e, per quanto l'argomentazione proposta da Zufferey (*L'histoire littéraire dans les prologues*) mi paia meno forte di quelle avanzate da Foulet, non ci sono elementi che contraddicono né l'una né l'altra ipotesi. In questa sede, la differenza di circa 10-15 anni per la datazione del primo poema su Renart, non comporta conseguenze significative, pertanto si evita di entrare nel dettaglio.

esistenti e non è più, almeno non come nel primo gruppo, immanente ai testi. La ciclizzazione diventa un'operazione estrinseca, a tratti forzata e fallimentare perché la struttura interna dei testi, a carattere episodico e semi-indipendente, ne impedisce l'organizzazione coerente. Il compilatore più ambizioso è certamente quello del manoscritto M che fa iniziare la sua raccolta con una *branche* che narra l'origine pseudo-biblica di Renart e Ysengrin (XXIV) e la fa terminare con la *branche* che racconta la morte della volpe (XVII).

La morte di Renart, o meglio le tre morti, come si sa, sono solo apparenti ed è questo l'ultimo *trick* che la volpe gioca a chi vorrebbe imprigionarlo in un libro con un principio e una fine.[25]

25. Mi sembra questo un altro indizio di parentela tra Renart e la figura archetipica del Briccone divino. Paul Radin, descrivendo la mitologia dei Winnebago, parla delle *waikã* ("quello-che-è-sacro") e scrive: «Esse non potevano avere una fine tragica, cioè l'eroe non poteva essere rappresentato morente o morto se non temporaneamente. Questo era naturalmente la conseguenza del fatto che gli eroi delle *waikã* erano sempre divini» (*Il briccone divino*, p. 119).

Bibliografia

1. *Edizioni del testo*

Barre, Aurélie, *Édition critique et étude littéraire du manuscrit O du "Roman de Renart": f. fr. 12583*, Tesi di Dottorato, Université Lyon III, 2005.

Roques, Mario, *Fragments d'un ms. du Roman de Renart (branches I et VII)*, in «Romania», 39 (1910), pp. 33-43.

Le roman de Renart, a cura di Ernest Martin, 3 voll., Strasbourg-Paris, Trübner-Leroux, 1882-1887

Le roman de Renart, pubblicato sotto la direzione di Armand Strubel, con la collaborazione di Roger Bellon, Dominique Boutet, Sylvie Lefèvre, Paris, Gallimard, 1998.

Le roman de Renart, a cura di Aurélie Barre, edizione bilingue stabilitita, tradotta, presentata e annotata da Jean Dufournet, Laurence Harf-Lancner, Marie-Thérèse de Medeiros, Jean Subrenat, Paris, Champion, 2013-2015

Le roman de Renart. Branches I et Ia éditées d'après les manuscrits C et M, a cura di Naoyuki Fukumoto, Tokyo, France-Tosho, 1974.

Le roman de Renart. Branches VI, XXII. Édition critique d'après les manuscrits C et M, a cura di Naoyuki Fukumoto, in «Bulletin de l'Université Soka» 3 (1979).

Le roman de Renart. Branche XX et dernière: Renart empereur. Édité d'après la copie de Cangé, a cura di Félix Lecoy, Paris, Champion, 1999.

Le roman de Renart, branches II-VI. Éditée d'après le manuscrit de Cangé, a cura di Mario Roques, Paris, Champion, 1951.

Le roman de Renart, branches VII-IX. Éditée d'après le manuscrit de Cangé, a cura di Mario Roques, Paris, Champion, 1953.

Le roman de Renart, branches X-XI. Éditée d'après le manuscrit de Cangé, a cura di Mario Roques, Paris, Champion, 1958

Le roman de Renart, branches XII-XVII. Éditée d'après le manuscrit de Cangé, a cura di Mario Roques, Paris, Champion, 1958.

Le roman de Renart, branches XVIII-XIX. Éditée d'après le manuscrit de Cangé, a cura di Mario Roques, Paris, Champion, 1963.

Le roman de Renart d'après les manuscrits C et M, a cura di Naoyuki Fukumoto, Nobom Harano, Satoru Suzuki, 2 voll., Tokyo, France Tosho, 1983-1985

Le roman de Renart. Édité d'après le manuscrit O (f. fr. 12583), a cura di Aurélie Barre, Berlin, de Gruyter, 2010.

Le Roman de Renart, fragment o - B.N.F. nouv. acq. fr. 5237. Notes, texte et variantes, a cura di Naoyuki Fukumoto, in «Extrait du Bulletin de l'Université SOKA», 21, (1997), 2, pp. 21-39.

Le roman de Renart. Première branche: Jugement de Renart, Siège de Maupertuis, Renart teinturier. Éditée d'après le manuscrit de Cangé, a cura di Mario Roques, Paris, Champion, 1948

Le roman du Renart publié d'après les manuscrits de la Bibliothéque du Roi des XIIIe*, XIV*[e] *et XV*[e] *siècles*, a cura di Dominique Méon, 4 voll., Paris, Treuttel et Würtz, 1826

Le roman du Renard. Supplément, variantes et corrections. Publié d'après les manuscrits de la Bibliothèque du Roi et de la Bibliothèque de l'Arsenal, a cura di P. Chabaille, Paris, Silvestre, 1835.

Il romanzo di Renart la volpe, a cura di Massimo Bonafin, Alessandria, Edizioni dell'Orso, 1998.

Rossi, Luciano, Asperti, Stefano, *Il Renart di Siena: nuovi frammenti duecenteschi, in* «Studi Francesi e Provenzali» 84/85, Romanica Vulgaria, Quaderni, 8-9, (1986), pp. 37-64.

Vita e morte avventurose di Renart, a cura di Massimo Bonafin, Alessandria, Edizione dell'Orso, 2012.

2. *Studi*

Aarne, Annti, *The types of the folktale: a classification and bibliography*, translated and enlarged by Stith Thompson, Helsinki, Academia Scientiarum Fennica, 1961

Aarne, Annti, *Verzeichnis der Märchentypen,* Helsinki, Suomalaisen tiedeakatemian, 1910.

Auerbach, Erich, *Mimesis, Il realismo nella letteratura occidentale*, Torino, Einaudi, 1956.

Barre, Aurélie, *L'image du texte. L'enluminure au seuil du manuscrit O*, in «Reinardus», 15 (2002), pp. 17-31.

Barre, Aurélie, *Renart à Plaincourault. Du texte à l'image*, in «Reinardus», 17 (2004), pp. 23-38.

Barre, Aurélie, *Marges ou marginalia dans le manuscrit D (Douce 360) du Roman de Renart*, in «Textimage», 1 (2007) (http://www.revue-textimage.com/01_en_marge/barre1.htm).

Barre, Aurélie, *Petite introduction au manuscrit O du Roman de Renart. Ce que murmure le texte*, in «Le Moyen Âge», 115 (2009), pp. 73-86.

Barre, Aurélie, *Renart personnage animé*, in «Textimage», 3 (2013) (http://www.revue-textimage.com/07_varia_3/barre1.html).

Barthes, Roland *et al.*, *L'analisi del racconto*, Milano, Bompiani, 1969 (ed. or. *Introduction à L'analyse structurale des récits*, in «Communications» 8 [1966], 1-27)

Barthes, Roland, *L'attività strutturalista*, in Id., *Saggi critici*, Torino, Einaudi, 2002, pp. 211-218 (ed. or. *Essais critiques*, Paris, Éditions du Seuil, 1964).

Bédier, Joseph, *Les fabliaux. Etude de littérature populaire et d'histoire littéraire du moyen âge,* Paris, H. Champion, 1893.

Bédier, Joseph, *La Chanson de Roland commentée par Joseph Bédier*, Paris, L'édition d'art, 1927.

Bédier, Joseph, *Commentaires de La Chanson de Roland*, Paris, H. Piazza, 1968 (ed. or. 1927).

Bellon, Roger, *De la chaîne au cycle? La réorganisation de la matière renardienne dans les mss C et M*, in «Revue des langues romanes», 90 (1986), pp. 27-44.

Bellon, Roger, *Renart empereur: un épisode peu connu du Roman de Renart (Branche XI, vers 2300-3402)*, in *Lorraine vivante: hommage à Jean Lanher*, a cura di Roger Marchal, Bernard Guidot, Nancy, Presses universitaires de Nancy, 1993, pp. 257-263.

Bellon, Roger, *Où placer le duel judiciaire (éd. Martin, br. VI)? Remarques sur les notions de classe et famille dans le Roman de Renart*, in *Si a parlé par moult ruiste vertu. Mélanges de littérature médiévale offerts à Jean Subrenat*, a cura di Jean Dufournet, Paris, Champion, 2000, pp. 49-60.

Bellon, Roger, *"Renart empereur". Le Roman de Renart, ms. H, branche XVI: une réécriture renardienne de La mort le roi Artu?*, in «Cahiers de recherches médiévales», 15 (2008), pp. 3-17.

Bellon, Roger, *Che cos'è l'intertestualità*, Roma, Carocci, 2013.

Bernardelli, Andrea, *Intertestualità*, La Nuova Italia, Milano, 2000.

Il «Bestiaire» di Gervaise, in *Bestiari medievali*, a cura di Luigina Morini, Torino, Einaudi, 1996, pp. 287-361.

Bestiari medievali, a cura di Luigina Morini, Torino, Einaudi, 1996.

Bibliothèque impériale. Département des manuscrits. Catalogue des manuscrits français, I, *Ancien fonds*, Paris, Firmin Didot, 1868.

Bisconti, Fabrizio, Mazzoleni, Danilo, *Alle origini del culto dei martiri. Testimonianze nell'archeologia cristiana*, Roma, Aracne, 2005.

Bonafin, Massimo, *Intertestualità nel Roman de Renart*, in «Medioevo Romanzo», 14 (1989), pp. 77-96.

Bonafin, Massimo, *Le maschere del trickster. Tristano e Renard*, in *Masca, maschera, masque, mask. Testi e iconografia nelle culture medievali*, in «L'immagine riflessa», 9 (2000), 1-2, pp. 181-196.

Bonafin, Massimo, *Les joyeuses funerailles de Renart*, in «Reinardus», 14 (2001), pp. 89-98.

Bonafin, Massimo, *Il racconto* in *Lo spazio letterario del Medioevo*, a cura di Pietro Boitani, Mario Mancini, Alberto Varvaro, 2, *Il Medioevo volgare*, II, *La circolazione del testo*, Roma, Salerno editrice, 2001, pp. 433-462.

Bonafin, Massimo, *Le malizie della volpe. Parola letteraria e motivi etnici nel "Roman de Renart"*, Roma, Carocci, 2006.

Bonafin, Massimo, *Prove di un'antropologia del personaggio*, in *Le vie del racconto. Temi antropologici, nuclei mitici e rielaborazione letteraria nella narrazione medievale germanica e romanza*, a cura di Alvaro Barbieri, Paola Mura, Giovanni Panno, Padova, Unipress, 2008, pp. 3-18.

Bonafin, Massimo, *Éléments pour une comparaison du trickster Renart avec le renard dans la tradition littéraire chinoise*, in «Reinardus», 24 (2012), pp. 21-28.

Bonafin, Massimo, *Satira, parodia e oscenità nella branche VII del Roman de Renart*, in *Formes et fonctions de la parodie dans les littératures médiévales*, Atti del Colloquio internazionale (Zurigo, 9-10 dicembre 2010), a cura di Johannes Bartuschat, Carmen Cardelle De Hartmann, Firenze, Edizioni del Galluzzo, 2013, pp. 175-191.

Bonafin, Massimo, *Rileggendo* Les vêpres de Tibert *(branche 12 del* Roman de Renart*)*, in *Dai pochi ai molti. Studi in onore di Roberto Antonelli*, a cura di Paolo Canettieri, Arianna Punzi, Roma, Viella, 2014, I, pp. 261-271.

Botero Garcia, Mario, *Les deux images du roi Louis dans Raoul de Cambray*, in *L'épopée romane. Actes du XV*e *Congrès international Rencesvals*, a cura di Gabriel Bianciotto, Claudio Galderisi, Poitiers, Université de Poitiers – Centre d'études supérieures de civilisation médiévale, 2002, pp. 431-439.

Bremond, Claude, *Logica del racconto*, Milano, Bompiani, 1977 (ed. or. *Logique du récit*, Paris, Éditions du Seuil, 1973).

Busby, Keith, *Codex and Context. Reading Old French Verse Narrative in Manusript,* Rodopi, Amsterdam-New York, 2002.

Büttner, Hermann, *Studien zu dem "Roman de Renart" und dem "Reinhart Fuchs"*, Strasbourg, Trübner, 1891.

Caboni, Adriana, *Note e correzioni al Rainardo e Lesengrino,* in «Rendiconti della Classe di scienze morali, storiche e filologiche / Reale Accademia nazionale dei Lincei», ser. VI, 11 (1936), pp. 936-973.

Canetti, Luigi, *Frammenti di eternità. Corpi e reliquie tra antichità e medioevo*, Roma, Viella, 2002.

Chantilly. Le cabinet des livres. Manuscrits, Paris, Plon-Nourrit, 1900.

Clanchy, Michael T., *From memory to written record: England 1066-1307*, London, Edward Arnold, 1979.

Clouzot, Martine, *Un intermédiaire culturel au XIII*e *siècle: le jongleur*, in «Bulletin du centre d'études médiévales d'Auxerre», Hors-série n° 2 *Le Moyen Âge vu d'ailleurs* (2008).

Collet, Olivier, *Du manuscrit de jongleur au recueil aristocratique: réflexions sur les premières anthologies françaises*, in «Le Moyen Âge», CXIII, (2007), 3, pp. 481-499.

Curtius, Ernst Robert, *Letteratura europea e Medio Evo latino*, Firenze, La Nuova Italia, 1992 (ed. or. *Europäische Literatur und lateinisches Mittelalter*, Bern, Francke, 1948)

de Combarieu du Grès, Micheline, Subrenat, Jean, *Le "Roman de Renart", index des thèmes et des personnages*, Aix-en-Provence, CUERMA, 1987.

de Riquer, Martin, *Epopée jongleresque à écouter et épopée romanesque à lire*, in *La technique littéraire des chansons de geste*, Atti del Colloquio (Liegi, settembre 1957), Paris, Les Belles Lettres,1959, pp. 75-84.

Delbouille, Maurice, *Les chansons de geste et le livre*, in *La technique littéraire des chansons de geste*, Atti del Colloquio (Liegi, settembre 1957), Paris, Les Belles Lettres, 1959, pp. 295-407.

Devard, Jérôme, *Le Roman de Renart. Le reflet critique de la société féodale*, Paris, L'Harmattan, 2010

Donà, Carlo, *Cantari, fiabe e filologi*, in *Il cantare italiano fra folklore e letteratura*, Atti del Convegno internazionale (Zurigo, Landesmuseum, 23-25 giugno 2005), a cura di Michelangelo Picone, Luisa Rubini, Firenze, Olschki, 2007, pp. 147-170.

Dufournet, Jean, *Littérature oralisante et subversion: la branche 18 du Roman de Renart ou le partage des proies*, in «Cahiers de civilisation médiévale», 22 (1979), pp. 321-335.

Dufournet, Jean, *Le "Roman de Renart", entre réécriture et innovation*, Orléans, Paradigme, 2007.

Duggan, Joseph J., *Modalità della cultura orale*, in *Lo spazio letterario del Medioevo* a cura di Pietro Boitani, Mario Mancini, Alberto Varvaro, 2, *Il Medioevo volgare*, I/1, *La produzione del testo*, Roma, Salerno editrice, 2001, pp. 147-177.

Eco, Umberto, *Lector in fabula*, Milano, Bompiani, 1979.

Fabliaux: racconti francesi medievali, a cura di Rosanna Brusegan, Torino, Einaudi, 2007.

Faral Edmond, *Les jongleurs en France au Moyen Âge*, Paris, Champion,1910.

Fassò, Andrea, *Roland est sage et Charlemagne injuste*, in *L'épopée romane. Actes du XVe Congrès international Rencesvals*, a cura di Gabriel Bianciotto, Claudio Galderisi, Poitiers, Université de Poitiers – Centre d'études supérieures de civilisation médiévale, 2002, pp. 499-507.

Favole di Fedro e Aviano, a cura di Giannina Solimano, Torino, Unione tipografico-editrice torinese, 2005.

Il «Fisiologo» latino: «versio BIs», in *Bestiari medievali*, a cura di Luigina Morini, Torino, Einaudi, 1996, pp. 3-102.

Flinn, John, *Le roman de Renart dans la littérature et dans les littératures étrangères au Moyen Âge*, Toronto-Paris, University of Toronto Press-Presses universitaires de France, 1963.

I formalisti russi. Teoria della letteratura e metodo critico, a cura di Tzvetan Todorov, Torino, Einaudi, 1968 (ed. or. *Théorie de la littérature*, Paris, Editions du Seuil, 1966).

Foulet, Lucien, *Le Roman de Renard*, Paris, Champion, 1914.

Frappier, Jean, *Les chansons de geste du cycle de Guillaume d'Orange*, Société d'édition d'enseignement supérieur, Paris, 1967.

Freeman, Charles, *Sacre reliquie*, Torino, Einaudi, 2012.

Gathercole, Patricia M., *Illustrations of the Roman de Renart: manuscripts BN fr. 1581 and BN fr. 12584*, in «Gesta», 10, (1971), 1, pp. 39-44.

Gautier, Léon, *Les épopée françaises: étude sur les origines et l'histoire de la littérature nationale*, Paris, Victor Palme Libraire-editeur, 1865-1869.

Genette, Gérard, *Figures III*, Paris, Collection Poétique, 1972.

Genette, Gérard, *Palinsesti*, Torino, Einaudi, 1997 (ed. or. *Palimpsestes: la littérature au second degré*, Paris, Éditions du Seuil, 1982)

Gingras, Francis, *La triste figure des chevaliers dans un codex du XIIIe siècle (Chantilly, Condé 472)*, in «Revue des langues romanes», 110 (2006), 1, pp. 77-97.

Grimm, Jacob, *Reinhart Fuchs*, Berlin, Reimer, 1834.

Gröber, Gustav, *Die Liedersammlungen der Troubadours*, in «Romanische Studien», 2 (1887), pp. 377-670.

Harano, Noboru, *Sous quel nom désigner une partie du ms. H du Roman de Renart?*, in «Reinardus», 19 (2006), pp. 75-82.

Havelock, Eric A., *Cultura orale e civiltà della scrittura. Da Omero a Platone*, Roma-Bari, Laterza 1973 (ed. or. *Preface to Plato*, Cambridge, Harvard University Press, 1963).

Heinemann, A. Edward, *L'art métrique de la Chanson de geste, Essai sur la musicalité du récit,* Genève, Droz, 1993.

Heinemann, A. Edward, *Le jeu des variantes dans les trois versions en vers de la Prise d'Orange. Vers une histoire de l'art métrique de la chanson de geste*, in *Jeux de la variante. Mélanges offerts à Anna Drzewicka*, a cura di Antoni Bartosz, Katarzyna Dybel, Piotr Tylus, Cracovia, Viridis, 1997.

Heinrich de Glîchesære, *La volpe Reinhart*, a cura di Carla Del Zotto, Roma, Carocci, 2007.

Infurna, Marco, *Intertestualità e "mise en abyme"*, in *Lo spazio letterario del Medioevo* a cura di Pietro Boitani, Mario Mancini, Alberto Varvaro, 2, *Il Medioevo volgare*, I/1, *La produzione del testo*, pp. 423-457.

Jacob-Hugon, Christine, *Pour une lecture "jongleresque" de la "Chanson des Saisnes"*, in «Versants: revue suisse des littératures romanes = Rivista svizzera delle letterature romanze = Revista suiza de literaturas románicas», 28 (1995), pp. 43-57.

Jauss, Hans Robert, *Untersuchungen zur mittelalterlichen Tierdichtung*, Tübingen, Max Niemeyer Verlag, 1959.

Kristeva, Julia, *La parola, il dialogo, il romanzo*, in *Semeiotiké. Ricerche per una semanalisi*, Milano, Feltrinelli, 1978, pp. 119-143 (ed. or. *Semeiotikè: recherches pour une sémanalyse*, Paris, Editions du Seuil, 1969).

Lacanale, Marcella, *L'opera come riflesso del personaggio: un confronto tra la volpe Renart e Guillaume d'Orange*, in «L'immagine riflessa. Testi, società, culture», 23 (2014), pp. 121-140.

Lefay-Toury, Marie-Noëlle, *Ambiguïté de l'idéologie et gratuité de l'écriture dans la branche I du Roman de Renart*, in «Le Moyen Âge», 80 (1974), 1, pp. 89-100.

Legrand d'Aussy, Pierre Jean-Baptiste, *Le Renard, poëme héroïco-comique, burlesque et facétieux*, in *Notices et extraits des manuscrits de la Bibliothèque nationale et autres bibliothèques*, VII (1798-1799), pp. 294-320.

Il «Libro della natura degli animali» (Bestiario toscano), in *Bestiari medievali*, a cura di Luigina Morini, Torino, Einaudi, 1996, pp. 425-486.

Lodge, Anthony, Varty, Kenneth, *Pierre de Saint-Cloud's Roman de Renart. Foulet's thesis re-examined*, in *Proceedings of the Third International Beast Epic, Fable and Fabliau Colloquium*, a cura di Jan Goossens, Timothy Sodmann, Koln-Wien, Bölhau, 1981, pp. 189-195.

Lodge, Anthony, *Syntactic variables and the authorship of Renart II-Va. The editor and the text. In honour of Professor Anthony J. Holden*, a cura di Philip E. Bennett, Graham Runnalls, Edimbourgh, University Press, 1990, pp. 46-47.

Lodge, R. Anthony, Varty, Kenneth *The Earliest Branches of the Roman de Renart*, Louvain, Peeters, 2001.

Lomazzi, Anna, *L'eroe come trickster nel Roman de Renart*, in «Cultura neolatina», 40 (1980), pp. 55-65.

Marie de France, *Fables. Édition critique accompagnée d'une introduction, d'une traduction, de notes et d'un glossaire*, a cura di Claude Brucker, Peeters, Louvain, 1991.

Martin, Ernest, *Examen critique des manuscrits du "Roman de Renart"*, Bâle, Schweighauser, 1872.

Martin, Ernest, *Observations sur le "Roman de Renart" suivies d'une table alphabétique des noms propres. Supplément de l'édition du "Roman de Renart"*, Strasbourg-Paris, Trübner-Leroux, 1887.

Martin, Henry, *Catalogue des manuscrits de la Bibliothèque de l'Arsenal*, III, Paris, Plon, 1887.

McMillan, Duncan, *À propos d'un travail de M. Delbouille sur "Les chansons de geste et le livre"*, in «Cahiers de civilisation médiévale», 4 (1961), pp. 47-54.

McMillan, Duncan, *Le Charroi de Nîmes. Chanson de geste du XIIe siècle*, Paris, Klincksieck, 1972.

Meletinskij, Eleazar Moiseevich, *Introduzione alla poetica storica dell'epos e del romanzo*, il Mulino, Bologna, 1993 (ed. or. *Istoriceskaja poetika novelly*, Moskva, Nauka, 1990).

Meletinskij, Eleazar Moiseevich, *Les mythes et contes sur le Corbeau chez les paléosiberiens et le folklore archaïque du monde*, in «Quaderni di semantica», XV (1994), 1, pp. 79-85.

Meyer, Paul, *Fragments de manuscrits français*, in «Romania», 34 (1905), pp. 429-457.

Murko, Matthias, *La poésie populaire épique en Yougoslavie au début du XX siècle*, Paris, Champion, 1929.

Nieboer, Ettina, *Classes et familles: une tautologie?* in «Reinardus», 5 (1992), pp. 125-142.

Omont, Henri *et al.*, *Bibliothèque nationale. Catalogue général des manuscrits français. Ancien supplément français II: Nos 9561-13090 du fonds français*, Paris, Leroux, 1896.

Omont, Henri *et al.*, *Catalogue général des manuscrits français. Nouvelles acquisitions françaises IV*, Paris. Édition Ernest Leroux, 1918.

Ong, Walter J., *Oralità e scrittura. Le tecnologie della parola*, Bologna, il Mulino, 1986 (ed. or. *Orality and literacy: the technologizing of the word*, London-New York, Methuen, 1982)

Paris, Gaston, *Un fragment de Renart*, in «Romania» 3 (1874), pp. 373-376.

Paris, Gaston, *Paulin Paris et la littérature française du Moyen Âge*, Paris, Chamerot, 1882.

Paris, Paulin, *Les aventures du maître Renart et d'Ysengrin son compère*, Paris, Techener, 1861.

Parry, Milman, *Les formules et la métrique d'Homère*, Paris, Les Belles Lettres, 1928.

Parry, Milman, *L'épithète tradionnelle dans Homère*, Paris, Les Belles Lettrese, 1928.

Parry, Milman, *Studies in the Epic technique of Oral Verse-Making,* in «Harvard Studies in Classical Philology», 43 (1930), pp. 1-50.

Parry, Milman, *The Making of Homeric Verse. The Collected Papers of Milman Parry*, a cura di Adam Milman Parry, Oxford, Clarendon Press, 1971.

Picasso, Giorgio, Piana, Giannino, Motta, Giuseppe, *A pane e acqua: peccati e penitenze nel Medioevo: il Penitenziale di Burcardo di Worms,* Novara, Europia, 1998.

Praz, Mario, *La carne, la morte e il diavolo nella letteratura romantica*, Milano-Roma, La Cultura, 1930.

Propp, Vladimir Jakovlevič, *Morfologia della fiaba; Le radici storiche dei racconti di magia*, Roma, Newton, 2012 (ed. or. *Morfologija skazki*, Leningrad, Academia, 1928).

Propp, Vladimir Jakovlevič, *La fiaba russa. Lezioni inedite*, Torino, Einaudi, 1984 (ed. or. *Russkaja skazka*, Leningrad, Academia, 1984).

Pucci, Antonio, *Cantari della Reina d'Oriente*, edizioni critiche a cura di Attilio Motta, William Robins, Bologna, Commissione per i testi di lingua, 2007.

Radin, Paul, Jung, Carl Gustave, Kerényi, Károli, *Il briccone divino*, Bompiani, Milano, 1979 (ed. or. *Der gottliche Schelm*, Zürich, Rhein-Verlag, 1954).

Regalado, Nancy F., *Tristan and Renart. Two tricksters*, in «L'Esprit Créateur», XVI (1976), 1, pp. 30-38.

Riffaterre, Michel, *Semiotica della poesia*, Bologna, il Mulino, 1983 (ed. or. *Semiotics of poetry*, Bloomington-London, Indiana University Press, 1978).

Rossi, Luciano, *Jean Bodel: des "Flabiaus" à la chanson de geste*, in «Versants: revue suisse des littératures romanes = Rivista svizzera delle letterature romanze = Revista suiza de literaturas románicas», 28 (1995), pp. 9-42.

Rothe, Auguste, *Les romans du Renard examinés, analysés et comparés d'après les textes manuscrits les plus anciens, les publications latines, flamandes, allemandes et françaises; précédées de renseignements généraux et accompagnés de notes et d'éclaircissements philologiques et littéraires*, Paris, Téchener, 1845.

Ruby, Christine, *Paris, Bibliothèque nationale de France, fr. 371*, in *Album de manuscrits français du XIIIe siècle. Mise en page et mise en texte*, a cura di Maria Careri *et al.*, Roma, Viella, 2001, pp. 23-26.

Rychner, Jean, *La Chanson de geste. Essai sur l'art épique des jongleurs,* Genève-Lille, Droz-Giard, 1955.

Rychner, Jean, *Observations sur la versification du Courcnnement de Louis*, in *La technique littéraire des chansons de geste*, Atti del Colloquio (Liegi, settembre 1957), Paris, Les Belles Lettres, 1959, pp. 161-182.

Rychner, Jean, *Contribution à l'étude des fabliaux. Variantes, remaniements, dégradations,* Faculté des lettres-Droz, Neuchatel-Genève, 1960.

Scheidegger, Jean *Renart dans les branches: comique et réflexivité*, in *Comique, satire et parodie dans la tradition renardienne et les fabliaux*, Atti del Colloquio del Centro di Studi medievali dell'Université de Picardie (15-16 gennaio 1983), a cura di Danielle Buschinger, André Crépin, Göppingen, Kümmerle, 1983, pp. 113-123.

Scheidegger, Jean, *Le "Roman de Renart" ou le texte de la dérision*, Genève, Droz, 1989

Segre, Cesare, *Le strutture e il tempo. Narrazione, poesia, modelli*, Einaudi Paperbacks, Torino, 1974.

Segre, Cesare, *Dalla memoria al codice*, in *La filologia romanza e i codici*, Atti del Convegno (Messina, 1991), a cura di Saverio Guida, Fortunata Latella, Messina, Sicania, 1993, pp. 5-13.

Smith, Richard E., *Type-Index and Motif-Index of the Roman de Renard*, Uppsala, Etnologiska Institutionen, 1980.

Strubel, Armand, *Deux versions de Renart dans le puits (manuscrit H)*, in *Ensi firent li ancessor. Mélanges de philologie médiévale offerts à Marc-René Jung*, a cura di Luciano Rossi, Christine Jacob-Hugon, Ursula Bähler, Alessandria, Edizioni dell'Orso, 1996, pp. 437-449.

Strubel, Armand, *Ordre et désordre dans un recueil renardien: l'exemple du manuscrit H*, in *Si a parlé par moult ruiste vertu. Mélanges de littérature médiévale offerts à Jean Subrenat*, a cura di Jean Dufournet, Paris, Champion, 2000, pp. 487-496.

Subrenat, Jean, *Trois versions du jugement de Renart (Roman de Renart, branches VIIb, I, VIII du manuscrit de Cangé)*, in *Mélanges de langue et littérature françaises du Moyen Âge offerts à Pierre Jonin*, in «Senefiance», 7 (1979), pp. 623-643.

Subrenat, Jean, *Le Roman de Renart et la parodie littéraire: recherche de quelques "avant-textes"*, in *Comique, satire et parodie dans la tradition renardienne et les fabliaux* Atti del Colloquio del Centro di Studi medievali dell'Université de Picardie (15-16 gennaio 1983), a cura di Danielle Buschinger, André Crépin, Göppingen, Kümmerle, 1983, pp. 125-138.

Subrenat, Jean, *Un point de vue sur la fonction royale sous Philippe-Auguste: le roi Noble dans le Roman de Renart* , in *Histoire et société. Mélanges offerts à Georges Duby*, Aix-en-Provence, Publications de l'Université de Provence, 1992, III, pp. 167-177.

Subrenat, Jean, *Les dernières branches du Roman de Renart peuvent-elles être lues comme des fables ou des fabliaux?* in *Narrations brèves. Mélanges de littérature ancienne offerts à Krystyna Kasprzyk*, a cura di Piotr Salwa et Erva Dorota Zólkiewska, Warsaw, Tokawi, 1993, pp. 41-49.

Subrenat, Jean, *Variantes et variations dans les trois versions du serment purgatoire de Renart*, in *Jeux de la variante dans l'art et la littérature du Moyen Âge. Mélanges offerts à Anna Drzewicka par ses collègues, ses amis et ses élèves*, a cura di Antoni Bartosz, Katarzyna Dybel, Piotr Tylus, Kraków, Viridis, 1997, pp. 38-45.

Sudre, Léopold, *Les sources du Roman de Renart*, Paris, Bouillon, 1893.

Sunderland, Luke, *Le Cycle de Renart: from the Enfances to the Jugement in a cyclical Roman de Renart manuscript*, in «French Studies», 62 (2008), 1, pp. 1-12.

Sunderland, Luke, *Old French narrative cycles. Heroism between ethics and morality*, Cambridge, D. S. Brewer, 2010.

Suomela-Härmä, Elina, *Les structures narratives dans le Roman de Renart*, Helsinki, Suomalainen Tiedeakatemia, 1981.

Suomela-Härmä, Elina, *Fragmentation, Corruption, and Minstrel Narration. The Question of the Middle English Romances*, in «The Yearbook of English Studies», 22 (1992), pp. 38-62.

Taylor, Andrew, *The Myth of the Minstrel Manuscript*, in «Speculum», 66 (1991), 1, pp. 43-73.

Teza, Emilio, *Rainardo e Lesengrino (cod. bodl. canon. ital. N. XLVIII)*, Pisa, Nistri, 1869.

Thompson, Stith, *Motif-index of folk-literature: a classification of narrative elements in folktales, ballads, myths, fables, medieval romances, exempla, fabliaux, jest-books, and local legends*, Helsinki, Suomalainen tiedeakatemia, 1932-1936.

Thompson, Stith, *La fiaba nella tradizione popolare*, Il Saggiatore, Milano, 1967 (ed. or. *The folktale*, New York, Dryden Press, 1951)

Tilander, Gunnar, *Lexique du "Roman de Renart"*, Paris, Champion, 1924.

Todorov, Tzvetan, *Le categorie del racconto letterario*, in Roland Barthes, *L'analisi del racconto* Milano, Bompiani, 1969, pp. 227-270.

Tomaševskij, Boris, *Teoria della letteratura*, Milano, Feltrinelli, 1978 (ed. or. *Teorija literatury*, Leningrad, Gosudarstvennoe izdatelstvo, 1925)

Trocchi, Anna, *Temi e miti letterari*, in *Letteratura comparata*, a cura di Armando Gnisci, Franca Sinopoli, Milano, Bruno Mondadori, 2002, pp. 63-86.

Trousson, Raymond, *Plaidoyer pour la Stoffgeschichte*, in «Revue de littérature comparée», XXXVIII (1964), 1, pp. 101-114.

Tyssens, Madeleine, *Le jongleur et l'écrit*, in *Mélanges offerts à René Crozet à l'occasion de son soixante-dixième anniversaire éditées par Pierre Gallais et Yves-Jean Riou*, Société d'études médiévales, Poitiers, 1966, pp. 685-695.

Tyssens, Madeleine, *La geste de Guillaume d'Orange dans les manuscrits cycliques*, Paris, Les Belles Lettres, 1967.

Uther, Hans-Jörg, *The types of International Folktales. A Classification and Bibliography*, Helsinki, Academia scientiarum fennica, 2004.

Van Tieghem, Paul, *La littérature comparée*, Paris, Colin, 1931.

Varty, Kenneth, *Le Roman de Renart e le manuscrit de Turin Cod. Misc. 151*, in Atti del XIV Congresso Internazionale di Linguistica e Filologia Romanza (Napoli, 1974), a cura di Alberto Varvaro, Napoli-Amsterdam, John Benjamins Publishing Company, 1981, pp. 405-420.

Varty, Kenneth, *Back to the beginning of the Romans de Renart*, in «Medieval Studies», 29 (1985), pp. 44-72.

Varty, Kenneth, *Renart et Isengrin dans le puits: la version courte, la version longue et la version plus longue de la branche IV du Roman de Renart*, in *Ensi firent li ancessor. Mélanges de philologie médiévale offerts à Marc-René Jung*, a cura di Luciano Rossi, Edizioni dell'Orso, Alessandria, 1996, pp. 451-463.

Varvaro, Alberto, *L'utilizzazione letteraria di motivi della narrativa popolare nei romanzi di Tristano*, in *Mélanges de langue et de littérature du Moyen Age et de la Renaissance offerts à Jean Frappier par ses collègues, ses élèves et ses amis*, Genève, Droz, 1970, II, pp. 1057-1075.

Varvaro, Alberto, *Élaboration des textes et modalités du récit*, in «Romania», 119 (2001), pp. 1-75.

Varvaro, Alberto, *Il testo letterario*, in *Lo spazio letterario del Medioevo,* a cura di Pietro Boitani, Mario Mancini, Alberto Varvaro, 2, *Il Medioevo volgare*, I/1, *La produzione del testo*, Roma, Salerno editrice, 2001, pp. 387-422.

Verdi, Giuseppe, *Santi pezzi. Le reliquie cristiane tra orrore e affari*, Roma, Tempesta editori, 2013.

Viscardi, Antonio, *Le letterature d'oc e d'oil*, Sansoni-Accademia, Firenze-Milano, 1967.

Vitale Brovarone, Alessandro, *Testo e attitudini del pubblico nel Roman de Renart*, in *Epopée animale, fable, fabliau*, Atti del IV Colloquio della Société Internationale Renardienne (Evreux, 7-11 settembre 1981), Paris, P.U.F., 1984, pp. 669-684.

Walters, Lori J., *Chantilly Ms. 472 as a cyclic work*, in *Cyclification. The Development of Narrative Cycles in the Chansons de Geste and the Arthurian Romances*, a cura di Bart Besamusca, Willem P. Gerritsen, Corry Hogetoorn, Orlanda S.H. Lie, Amsterdam, Royal Academy of Arts and Sciences, 1992, pp. 135-139.

Walters, Lori J., *Parody and moral allegory in Chantilly MS 472*, in «Modern Language Notes», 113, (1998), 4, pp. 937-950.

Walters, Lori J., *Dé-membrer pour remembrer. L'œuvre chrétienne dans le ms. Chantilly 472*, in *Mouvances et jointures. Du manuscrit au texte médiéval*, a cura di Milena Mikhaïlova, Orléans, Paradigme, 2005, pp. 253-281.

Wathelet-Willem, Jeanne, *A propos de la technique formulaire dans les plus anciennes chansons de geste*, in *Mélanges de Linguistique Romane et de Philologie Médiévale offerts à M. Maurice Delbouille*, II, *Philologie médiévale*, a cura di Madeleine Tyssens, Gembloux, J. Duculot, 1964, pp. 705-727.

Williams, Alison J., *Ritual in branch XVII of the Roman de Renart (Mort et Procession de Renart): a key to a carnivalesque reading the texts*, in «The Modern Language Review», 95 (2000), 4, pp. 954-963.

Wilmotte, Maurice, *L'auteur des branches II et Va du Renard et Chrétien de Troyes*, in «Romania», 44 (1915-1917), pp. 258-260.

Zink, Michel, *Contorsions jongleresques*, in «Versants: revue suisse des littératures romanes = Rivista svizzera delle letterature romanze = Revista suiza de literaturas románicas», 28 (1995), pp. 5-8.

Zufferey, François, *Renaut de Bâgé ou les infortunes du gai savoir*, in «Romania», 124 (2006), pp. 273-300

Zufferey, François, *L'histoire littéraire dans les prologues de Renart et de Sacristine*, in «Romania», 127 (2009), pp. 303-327.

Zufferey, François, *Genèse et tradition du Roman de Renart*, in «Revue de linguistique romane», 75 (2011), pp. 127-189.

Zufferey, François, *Pierre de Saint-Cloud, trouvère normand,* in «Romania», 130 (2012), pp. 1-39.

Zufferey, François, *Quand Chantecler s'en allait faire poudrette*, in *Philologia ancilla litteraturae. Mélanges de philologie et de littérature françaises du Moyen Âge offerts au Professeur Gilles Eckard*, a cura di Alain Corbellari, Yan Greub, Marion Uhlig, Geneve, Droz, 2013, pp. 287-305.

Zumthor, Paul, *Introduction à la poésie orale*, Paris, Éditions du Seuil, 1983.

Zumthor, Paul, *La lettre et la voix. De la «littérature» médiévale*, Paris, Éditions du Seuil, 1987.

Zumthor, Paul, *Performance, réception, lecture*, Longueuil (Québec), Le Préambule, 1990.

Zumthor, Paul, *Una cultura della voce*, in *Lo spazio letterario del Medioevo* a cura di Pietro Boitani, Mario Mancini, Alberto Varvaro, 2, *Il Medioevo volgare*, I/1, *La produzione del testo*, Roma, Salerno editrice, 2001, pp. 117-146.

Indice dei nomi

Finito di stampare
nel mese di gennaio 2020
da The Factory s.r.l.
Roma